SOFT SKILLS

Idealização e coordenação editorial
Lucedile Antunes

BESTSELLER

COLABORAÇÃO

EMPATIA

RESILIÊNCIA

CRIATIVIDADE

SOFT SKILLS

APRENDIZADO

Competências essenciais
para os novos tempos

Literare Books
INTERNATIONAL
BRASIL · EUROPA · USA · JAPÃO

Primeiro volume
da série
Soft skills
eleito um
best-seller
pela revista
Veja

Copyright © 2020 *by* Literare Books International.
Todos os direitos desta edição são reservados à Literare Books International.

Presidente do conselho:
Mauricio Sita

Presidente:
Alessandra Ksenhuck

Vice-presidentes:
Claudia Pires e Julyana Rosa

Diretora de Projetos:
Gleide Santos

Editor:
Enrico Giglio de Oliveira

Capa:
Paulo Gallian

Ilustrações:
Marcio Reiff

Diagramação:
Gabriel Uchima
Victor Prado

Revisão:
Tarik Alexandre

Impressão:
Printi

Dados Internacionais de Catalogação na Publicação (CIP)
(eDOC BRASIL, Belo Horizonte/MG)

S681	Soft skills / Coordenadora Lucedile Antunes. – São Paulo, SP: Literare Books International, 2020. 16 x 23 cm ISBN 978-65-86939-90-3 1. Literatura de não-ficção 2. Negócios. 3. Competências. 4. Produtividade. 5. Desempenho. 6. Eficiência organizacional. I. Antunes, Lucedile. CDD 658.3125

Elaborado por Maurício Amormino Júnior – CRB6/2422

Literare Books International Ltda.
Alameda dos Guatás, 102 – Saúde – São Paulo, SP.
CEP: 04053-040
Fone: +55 (0**11) 2659-0968
Site: www.literarebooks.com.br
E-mail: literare@literarebooks.com.br

Agradecimentos

Como tudo começou...

Nos meus mais de 20 anos atuando nas organizações como consultora, *coach* e mentora, observo como os problemas comportamentais afetam os resultados dos negócios e, principalmente, a relação entre as pessoas, causando muitas vezes desgastes e, consequentemente, desmotivação.

Dessa minha percepção, emergiu o sonho de criar uma obra que reunisse profissionais especializados para, juntos, trazermos contribuições importantes ao público em geral.

Meu sonho se tornou realidade e estou muito orgulhosa pelo resultado final.

Estendo meu agradecimento muito especial aos autores que acreditaram neste projeto e dedicaram seu precioso tempo para compartilhar, de forma brilhante, seus conhecimentos e experiências para inspirar você no desenvolvimento de suas *soft skills*.

Ao querido Marcio Reiff, que ilustrou todos os capítulos com tanta criatividade e sensibilidade.

E o meu agradecimento especial e com muito carinho vai para o meu marido Juliano, meus filhos Julia e Raphael, que abriram mão da minha presença, para que eu pudesse concretizar este sonho.

Com carinho,

Lucedile Antunes

Prefácio

Você quer mesmo saber o que acontecerá com você depois de ler este livro?

Você está disposto a mostrar-se vulnerável, mudar atitudes, criar coragem e buscar formas de humanizar suas relações com mais confiança, sem travas ou medos?

Nossas leis estão relacionadas diretamente com a nossa sobrevivência e a vida em comum com outras pessoas, o que é fundamental para a manutenção da nossa espécie. Mas, antes disso, precisamos existir enquanto seres humanos. A vida real começa quando estamos face a face com o nosso "eu desconhecido". O que acontece quando nos encontramos é determinado por um turbilhão interior de proporções inimagináveis. Os acontecimentos internos, essenciais, que marcam o nosso caminho, são fruto primeiro do nosso silêncio, da solidão e, depois, da garra que nos remete a alçar voos para encararmos o mundo lá fora.

Somos completamente vulneráveis ao impacto do aprendizado que nos leva à maturidade, mas há quem viva sem nunca aprender as lições cruas da existência, se perdendo no tempo, abrindo mão das transformações evolutivas que estão bem diante de nós, morrendo antes de "chegar lá", abrindo mão da possibilidade de mudar, transformar ou evoluir.

Estamos o tempo todo procurando nos adaptar, nos conectar, nos reinventar de forma genuína. É preciso muita coragem para extrairmos o melhor da vida e mais ainda para devolvermos e aplicarmos nossas inteligências com a gratidão que nos é oferecida.

O tempo nos cobra um preço alto pela aquisição de cada conhecimento, de tal modo que conhecer e desenvolver, com atitude positiva e bom humor, as nossas *soft skills* (habilidades comportamentais) talvez seja a melhor herança que podemos deixar às futuras gerações.

Afinal, conceitos e técnicas podem ser encontradas de várias maneiras, mas as mudanças comportamentais são marcantes. Apesar de dolorosas, são extremamente necessárias. A vida nos custa caro, mas é um preço justo que podemos pagar pelas habilidades que recebemos, que nascem conosco e nos tornam capazes de nos aperfeiçoar enquanto seres humanos incríveis e cada vez melhores. Essa é a única e melhor herança a ser deixada.

Nas páginas deste livro, você encontrará tudo o que precisa para se tornar uma pessoa e um profissional ainda melhor. No início, você entenderá quais são as exigências comportamentais que o mundo nos desafia a aprender. Depois, você vai entender a importância das inteligências e habilidades que nos estruturam enquanto seres humanos. Por fim, como poderá colocar tudo isso em prática na sua vida profissional com as ferramentas integrativas.

Delicie-se com a jornada. Ela vai te levar a lugares incríveis.

Ana Artigas

Sumário

Lucedile Antunes
Agradecimentos 5

Ana Artigas
Prefácio 7

Luciano Alves Meira
Introdução 13

Lucedile Antunes
Reinvenção 21

Daniela Calaes
Adaptabilidade 29

Alejandra Cortés Diaz
Coragem 37

Kelly El Kadi de Mattos
Gratidão 45

Maryana Rodrigues
Humor que conecta 53

Regina Melo
Atitude Positiva 61

Daniely Alves da Costa Martins
Autenticidade 69

Andrea Betiol
Resiliência 77

Erileuza S. Mendes
Comunicação intrapessoal 85

Patricia Cuiabano
Criatividade 93

Talita Chiodi
Sensibilidade 101

Katia Gaspar
Autodeterminação 109

Max Nolan Shen
Colaboração sistêmica 117

David Fratel
Negociação 127

Marcel Spadoto
Netweaving 135

Maria Izabel Azevedo Tocchini
Inteligência emocional 143

Ana Artigas
Inteligência relacional 151

Ken O'Donnell
Inteligência espiritual 159

Wellington Nogueira
Inteligência lúdica 167

Julianna Costa Lima
Empatia 177

César Caminha
Escuta 185

Carolina Foley
A arte de servir 193

Ricardo Ogawa
Liderança altruísta 201

Izabela Mioto
Autoliderança 209

Graziela Merlina
Pensamento empreendedor 217

Juliano F. Antunes
Resolução de problemas 225

Guilherme Junqueira
Teamplay 233

Lucas Silveira
Persuasão 241

Aniela Quintanilha
Experimentação ou prototipação 249

André Rocco
Lifelong learning 257

Daniela Cotrim Basile de Carvalho
Desenvolvimento a partir de pontos fortes 267

Ana Cláudia Alvim Simão
O valor do autoconhecimento 275

Geraldo Possendoro
Gestão da ansiedade e sua importância para as *soft skills* .. 283

Márcia Lerinna
Epílogo 291

Soft skills: competências essenciais para os novos tempos

Introdução

Se eu puder demonstrar o enorme valor da iniciativa de se reunir os relatos de trinta profissionais experientes da área de desenvolvimento humano em um livro sobre *Soft Skills*, terei cumprido o meu papel introdutório neste belo projeto.

Luciano Alves Meira

Soft skills: competências essenciais para os novos tempos

Luciano Alves Meira

Escritor, Professor e Cofundador da empresa Caminhos Vida Integral, que possui a missão de estimular o florescimento do potencial integral das pessoas por meio da Ciência, da Filosofia e da Arte. Autor dos livros *Ser ou Não Ser: nossa dramática encruzilhada evolutiva* e *A segunda Simplicidade: bem-estar e produtividade na era da sabedoria*. Foi nadador, recordista mundial dos 100 metros borboleta na Ginasíade de 1982, na França. É graduado em Letras, especializado em Gestão de Organizações Não-Lucrativas pela Universidade de Berkeley, e em Liderança e Gestão Organizacional pela FranklinCovey-Uniceub.

Contatos
www.caminhosvidaintegral.com.br
luciano@caminhosvidaintegral.com.br
LinkedIn: Luciano Alves Meira
Instagram: @caminhosvidaintegral
(62) 99900-1965

Quando a sensibilidade se torna o verdadeiro poder

Usarei a estratégia do contraste, que é quando explicamos o significado de algo pela comparação com seu oposto. O antônimo de *Soft Skills* é *Hard Skills*, que se refere às habilidades "duras", aquelas que serviram e ainda servem à humanidade em sua busca por sobrevivência e segurança desde a época em que nossos ancestrais viviam em cavernas.

Uma primeira tipificação simplificada e arbitrária desse contraste corresponde ao quadro que preparei a seguir e será explicada no decorrer desta introdução:

Hard Skills foram desenvolvidas mais cedo	*Soft Skills* foram desenvolvidas mais tarde
Conhecimentos que geram domínio e controle do ambiente e das coisas.	Conhecimentos que geram autodomínio e autocontrole e melhoram as relações.
Habilidades motoras, técnicas e tecnológicas.	Habilidades comportamentais, culturais e socioemocionais.
Competências defensivas, competitivas e criativas em um sentido utilitário.	Competências colaborativas, integrativas e criativas em um sentido de desenvolvimento humano.

Soft skills: competências essenciais para os novos tempos

Por razões biológicas, a necessidade de *Hard Skills* foi anterior à de *Soft Skills*. Há cerca de 300 mil anos, época do surgimento do *Homo sapiens*, nós nos encontrávamos em uma condição fragilíssima. Não estávamos no topo da cadeia alimentar, não tínhamos ainda desenvolvido a linguagem, não sabíamos como criar ferramentas sofisticadas, não conseguíamos conviver em bandos numerosos, e, por todas essas razões, a natureza era fonte tanto de recursos quanto de um incontrolável sentimento de pavor. Essas ásperas condições existenciais de nosso passado estimularam, primeiramente, o despertar daquelas funções do cérebro voltadas à redução de ameaças e do controle do ambiente. Fomos condicionados às atitudes defensivas, agressivas e competitivas requeridas na escassez.

As cinco estações das *hard skills*

Como um trem que viajasse pelo tempo e parasse nas grandes estações das eras econômicas, podemos enxergar uma sequência de revoluções importantes que nos trouxeram até o ponto em que nos situamos atualmente em nossa marcha evolutiva, honrando as principais *hard skills* que nos possibilitaram avançar até aqui:

Primeira Estação – Há cerca de 60 mil anos:

- Revolução Cultural Antropológica, com o surgimento da linguagem.
- Principais *hard skills* desenvolvidas: a criação de estratégias e ferramentas de caça, pesca e coleta de alimentos, a divisão de tarefas, o uso farmacêutico das ervas.

Segunda Estação – Há cerca de 10 mil anos:

- Revolução Agrícola e Agropecuária.
- Principais *hard skills* desenvolvidas: criação de estratégias e ferramentas de cultivo da terra, domesticação de animais, armazenamento de alimentos, fabricação de armas para defesa e ataque, invenção da roda, habilidades de engenharia e arquitetura que permitiram a fundação dos primeiros impérios.

Terceira Estação – Há cerca de 3.500 anos:

- Revolução Axial.
- Principais *hard skills* desenvolvidas: invenção da escrita e da matemática, invenção das moedas para facilitação do comércio, criação e implementação de códigos e leis para regulamentar e orientar a complexa convivência das multidões que passaram a se aglomerar nos centros urbanos dos grandes impérios.

Quarta Estação – Há cerca de 300 anos:

• Revolução Industrial.

• Principais *hard skills* desenvolvidas: domínio das fontes de energia como vapor, combustíveis fósseis e eletricidade, criação de técnicas e ferramentas de produção em massa, invenção e aprimoramento dos meios de transporte mecânicos rápidos, desenvolvimento e aplicação das telecomunicações e os extraordinários avanços da medicina moderna.

Quinta Estação – Desde o evento de chegada do Homem à Lua:

• Revolução Digital.

• Principais *hard skills* desenvolvidas: elaboração das tecnologias de comunicação em rede e desenvolvimento e aplicação da inteligência artificial.

Não podemos deixar de apreciar esse impressionante currículo das *hard skills*. Durante um longo período, de muitos milhares de anos, elas protagonizaram o filme de nossa evolução, deixando às *Soft Skills* um papel de coadjuvante.

Mas que ninguém se engane: as *Soft Skills* são tão antigas quanto a humanidade; elas sempre estiveram aí como um potencial latente em nossos ancestrais, e, a partir da Terceira Estação, passaram a ter os seus dias de glória, como no caso emblemático do nascimento da Filosofia Grega que, na tentativa de compreender o sentido da existência, levou Sócrates (479-399 a.C.) a escolher como slogan de sua prática maiêutica o "conhece-te a ti mesmo", ou quando Jesus, no seu admirável Sermão da Montanha, indicou aos seus seguidores o amor incondicional e o perdão como remédios de libertação psicológica.

É um fato que ao longo dos últimos 3.500 anos a presença das *Soft Skills* na vida humana se intensificou em boa parte graças à sensibilidade de artistas, à compreensão dedicada de filósofos, aos exemplos de generosidade de pessoas envolvidas com propósitos religiosos ou sociais ou simplesmente de gente movida pelo desejo de humanização de seus próprios relacionamentos.

As *Soft Skills* aparecem, portanto, muito mais como atitudes isoladas do que como um modo de vida predominante. Até que, na segunda metade do Século XX e neste início do XXI, pelo acúmulo de certos motivos que enumeraremos a seguir, elas se tornaram não apenas inevitáveis, mas uma parte essencial de nossas existências.

Dividi os motivos em negativos e positivos, porque todas as grandes mudanças são precedidas por fatores de desconforto com aquilo que já conhecemos e não queremos mais em nossas vidas, e aspirações pelas promessas daquilo que é novo e desconhecido.

Soft skills: competências essenciais para os novos tempos

Motivos negativos

1. Dores psíquicas, porque a sensibilidade aumentou!

A própria espiral de progresso sustentado nas *hard skills* forneceu às pessoas os meios para que se tornassem mais sensíveis. Enquanto a maioria dos seres humanos viveu escravizada por um pequeno número de "senhores" poderosos ou por pressões críticas de sobrevivência e segurança que levavam os pais a educarem seus filhos com foco "na dura realidade da vida", a sensibilidade psíquica e emocional era considerada um "luxo" de minorias ociosas.

Contudo, a partir da Revolução Industrial e da urbanização acelerada do mundo, as massas obtiveram maior acesso ao tempo livre, às informações, ao conhecimento, à arte, à literatura, e às novas modalidades terapêuticas que chegaram com a Psicologia Moderna. Então, começaram a viver, digamos, com a sensibilidade à flor da pele a tal ponto que, na entrada do século atual, os espaços de trabalho em que predominam a falta de habilidades socioemocionais passaram a ser evitados pelas novas gerações que têm essas organizações na conta de verdadeiros infernos terrestres.

O fenômeno dos ambientes tóxicos vem sendo estudado sistematicamente por diversas áreas da Ciência em virtude do crescimento alarmante dos índices de *Burnout*, uma síndrome psicológica provocada por tensão emocional crônica cujos sintomas mais comuns são a exaustão emocional, a despersonalização e a aguda diminuição do sentimento de realização pessoal.

Como se não bastasse esse tipo de sofrimento psíquico que se acentua e se alastra sem o devido acompanhamento das autoridades de saúde, a pesquisa do professor Jefrey Pfeffer da Universidade de Stanford revelou, em 2018, que os prejuízos econômicos são igualmente catastróficos. As empresas estão perdendo rios de dinheiro na forma de evasão de talentos, desengajamento, aumento nos custos com planos de saúde, absenteísmo, processos trabalhistas, abuso de substâncias tóxicas e suicídio decorrentes da mesma fonte de estresse crônico.

2. Dores culturais e sociais, porque as liberdades se ampliaram!

Essa sensibilização das massas tem também as suas consequências culturais e sociais. Os cidadãos que foram educados por pais menos autoritários são menos submissos aos governos, às autoridades religiosas, aos empregadores e ao mercado em geral, mas nem por isso são preparados e maduros o suficiente para viver e conviver em ambientes autônomos. Na verdade, atravessamos uma estranha etapa de transição com o aumento da turbulência sociocultural, amplificada na panela de pressão da *Internet*, além de uma crise generalizada de vazio existencial, que deve se acentuar ainda mais enquanto não nos educarmos para lidar com nossas emergentes potencialidades. A liberdade tem seu preço.

Por sua vez, os líderes em todas as esferas se defrontam com a áspera constatação de que exibições de poder e ameaças perderam a sua efetividade e se vêm impelidos a aprender novas formas de Liderança, que denomino, há anos, de Liderança Humanizada.

A Revista *HSM*, que publicou no início de 2020, artigo de minha autoria sob esse mesmo título (Liderança Humanizada), apresentou recentemente o ranking das Empresas Humanizadas do Brasil, com o seguinte destaque:

> "Elas são duas vezes mais rentáveis do que a média, possuem clientes 240% mais satisfeitos e colaboradores 225% mais felizes."

Entretanto, ainda são poucos os líderes e empresários que entendem que a sensibilidade pode ser o maior entre os poderes. Q que dizer das lideranças políticas e religiosas do mundo contemporâneo? Não estão elas igualmente sendo empurradas para se reinventarem completamente?

Motivos positivos

3. Anseio de expressão autêntica, porque o autoconhecimento está crescendo!

A boa notícia é que as pessoas estão sedentas de protagonismo e começam a preferir a responsabilidade pelo próprio autodesenvolvimento às posições falsamente confortáveis de vitimização. Elas estão sendo ensinadas por profissionais como os autores deste livro a detectar seus potenciais autênticos, a sua "essência", e não se conformam mais com um mero jogo de adaptação a profissões disponíveis no mercado. Investem tempo e recursos em processos de autoconhecimento e procuram se realizar "de dentro para fora", ou seja, buscam atividades, remuneradas ou não, em que possam expressar a sua originalidade criativa, uma espécie de segunda abolição da escravatura, que é a libertação das engrenagens utilitárias, de modelos preconcebidos e rígidos e dos ditames reducionistas que herdamos por meio de muitas tradições. Assistimos, assim, a uma demonstração de que cada indivíduo é, segundo a expressão de Fernando Pessoa (1888-1935), "um universo querendo passar".

4. Anseio por emoções positivas e relacionamentos verdadeiros, porque o poder criativo do amor está se tornando conhecido!

Finalmente, é provável que o principal motor de promoção das *Soft Skills* seja o anseio profundo de conexão humana. As pessoas mais sensíveis e mais livres já perceberam que há em nossa interioridade mais mundos a serem descortinados do que na imensidão do espaço sideral. Não queremos mais viver como crianças de castigo, quase sempre no "canto escuro" das emoções defensivas, entre conflitos. Queremos percorrer a "casa ampla", a grande variedade das emoções positivas, criativas, sinérgicas e integrativas, que começaram a ser estudadas cientificamente pela Dra. Barbara Fredrickson há algumas décadas.

Vencedora do famoso prêmio Templeton, Fredrickson elaborou a primeira teoria sobre emoções positivas, também chamada de *Broaden-and-Build* (Alargamento e Construção). Segundo suas descobertas:

> os afetos positivos alargam o repertório dos pensamentos e das ações das pessoas – ao contrário das emoções negativas, que favorecem reações imediatas e úteis, conquanto limitadas, como a fuga ou a luta diante de um rival ou predador. As emoções positivas raramente ocorrem em situações de grande ameaça. A alegria cria a necessidade de jogar, de brincar, de chegar aos limites, de ser criativo; o interesse e a atração causam o impulso de explorar, de obter novas informações e participar de experiências inéditas; o contentamento cria o impulso de saborear a vida; e o amor, por sua vez, estimula simultaneamente todas as emoções positivas conhecidas, habilitando as pessoas a "se lançarem de cabeça no fluxo da vida plena.

O anseio por inovações em todas as esferas sociais e empresariais apenas aguça a necessidade de avanço no ensino das *Soft Skills*, e é provável que essa seja a maior de todas as inovações – a humana – a passar despercebida pelos analistas impressionáveis demais por tecnologias diferentes.

A meu ver, as *Soft Skills* são fatores evolutivos da experiência humana que vieram para ficar e precisam ser amplamente disseminadas, a menos que não desejemos um futuro em que o gênero *Homo* poderá ser realmente chamado de *sapiens*.

"A diferença entre o que estamos fazendo e o que somos capazes de fazer resolveria todos os problemas do mundo." (Mahatma Gandhi)

Referências

EPSTEIN, Isaac. *Dicionário incompleto da felicidade*. São Paulo: Editora Perspectiva, 2018. p. 207. Resumo da tese de Bárbara Fredrickson sobre o efeito alargador das emoções positivas.

MEIRA, Luciano Alves. *Ser ou não ser: nossa dramática encruzilhada evolutiva*. Goiânia: Editora Vida Integral, 2019. Capítulo "A razão de ser do homo sapiens".

PFEFFER, Jeffrey. *Morrendo por um salário: como as práticas modernas de gerenciamento prejudicam a saúde dos trabalhadores e o desempenho da empresa*. Tradução de Leonardo Ventura. Rio de Janeiro: Alta Books, 2019. Capítulo 3.

Soft skills: competências essenciais para os novos tempos

Capítulo 1

Reinvenção

Neste capítulo, compartilho o que aprendi sobre a necessidade de me reinventar ao longo da minha jornada para seguir em frente e me tornar cada vez mais a protagonista da minha própria vida. Você faz as suas escolhas e suas escolhas fazem você.

Lucedile Antunes

Soft skills: competências essenciais para os novos tempos

Lucedile Antunes

Fundadora da L. Antunes Consultoria & Coaching, criada com a missão de atuar para organizações e pessoas que buscam encontrar seu propósito e se transformar para melhor. Mãe da Julia e do Raphael, sou apaixonada por pessoas. Palestrante, *coach* credenciada pelo ICF International Coach Federation e consultora em gestão organizacional. Pioneira na utilização de ferramentas que mapeiam com precisão a essência do comportamento humano, elevando projetos e pessoas a outros patamares de maturidade. Coautora de diversos livros sobre desenvolvimento humano e organizacional.

Contatos
www.lantunesconsultoria.com.br
lucedile@lantunesconsultoria.com.br
LinkedIn: www.linkedin.com/in/lucedile-antunes/
(11) 98424-9669

Por que se reinventar?

Você já parou para pensar nos desafios que a lagarta enfrenta até se tornar uma linda borboleta?
Protagonistas dos contos de metamorfose, as borboletas são um símbolo da capacidade autotransformadora da natureza, feitas, a um só tempo, de fragilidade e de grandeza. Elas nos fazem lembrar que vivemos em um mundo dinâmico e em constante evolução:

> "O maior presente que podemos dar ao mundo
> é a nossa própria transformação."
> Lao-Tsé (aprox. 570 - 490 a.C.)

Reinventar-se significa olhar para frente e fazer mudanças necessárias em prol de uma transformação. Tomar essa decisão é fundamental para buscar um novo significado para a existência.

Diante do caos que muitas vezes se instala, é necessário fazermos pausas para nos reencontrar, pois a vida pede um propósito e um sentido.

Frequentemente nos desconectamos da nossa essência e passamos a vivenciar um condicionamento, perdendo a noção de que a verdadeira felicidade não está em "ter", "ser" ou "parecer", mas em utilizar o conjunto de potencialidades que trazemos conosco ao nascer.

Soft skills: competências essenciais para os novos tempos

Contudo, o sofrimento se torna inevitável quando as pessoas agem para atender às necessidades do ego: A busca pelo poder, pelo status e pelos ganhos desproporcionais. Com isso, elas se desconectam totalmente de sua essência e como consequência dessa desconexão, vejo a enorme dificuldade de muitos em se relacionarem e lidarem com as suas próprias emoções, bem como em compreenderem os sentimentos e emoções dos outros. Aprender sobre as diversas inteligências, a saber, emocional, lúdica, relacional, espiritual, da adaptabilidade, entre outras para se ter sabedoria nas relações, é essencial e esses tópicos serão abordados ao longo deste livro.

Portanto, o autoconhecimento é primordial para se reconectar e superar obstáculos. Reinventar-se significa avançar, dar o próximo passo, seja na trilha existente ou em uma nova.

Sempre fui movida a desafios, inquieta com a normalidade e sempre buscando meu autoconhecimento. Por isso, a reinvenção sempre fez parte da minha jornada de vida.

O meu primeiro momento de reinvenção ocorreu em 1998 quando decidi migrar da carreira na qual me formei, engenharia, em que atuava em canteiros de obras de uma grande companhia do setor de construção civil, para uma área totalmente diferente que foi a consultoria, passando a orientar as empresas na implementação de sistemas de gestão. Depois atuei por anos auditando a gestão de empresas de vários segmentos e portes no Brasil e no Exterior. Em 2008, houve novamente outro momento de reinvenção com o nascimento da minha filha Julia e foi quando senti uma enorme coragem de largar a carreira como funcionária de uma multinacional inglesa para empreender, com o propósito de apoiar empresas e pessoas nas suas jornadas de evolução, promovendo o desenvolvimento organizacional e humano.

É muito gratificante a sensação de trabalhar por um propósito. Quando fazemos o que amamos, nossa entrega é genuína.

Sou apaixonada pelo que faço: Provocar reflexões, que levam as pessoas a novos estágios de consciência.

Portanto, cumprindo minha missão, convido você a fazer a seguinte reflexão: Por que você faz o que faz? Essa pergunta lhe ajudará a encontrar o seu propósito.

Momentos de crises nos fazem enxergar muitas necessidades de mudança. É quando grandes oportunidades são colocadas diante de nós, convidando-nos à transformação. O que realmente diferencia uma pessoa da outra é a atitude de se aventurar e alcançar novos patamares de evolução.

Alvin Toffler, escritor e futurista norte-americano, autor do *best-seller A terceira onda*, nos preparou para a realidade atual quando escreveu que o analfabeto do século XXI não será aquele que não consegue ler e escrever, mas aquele que não consegue aprender, desaprender e reaprender.

Transformar significa superar desafios

Reinventar-se, então, significa ir em busca do desconhecido. É enfrentar medos e resistências inconscientes, abandonar o que passou e ter a bravura de dar o próximo salto. Reinventar-se é sair totalmente da zona de conforto e assumir riscos.

Estudos recentes da pesquisadora Carol Dweck, da Universidade de Stanford, falam sobre o *mindset* de crescimento. Vale lembrar que existem dois tipos de *mindset*, ou seja, duas maneiras de encararmos as variadas situações: O fixo e o de crescimento. É justamente a mentalidade de crescimento que conduz as pessoas ao sucesso.

Para auxiliar você a buscar o *mindset* de crescimento, compartilho algumas técnicas que utilizo nos meus atendimentos e que podem ser úteis quando se defrontar com barreiras aparentemente intransponíveis em busca da transformação.

Então, vamos lá...

Primeiro passo

Consiste na metacognição, ou seja, tomar consciência de si próprio, identificando como funciona o seu processo de aprendizagem.

Procure observar seu próprio nível de resiliência, ou seja, o grau de sua abertura e disposição para mudar, para lidar com os desafios e superá-los.

Segundo passo

Se resume em lembrar que não podemos controlar tudo.

Compartilho com vocês um pouco da minha experiência, por ocasião do nascimento de meu filho Raphael, em setembro de 2018:

A chegada dele foi naturalmente um momento muito esperado. Algumas horas após o seu nascimento, contudo, o pediatra entrou no quarto e me disse: "Lucedile, estamos observando o Raphael respirar com alguma dificuldade e, de acordo com o protocolo, vamos encaminhá-lo para a UTI onde ficará em observação". Naquele momento, pensei: Serão poucos dias, deve ser algum probleminha de pulmão.

E lá se foram dois meses de UTI até termos nosso Raphael nos braços definitivamente.

Não ter o meu bebê nos braços no dia da saída da maternidade foi muito triste. Eu estava totalmente despreparada e foi um imenso desafio ter de lidar com essa frustração.

Ter um bebê na UTI é só poder olhá-lo apenas pela janela da incubadora; é esterilizar as mãos o tempo todo com álcool em gel; é ficar viciada no monitor de batimentos cardíacos.

Soft skills: competências essenciais para os novos tempos

É tirar leite na máquina e vê-lo entrar pela sonda. É torcer para que ele tome um pouco mais de leite todos os dias.

É incomodar-se com as aspirações e as manobras da fonoaudióloga, mesmo sabendo que é um mal necessário. É ver seu bebê levando picadas e mais picadas de agulha para a realização de exames e prender a respiração enquanto os resultados não aparecem.

É uma verdadeira montanha-russa. É chegar ao hospital todos os dias pela manhã com um frio na barriga e com medo do que a pediatra neonatal irá dizer. É esperar ansiosamente pela notícia de que o seu bebê está melhor, embora a resposta dela seja: "Ele está estável", e considerar essa expressão uma grande conquista.

É não se esquecer de agradecer o cocô e o xixi de cada dia como sinais de que não há infecção.

É preciso ter muita fé, pois, na hora do desespero, é Deus e você. É ajoelhar-se no chão no banheiro da UTI para pedir por um milagre, para que ele ficasse bom rapidamente e pudesse ir para casa com a gente. Haja fé!

É ver o sofrimento do seu bebê e simplesmente não poder fazer nada. Apenas confiar.

É conversar com seu filho através da incubadora e ter lágrimas escorrendo pelo rosto todos os dias por não poder sentir seu cheirinho e acariciar os seus cabelos.

É acompanhar de perto a história dos outros bebês da UTI e o sofrimento dos outros pais.

Mas ser mãe de um filho que vai para a UTI ao nascer é ter história de superação para contar, é entender de um monte de doença que pouca gente imagina existir. É sentir a passagem das horas de uma forma totalmente diferente.

É, finalmente, sair da UTI sob os aplausos de toda a equipe que esteve conosco naqueles dois meses e deixar por lá amizades eternas e preciosas.

Com 13 dias de vida, o nosso Raphael fez uma cirurgia de coração e, desde aquele momento, foram muitos e muitos desafios a serem vencidos. Com isso eu aprendi que não temos controle sobre nada na vida. Saí muito fortalecida de toda essa jornada.

E é compartilhando minha história que convido você a esta reflexão: É possível controlar o futuro e tudo o que viveremos pela frente?

Terceiro passo

Consiste em assumir a responsabilidade pelas suas escolhas, se conscientizar do seu papel, da sua parte, ou seja, deixar de culpar os outros, porque a vitimização não vai ajudar você a superar os desafios e gerar transformações.

Quarto passo

Enxergar as dificuldades da mudança com leveza, entendendo que não há necessidade de se fazer tempestade em copo d'água, sim enxergar os inúmeros benefícios que o novo poderá trazer.

Procure visualizar como você estará quando vencer esta etapa. Quantos degraus terá subido em sua evolução? Como você quer estar? Imagine-se nesse futuro melhor! Isso lhe trará muita inspiração e energia para seguir.

Quinto e último passo

Estabelecer as etapas desta transformação. A borboleta atravessa diferentes fases enquanto sofre a sua metamorfose.

Seja o protagonista da sua história e do seu aprendizado. A decisão de se lançar no processo de transformação só depende de você.

E para que você se sinta inspirado ou inspirada, pense: Aonde quer chegar? Quais são suas aspirações e desejos?

... O céu é o infinito...

Reinventar-se pode permitir que você se sinta mais bem reconhecido, que sinta orgulho de si, com sabedoria para lidar com os riscos e tomar novas decisões.

E o mundo pede pessoas e profissionais movidos a desafios e sempre abertos para o novo.

Como se reinventar?

Para apoiar a sua jornada de reinvenção, compartilharei alguns *insights* que poderão auxiliar você no desenvolvimento desta *soft skill*:

Tenha mente de iniciante e desafie o status quo.

A naturalidade de hoje é o absurdo de amanhã. Desobedeça ao jeito clássico de fazer as coisas. Estamos na era da desobediência dos modelos mentais tradicionais, o tempo das inovações disruptivas.

Em 1948, Edwin H. Land (1909-1991) criou a primeira câmera instantânea de fotografia. Sabe como ele teve essa brilhante ideia? Ele estava com sua filha pequena, e, ao tirarem uma foto juntos, a menina fez um pedido: "Papai, eu gostaria de ver agora a foto que você tirou". Nesse momento, Land se questionou: "Por que não?". E assim surgiu a *Polaroid*.

Questionar "verdades" e "paradigmas" para encontrar maneiras de se obter soluções.

Gere experimentações e prototipações. Só erra quem faz, ou seja, se você não experimentar algo novo obviamente não errará, mas também não evoluirá. Leia mais sobre este tema em outro capítulo deste livro.

Soft skills: competências essenciais para os novos tempos

Desafie-se com novos conhecimentos. Comprometa-se a aprender algo novo e conheça pessoas diferentes todos os dias.

O futuro foi adiantado com o surgimento da pandemia da Covid-19. A transformação digital foi acelerada. Temos que trocar nossas lentes para enxergar adequadamente a nova realidade.

As competências serão distintas. O momento requer modificar antigos hábitos.

É comum que os seres humanos não gostem de mudança por causa do desconhecido.

Transformar para expandir passou a ser uma necessidade de sobrevivência das organizações e principalmente das pessoas. Lembre-se: O que nos trouxe até aqui não nos levará daqui para a frente.

O desapego evoca a sabedoria da incerteza. Quando abraçamos o desconhecido, nós nos rendemos e nos abrimos ao verdadeiro crescimento.

O seu novo currículo será o conjunto de bagagens que você criou e adquiriu.

Conclusão

Compartilho aqui minhas recomendações finais, para que você inicie o seu movimento de reinvenção:

- Rebele-se e busque o autoconhecimento;
- Tenha sempre a curiosidade de um iniciante;
- Adapte-se;
- Esteja conectado às suas redes e gere trocas;
- Conheça pessoas novas;
- Reaprenda a aprender;
- Construa com as experiências;
- Diversifique seus interesses;
- Seja um eterno aluno.

O recomeço transforma o amargo em doce. Portanto, permita-se provar novos sabores.

Desejo muito sucesso!
Um grande abraço!

Referências

DWECK, Carol. *Mindset: a nova psicologia do sucesso*; São Paulo: Objetiva, 2017.

TOFFLER, Alvin. *A terceira onda*; São Paulo: Bantam Books, 1980.

Soft skills: competências essenciais para os novos tempos

Capítulo 2

Adaptabilidade

Vivemos em um mundo de grandes disrupções onde tudo muda e de forma acelerada. A adaptabilidade passa a ser uma *skill* essencial para o nosso sucesso profissional, sobrevivência e felicidade. Neste capítulo, compartilharei vivências e caminhos para ajudar a impulsionar o processo de transformação dentro de cada um, tornando-nos mais adaptáveis e protagonistas das mudanças em nossas vidas.

Daniela Calaes

Soft skills: competências essenciais para os novos tempos

Daniela Calaes

Executiva com sólida experiência em Tecnologia da Informação e Negócios, tendo construído sua carreira em grandes empresas multinacionais com ambientes complexos e dinâmicos como IBM, Telefonica | Vivo, Serasa Experian e Atos. Apaixonada pelo desenvolvimento humano e de organizações, ao longo de sua jornada tem tido a oportunidade de liderar importantes mudanças e transformações de negócios, processos, culturas e tecnologias por intermédio de pessoas. É graduada em Processamento de Dados pela PUC-RJ, possui MBA em Gestão de Negócios pela FGV e Pós-Graduação em Gestão de Projetos pela George Washington University/ESI, com certificação PMP em gestão de projetos pelo PMI.

Contatos
daniela.calaes@gmail.com
LinkedIn: www.linkedin.com/in/daniela-calaes

Daniela Calaes

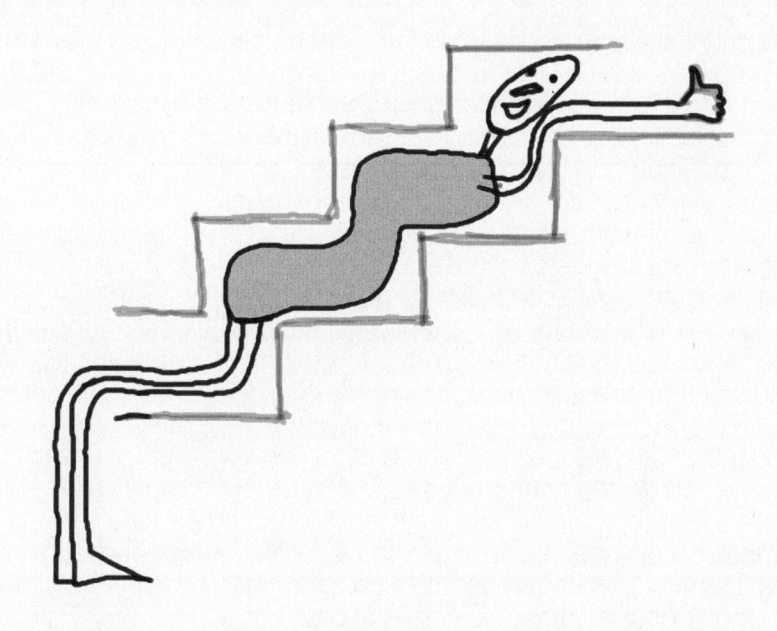

Contexto de mudança

Ao longo da minha trajetória, passei por diversas mudanças de cidade, de áreas, de empresas e pela maternidade – talvez a mais intensa de todas. Trabalhei em ambientes complexos e dinâmicos que tanto contribuíram para o desenvolvimento da minha adaptabilidade. Tenho buscado constantemente me desafiar e sair da zona de conforto. Aprendi a olhar o novo de forma otimista e agir com coragem e ousadia para tomar decisões que me coloquem como protagonista das transformações em minha vida.

Uma das poucas certezas que temos é de que tudo muda, de forma cada vez mais acelerada. A adaptabilidade tornou-se uma *soft skill* essencial para o nosso sucesso, sobrevivência e felicidade, tanto no âmbito profissional quanto no pessoal.

Vivemos a Era Exponencial, que segue sua evolução e nos coloca diante de velhos e novos desafios. É a Nova Economia, a Revolução 4.0, a Quarta Revolução Industrial, a transformação digital, o surgimento de novas tecnologias, o mundo VUCA, conforme descrito por André Rocco, no capítulo *Lifelong Learning* desta publicação.

Soft skills: competências essenciais para os novos tempos

Em 2020 o mundo parou diante da pandemia do Covid-19, algo para o qual ninguém tinha se preparado ou sequer previsto. Enfrentamos uma disrupção sem precedentes das organizações, da sociedade e das pessoas, o que acelerou ainda mais o ritmo das mudanças que já estavam por vir e a urgência de agilidade, adaptabilidade e transformação. Empresas foram forçadas a reinventar rapidamente seus modelos de negócio e a buscar soluções ágeis, criativas e inovadoras para conseguirem sobreviver neste chamado novo normal. Organizações são feitas de seres humanos e, para que consigam se transformar, é necessário que cada indivíduo molde suas atitudes em direção às mudanças. É mandatório aprender a lidar com este mundo de incertezas, desenvolvendo organizações e pessoas preparadas para surfar essa onda sem serem engolidas.

No início do século 20, a inteligência era medida pelo quociente de inteligência (QI), que mensura indicadores como raciocínio lógico, habilidade matemática e analítica. Em meados dos anos 1990, começou-se a avaliar o quociente de inteligência emocional (QE), que é a capacidade de identificar e gerenciar as próprias emoções assim como a dos outros. Mais recentemente, ganhou destaque a inteligência espiritual, que consiste em usar a espiritualidade e a conexão com nossa alma para conceder maior propósito, direção e sentido às nossas vidas por meio de uma visão de mundo mais abrangente e da construção de valores éticos que vão impulsionar e nortear as nossas ações.

As transformações impostas pelos desafios da Indústria 4.0 fazem com que as habilidades necessárias para prosperar no mercado de trabalho também estejam mudando. Depois de realizar uma pesquisa com executivos em empresas líderes globais, o Fórum Econômico Mundial divulgou o relatório O Futuro dos Empregos, apresentando as 10 principais competências que os profissionais precisarão ter a partir de 2020 e a adaptabilidade está entre elas. Estratégias, ações, práticas e comportamentos que deram certo até aqui não são mais garantias de acertos e sucesso no futuro. No mundo VUCA, o maior entrave não é a tecnologia e sim a capacidade adaptativa dos colaboradores e das organizações por meio da mudança de cultura, pensamento, atitudes e processos há anos arraigados. Ser mutável e adaptável é prerrogativa para a sobrevivência das corporações e dos seres humanos.

Aqui entra em cena o quociente de adaptabilidade (QA), ou seja, a capacidade de se posicionar e prosperar em um ambiente de mudanças rápidas e frequentes. O QA se demonstra por meio de habilidades como aprender continuamente; focar no relevante; mudar paradigmas; ter criatividade para superar barreiras; enxergar por diferentes perspectivas; ter resiliência, flexibilidade e coragem para provocar as mudanças e se transformar. Toda profissão exigirá adaptabilidade e flexibilidade, sendo o QA, combinado com as demais inteligências, fundamental para o sucesso.

A seguir, compartilho caminhos que têm me ajudado no desenvolvimento da adaptabilidade e que passam por autoconhecimento, flexibilidade e pela transformação como agente de mudança.

Autoconhecimento

Para entregar a melhor versão de nós mesmos, precisamos entrar em contato com a nossa essência, buscando autoconhecimento e inteligência emocional. O que nos move? O que nos paralisa? Quais são nossos valores? O que nos faz felizes? Quais marcas queremos deixar neste mundo? Assim, seremos capazes de compreender não só nossas emoções, desejos, propósitos e fortalezas, mas também de admitir medos, fragilidades e vulnerabilidades, aceitando que somos imperfeitos e que podemos evoluir.

As emoções influenciam o nosso pensamento e podem nos ajudar no processo de tomada de decisão. É importante compreender, acreditar e confiar no que sentimos, seguir a intuição, ouvir a voz que vem de dentro, acessando uma camada mais sutil e espiritual. Dessa maneira conseguimos encontrar respostas e modificar a forma como percebemos o mundo e reagimos às situações. Ao seguirmos nossa intuição, desenvolvemos a empatia, pois somente quem consegue administrar seus próprios conflitos é capaz de olhar para o outro com compaixão e generosidade genuínas.

É impossível melhorar sem mudar. O autoconhecimento nos dá uma visão mais ampla de nós mesmos e nos permite fazer escolhas com mais sabedoria, adaptadas a nossa realidade, aos nossos propósitos, metas e nossos valores. É um convite à evolução, pois só quem se conhece, evolui.

Mas como desenvolver o autoconhecimento?

Terapia

Um dos caminhos que encontrei na busca pelo autoconhecimento foi a terapia, prática que sigo desde os 22 anos de idade e que tem sido valiosa nesta viagem interior, na procura por respostas e por maneiras de lidar com o meu mundo e com o mundo lá fora. Em uma rotina frenética, a sessão de terapia passa a ser uma pausa obrigatória para essa reflexão. É o presente semanal que dou a mim mesma.

Para colher os benefícios desse processo é fundamental estarmos verdadeiramente dispostos a escancarar nossas vulnerabilidades e a abrir nossas feridas, pois só assim poderemos tomar consciência do que deve ser diferente e, então, fazer diferente.

Soft skills: competências essenciais para os novos tempos

Coaching

Em 2015, após o nascimento do meu segundo filho, senti dificuldade de conciliar a carreira executiva com o papel de mãe, esposa e mulher. Mesmo amando o que fazia, precisava parar e dedicar um tempo para mim e minha família. Foi quando decidi tirar um período sabático. Cortar o vínculo com a empresa em que trabalhei por 15 anos não foi fácil, afinal quem eu seria sem o papel profissional e fora do ambiente no qual tinha construído boa parte da carreira? Era uma decisão que demandava coragem, pois não sabia o que esperar do futuro nem do mundo lá fora. Após alguns dos melhores meses da minha vida – curtindo minha família e acompanhando de perto o crescimento dos meus filhos, senti que era hora de voltar a exercer o papel profissional para que me sentisse completa. Foi aí que busquei ajuda de uma *coach*. Para alcançarmos a nossa realização é imprescindível sabermos onde estamos e aonde queremos chegar. Um dos benefícios que o processo de *coaching* me trouxe foi a construção dessa visão de futuro, com maior clareza do que eu queria e do que não queria. A partir daí pude definir metas, elaborar planos de ação e criar uma trilha de desenvolvimento pessoal e aprimoramento das minhas capacidades. Passei a me sentir mais confiante na escolha dos meus próprios caminhos e, dez meses após ter iniciado o período sabático, ingressei em uma nova jornada de trabalho.

Após alguns anos nesta empreitada, senti novamente a necessidade de rever meus rumos. Com doses de ousadia, larguei um cargo, um *status*, um salário para me ressignificar. Foi quando iniciei um novo processo de *coaching*, a fim de aclarar os meus próximos passos. Quando o propósito é nobre, o universo conspira. E foi no meio da pandemia que abracei um novo desafio profissional.

Considero os processos de terapia e *coaching* complementares e, quando utilizados em conjunto, potencializam o autoconhecimento e o nosso crescimento como seres humanos.

Meditação e Yoga

A meditação e a *yoga* têm sido recursos cada vez mais usados por pessoas que desejam se tornar autoconscientes. Por meio dessas práticas que trabalham exercícios de autopercepção, respiração e treinam o cérebro para focar no momento presente, ficamos mais concentrados no agora. Com isso, geramos benefícios físicos e psicológicos, aumentando a criatividade, desenvolvendo a intuição e a clareza da mente, o que auxilia na conquista do autoconhecimento. É a conexão entre corpo, mente e alma, proporcionando a expansão da consciência.

Feedback

Ouvir *feedbacks* e compreender como somos vistos pelos outros permitem ampliar a nossa consciência sobre nós mesmos e perceber como nossas ações e comportamentos afetam as pessoas, os resultados e o nosso entorno. Trata-se de deixar de lado o nosso ego e ter humildade para enxergar uma situação e a nós mesmos pelos olhos de outras pessoas. Procure ouvir pessoas que dirão o que você precisa ouvir, não o que você deseja escutar.

Flexibilidade

Até pouco tempo acreditava-se que o cérebro fosse um órgão imutável após o indivíduo chegar à fase adulta. Porém, estudos provaram que o nosso sistema nervoso possui a capacidade de alterar sua morfologia e fisiologia e de desenvolver novas trilhas neurais, de acordo com os estímulos internos e externos que sofre diariamente. Este processo contínuo de mudança cerebral, de "reorganização" dos circuitos neurais e da recepção de novas atitudes ou pensamentos é chamado de neuroplasticidade.

Podemos treinar nosso cérebro para ter "jogo de cintura", para pensar, agir e reagir de forma distinta e ser adaptável às mudanças. Podemos aumentar a nossa flexibilidade cognitiva e desenvolver novas habilidades que nos possibilitam transitar rapidamente entre várias áreas de conhecimento e sistemas de pensamento, desafiando-nos em circunstâncias e contextos variados. Quanto mais flexíveis formos, mais facilidade teremos para distinguir novos padrões, fazer associações entre diferentes ideias, desenvolvendo uma mente ágil e adaptativa. Neste sentido, a abertura para aprender, desaprender e reaprender continuamente é essencial.

Mas como fazer isso? Colocando o nosso cérebro para trabalhar, aprendendo coisas novas e gerando ações que estimulam a neuroplasticidade, permitindo que tenhamos uma capacidade e habilidade mais rápida de aprendizado e adaptação. Buscar novas experiências, alterar a rota para a casa, pesquisar sobre temas que não sejam do nosso domínio, aprender um instrumento musical ou um idioma, conviver com pessoas que desafiam nossa visão de mundo são formas conscientes de gerar estes estímulos. Estabeleça como meta praticar uma pequena mudança por dia e, assim, logo sairá do piloto automático.

Tornando-se um agente de mudança

Muitas vezes a mudança não está sob nosso controle, mas a decisão de qual energia vamos vibrar e de como vamos encará-la é NOSSA! Podemos escolher um desses caminhos:

• Enxergar a mudança como uma ameaça, ficar agarrado ao passado, ao *status quo*, ao conformismo, vibrar o medo, a reclamação, a negação e deixar-nos levar pelo tsunami da mudança OU...

• Aceitar a mudança como oportunidade de crescimento, de ultrapassar medos, de abrir o coração para o novo, vibrando realização, otimismo e pensamento positivo, assumindo uma postura de protagonista da mudança.

Em 2003, iniciei minha transferência do Rio de Janeiro para São Paulo juntamente com alguns colegas da empresa. Pude acompanhar de perto as angústias dos cariocas na terra da garoa e consegui perceber claramente a distinção entre os que se adaptaram e os que não conseguiram se adaptar, pois permaneciam com a mente e energias presas ao Rio, ao passado, às coisas que lá existiam. Por conta disso, não se projetavam para o novo nem o vislumbravam de forma positiva. Escolhi colocar a minha energia para fazer a mudança dar certo e focar no que São Paulo tinha de bom. A forma como cada um encara a mudança faz toda a diferença. Entenda a mudança, o propósito e foque suas energias nos benefícios que ela trará. Aceite, entregue e confie. Projete-se para o novo, engaje-se e descubra-se como um agente da transformação.

Liderar mudanças passou a ser um dos principais papéis requeridos dos líderes da era digital, que devem pensar, agir e reagir de modo diferente como agentes de mudança, engajando, inspirando e conduzindo o seu time para alcançar êxito na empreitada.

É primordial assumir a responsabilidade e a rédea da nossa própria história, guiando a nossa vida em busca de realização. A mudança precisa vir de dentro para fora. Comecemos nos reinventando por dentro para então impactarmos o mundo à nossa volta. Acredito que a vida mude na proporção da nossa coragem. Deixe que a mudança faça parte de você e tenha ousadia para criar um novo melhor. Afinal, que caminho você vai escolher? Ser vítima ou protagonista das transformações em sua vida?

"Seja a mudança que você quer ver no mundo."
(Mahatma Gandhi)

Referências

BROWN, Brené. *A coragem de ser imperfeito*. Editora Sextante, 2013.
DWECK, Carol. *Mindset: a nova psicologia do sucesso*. Editora Objetiva, 2006.
Future of Jobs Survey 2018, World Economic Forum. Disponível em: <https://www.weforum.org/reports/the-future-of-jobs-report-2018>. Acesso em: 14 de ago. de 2020.
KAHNEMAN, Daniel. *Rápido e devagar*. Editora Objetiva, 2011.

Soft skills: competências essenciais para os novos tempos

Capítulo 3

Coragem

Neste capítulo, você encontrará minha história, sobre quando troquei meu país pelo Brasil e como a *soft skill* da coragem foi fundamental para enfrentar os desafios de minha decisão. É um convite a viver a vida que você quer e merece!

Alejandra Cortés Diaz

Soft skills: competências essenciais para os novos tempos

Alejandra Cortés Diaz

Colombiana de nascimento, mora no Brasil há 15 anos. Formada em Ciências Contábeis pela Universidad Nacional de Colombia, com MBA em Gestão Empresarial pela Fundação Getúlio Vargas no Brasil. Experiência de 22 anos em companhia multinacional alemã com vivências em ambientes interculturais e diversos. Líder de equipe. Apaixonada pelo desenvolvimento das pessoas, pelo autoconhecimento e experiências. Apoiadora de iniciativas de diversidade e inclusão, entre elas a igualdade de gênero, empoderamento das mulheres e iniciativas antirracistas.

Contatos
ale.codi.2010@gmail.com
LinkedIn: www.linkedin.com/in/alecodi
(11) 9638-41684

Alejandra Cortés Diaz

Quando eu troquei de país

Uma vez, um estrangeiro falou: *"Eu não entendo por que os cardápios no Brasil não trazem tudo o que oferecem"*. Na hora achei estranho, mas depois lembrei-me do pão na chapa nas padarias em São Paulo, que pode ser pedido como pão na chapa com manteiga, pão na chapa canoa com saída de requeijão e outras combinações. E quer saber o mais surpreendente? O garçom traz o que você pediu, mesmo não constando do cardápio.

Em maio de 2005 cheguei ao Brasil. Foi tudo muito rápido. Três meses antes de minha partida, surgiu a oportunidade. Meu então chefe me avisou duas semanas antes que tinha sido a escolhida para vir trabalhar em São Paulo. Pulei de felicidade, porque estava realizando meu sonho de conhecer o mundo fora da Colômbia. Cresci em uma família simples. Meu pai era mecânico e minha mãe é dona de casa. O fato de viajar 5 mil quilômetros e cruzar as fronteiras era mágico. Meus pais tinham razão: estudo, trabalho e honestidade deram resultado. Seria também uma comprovação de que os sonhos, aliados ao esforço, se realizam.

Mas, ao mesmo tempo em que veio a felicidade, a tristeza e o medo apareceram. Viver meu sonho significava deixar meus pais, minhas duas

Soft skills: competências essenciais para os novos tempos

irmãs, família, amigos, enfim, minha realidade. Não sabia falar português, não tinha ideia de como seriam meus colegas de trabalho, meu chefe, havia o desafio do novo trabalho. Será que eu daria conta? E se eu ficar doente? Só me restavam duas possibilidades: dar certo ou dar muito errado. Coloquei a felicidade, a saudade, o medo, a tristeza e a **coragem** na mala. Só tinha uma forma de saber: indo em frente!

O avião aterrissou. Logo, descobri que a mesma avenida marginal, com o nome de Tietê, vira Pinheiros depois. Mas, por aproximadamente duas horas, fiquei perdida. O medo, as lágrimas e orações me levaram até meu destino. Naquela época, em 2005, não existiam GPS nem aplicativos que mostrassem o trajeto. Só havia um livro de 500 páginas sobre as ruas de São Paulo que carregava nos braços.

Passei algumas vergonhas. Certa vez, entrei em uma loja perguntando se tinha "saída" quando, na realidade, queria saber se tinha uma "saia". Em outro dia, falei que gostava de "xirimicas", mas queria dizer "mexericas". Depois de alguns anos, aprendi a pedir desconto em tudo, até na drogaria e a negociar muito bem também. Até a pagar o preço à vista parcelado! Sim, aprendi que, no Brasil, você paga à vista parcelado. Acreditem: em outros países você paga o valor que está na etiqueta.

Ao longo de minha jornada no Brasil, cresci profissionalmente, trabalhei com pessoas de diferentes culturas, conheci mais países, aprendi dois idiomas, estudei, minha família cruzou as fronteiras, errei, me levantei, me casei, perdi meu pai, recebi reconhecimentos, me diverti muito e prossigo minha trajetória.

Cada experiência vivida ficou marcada. Tive que aprender a confrontar novas realidades, quebrar paradigmas, crenças, me desafiar. Foi uma montanha-russa de emoções: alegria, medo, vergonha, incerteza, esperança, sucesso e que, como líder de equipe, também enxergo todos os dias nas pessoas. Na minha opinião existe uma competência muito importante, fundamental para que possamos encarar as situações, para viver a vida que queremos, atingir o que desejamos: **a coragem**.

A coragem é uma força extraordinária que vem do nosso interior. Na minha experiência como estrangeira vivendo em ambientes diversos, entendo que a coragem é uma competência que nos permite reconhecer nossas próprias limitações e nos tirar da zona de conforto. Com as mudanças são criadas experiências que nos permitem crescer e avançar na vida. Assumir o resultado de nossas ações, opiniões, atitudes e comportamentos requer muita coragem e faz parte do processo de crescimento.

A Coragem de:

A Coragem de deixar de responsabilizar o mundo;
A Coragem de assumir as responsabilidades;
A Coragem de assumir as imperfeições;

A Coragem de viver como acreditamos;
A Coragem de honrar nossa história, com seus acertos e erros;
A Coragem de aceitar os fatos.

Quantos profissionais já deixaram de evoluir na carreira por falta de coragem? O que você deixou de fazer, mesmo querendo muito, por falta dela? Talvez as circunstâncias pareçam difíceis, mas, se tentarmos, podemos superar muitos obstáculos. E, se não logramos o resultado esperado? Tudo bem. No mínimo, teremos aprendido algo no processo e se podem abrir outras portas inesperadas em nosso caminho.

Como desenvolver a coragem?

Todo mundo já sentiu medo diante de uma situação nova. Medo de agir, de falar, de arriscar algo novo, de fracassar, de ser rejeitado. O medo é bom, porque nos faz agir com cautela, mas não podemos deixar que ele nos paralise. Muita gente entende que ser corajoso é não sentir medo, o que não é verdade. Nelson Mandela (1918-2013) em seu livro *Longa Caminhada até a Liberdade*, diz uma frase que define muito bem o que quero dizer: *Aprendi que a coragem não é ausência de medo, mas o triunfo sobre ele*. Saber isso é libertador e deixa o processo mais leve.

Com base em minha experiência, seguem algumas dicas para seu encorajamento:

Autoconhecimento: saber quem somos e qual é nossa história nos permite descobrir nossas crenças, qualidades, capacidades, pontos de melhoria e, assim, traçar um mapa pessoal para avaliar nossas atitudes e comportamentos. Existem muitas metodologias de avaliação comportamental (DISC, MBTI, TSer etc.) que auxiliam nesse processo. Invista nelas e acredite: entender por que agimos de certa forma amplia a nossa autoconfiança, as nossas habilidades e nos ajuda a conhecer o outro. Entender a nós mesmos e o nosso entorno torna a vida mais leve.

Humildade: assumir nossas dificuldades, reconhecer o que precisa ser aprimorado e aceitar já resolvem 50% do problema. No processo de reconhecimento podemos passar pelos sentimentos de raiva, luto, tristeza a fim de chegar à força interior para agir.

Ouvir e pedir ajuda: não precisamos saber e dar conta de tudo. É aconselhável escutar aquelas pessoas que querem contribuir para o nosso desenvolvimento. Eu, por exemplo, no ambiente corporativo, gosto de trabalhar para criar ambientes de confiança com a equipe e facilitar o processo de retroalimentação mútuo. Todos estão acostumados que o líder avalie, mas ouvir o que a equipe tem a dizer e examinar as situações por outro ponto de vista ajuda muito nosso desenvolvimento. Peça *feedback* às pessoas que mais o conhecem, não somente a seu líder.

Soft skills: competências essenciais para os novos tempos

Aprender, Aprender, Aprender: há uma frase bastante divulgada na internet, cuja autoria desconhecemos, que diz: *"Insanidade é continuar fazendo sempre a mesma coisa e esperar resultados diferentes"*. Repito incansavelmente para minha equipe e para mim mesma essas palavras. Nossa formação, nossos estudos, experiências nos trouxeram os resultados que temos hoje. Não podemos esperar que, com as mesmas habilidades, conhecimentos e atitudes alcancemos novos resultados num mundo em constante mudança.

Não se comparar, se inspirar: quando comparamos nossa trajetória com o sucesso de outras pessoas, deixamos de realizar muitas coisas. Ninguém começou no topo. E mais: as vidas não são tão felizes como parecem nas redes sociais. Agora, quando nos inspiramos em outra pessoa, reconhecemos nela a habilidade ou talento que queremos desenvolver. Nós só podemos reconhecer no outro as qualidades que temos e que só faltam ser despertadas.

Saber distinguir o que é fato e o que é fantasia: quantas vezes imaginamos situações ou "achamos" o que pensa a outra pessoa? Muitas vezes estamos erroneamente firmados em crenças e suposições. É importante estarmos atentos, não imaginar, mas, sim, confirmar a veracidade dos fatos e, se for necessário, perguntar diretamente à pessoa.

Focar no objetivo: é indispensável manter o foco naquilo que queremos alcançar a fim de direcionar nossos comportamentos e ações para o que desejamos. No meu caso, a meta era me adaptar no país, aprender português, ter amigos brasileiros para ficar mais perto da cultura. Sabia que se fizesse isso, facilitaria meu processo de adaptação.

Cada um tem o seu perfil, repleto de talentos e pontos a aperfeiçoar. Não existe o certo ou o errado, melhor ou pior. Por isso, sempre trabalho para ter equipes com pontos de vista e personalidades diferentes para se complementarem, ver as coisas por perspectivas distintas, gerar conhecimento, desafios, confrontar crenças e, por fim, ajudar no desenvolvimento de todos com a diversidade. Incentivar em nosso entorno a ler, escutar, ser capaz de enxergar realidades diferentes e um aprender com o outro.

A prática de novas atitudes, comportamentos e competências em novos ambientes, além da reformulação de nossas crenças, é essencial. Atuar em projetos dos quais nunca participou e assumir os resultados é um ato de coragem. Os momentos de maior desenvolvimento são permeados pelos maiores desafios. São com eles que aprendemos, construímos experiências, sabedoria, novas crenças sobre nós e o mundo no qual estamos inseridos.

Alejandra Cortés Diaz

A coragem de viver a vida que você quer e merece e não a "ideal"

A procura do perfeccionismo para atingir a vida ideal leva ao desperdício de esforços para evitar ao máximo sentir medo e vergonha: temor do resultado, das críticas dos demais; a rejeição de não alcançar as expectativas do outro; o receio de perder o controle.

A pesquisadora americana Brené Brown, especialista no tema e autora de vários livros, entre eles *A coragem de ser imperfeito*, realizou um estudo durante muitos anos e chegou à conclusão de que a vulnerabilidade não é fraqueza, mas a melhor maneira de se medir a coragem. Ela argumenta sobre a importância de abandonar as críticas, não se apegar às coisas negativas ditas pelos outros e destaca a vulnerabilidade como a estrada que nos conduz à transformação.

Coragem é não se sentir confortável, é aceitar a vulnerabilidade de sentir medo de ser criticado, ridicularizado, mostrar fraqueza, expor defeitos. Na próxima vez que você se sentir desconfortável, saiba que está sendo corajoso. É um belo desafio em uma sociedade que faz pressão pela perfeição e por padrões do que se espera de uma vida ideal tanto no âmbito profissional quanto no pessoal. Quebrar essas crenças e preconceitos é um desafio. No livro citado, a autora também explica as principais pressões que experimentamos:

Mulheres: aparência (seja bonita e magra), maternidade (casar-se, ter filho(s)), perfeição (mãe perfeita, profissional perfeita, mulher perfeita). Bela, recatada e do lar!

Homens: não demonstre fraqueza, não tenha medo ("não chore", "homens não choram"), não fracasse ("você é o fornecedor da casa") e seja bom na cama!

Todos os dias, vemos um bombardeio de mensagens com os modelos de sociedade a seguir. No Brasil, por exemplo, 52% são mulheres; 48%, homens; 48%, brancos; 52%, negros (pretos e pardos), e, mesmo sendo a maioria, os espaços de poder estão majoritariamente sendo ocupados por homens brancos. É possível imaginar o tamanho dos desafios e da coragem a desenvolver para alterar essas proporções, quebrar crenças e paradigmas.

Uma pesquisa da empresa norte-americana de consultoria Oliver Wyman, com 381 organizações de 32 países e 850 profissionais do setor financeiro, revelou que as mulheres têm representação de apenas 20% nos conselhos de administração e de 16% nos comitês executivos. No Brasil, a parcela é ainda menor: elas preenchem 10% dos comitês executivos. Um estudo do Instituto Ethos com o perfil das 500 maiores em-

Soft skills: competências essenciais para os novos tempos

presas do Brasil mostrou que somente 0,4% de mulheres negras atuam como executivas de grandes corporações.

Portanto, o nível de coragem que devemos ter para enfrentar os desafios são diferentes para cada um de nós, principalmente perante situações de discriminação racial, de gênero, social, entre outras, que são ainda mais desafiadoras para todos nós.

Autorreflexão

Quantas vezes você deixou de fazer algo com medo de errar?
O que você deixou de fazer por medo do que pensariam os demais?
No último ano, quantas palestras ou livros fizeram com que repensasse suas crenças?
Quantas vezes já imaginou situações que nunca aconteceram?
Quando foi a última vez que passou vergonha? O que aprendeu?

O que fazer?

Seja mais vulnerável e libere seu potencial. Não fuja de sua trajetória: a aceite. Permita-se viver a vida como você quer, acreditando que é um merecedor. Sejamos corajosos para construir a sociedade que queremos ver.

Gratidão à vida pelas experiências vividas e ao Brasil que amo de paixão, que, entre as tantas coisas, me ensinou que pão na chapa canoa com saída de requeijão é muito bom e não está no cardápio.

Referências

ALMEIDA, Cassia. ZARUR, Camila. *Patrimônio de Mulheres Corresponde à Metade dos Bens Acumulados por Homens*. O Globo. Disponível em: <https://oglobo.globo.com/economia/patrimonio-de-mulheres-corresponde-metade-dos-bens-acumulados-por-homens-2197914>. Último acesso em: 13 de junho de 2020.

BROWN, Brené. *A coragem de ser imperfeito*. Rio de Janeiro: Editora Sextante, 2016.

INSTITUTO Ethos. *Perfil Social, Racial e de Gênero das 500 maiores empresas do Brasil e suas ações afirmativas*. ONU Mulheres. 2016. Disponível em: <http://www.onumulheres.org.br/wpcontent/uploads/2016/04/Perfil_social_racial_genero_500empresas.pdf>. Último acesso em: 13 de junho de 2020.

MANDELA, Nelson. *Longa caminhada até a liberdade – a autobiografia*. Editora Nossa Cultura, 2012.

Soft skills: competências essenciais para os novos tempos

Capítulo 4

Gratidão

Neste capítulo, encontraremos reflexões sobre gratidão, seus efeitos, conexões e impactos. Praticá-la significa criar o hábito de refletir e ser verdadeiramente agradecido pela vivência, independentemente do que esteja acontecendo. Ter gratidão como *soft skill*, ou seja, como habilidade interpessoal, é ter plena consciência dos motivos pelos quais somos gratos, exercendo genuinamente o ato de agradecer.

Kelly El Kadi de Mattos

Soft skills: **competências essenciais para os novos tempos**

Kelly El Kadi de Mattos

Administradora de Empresas com MBA em Gestão Estratégica de Pessoas pela Fundação Getulio Vargas. Profissional de Recursos Humanos com 20 anos de experiência em gestão. Carreira construída em multinacional de grande porte. Conhecimento das diversas frentes de desenvolvimento de pessoas, com forte atuação em treinamento, gestão de talentos, formação de líderes e mapeamento de perfis. Apreciadora do comportamento humano, suas peculiaridades e oportunidades de crescimento. Filha da Dona Mary e do Seu Jorge, esposa do Manoel e mãe do Bernardo. Quatro grandes amores a quem expresso minha gratidão e dedico este capítulo.

Contatos
kelly.kadi@hotmail.com
LinkedIn: Kelly El Kadi
(11) 99635-1573

Kelly El Kadi de Mattos

"Infelizmente as notícias não são boas. É câncer, já em um estágio um tanto quanto avançado. Mas não se preocupe (???). Hoje em dia existem excelentes tratamentos. Tudo vai dar certo."

Sem tirar nem pôr, essas foram as palavras que ouvi da minha médica ao receber o diagnóstico, aos 35 anos. Solteira, independente, viajando pelo mundo e com a carreira em plena expansão, certamente eu tinha muitos motivos para agradecer. Mal sabia que a - até então inconsciente - prática da gratidão me traria tantas respostas não só naquele período, mas em tudo o que estaria por vir.

Dizem que, quando não se aprende pelo amor, se aprende pela dor. Bobagem. O câncer em si não me ensinou absolutamente nada. Tudo o que aprendi veio de como fui "abraçada". Ainda não sabia, mas, a cada momento em que me sentia genuinamente agradecida, somava pontos no meu caderninho da gratidão. Ser grata me permitiu encarar com maior suavidade (ou menos dureza) um dos períodos mais difíceis da minha vida e, muito mais do que isso, trouxe pessoas, sorrisos e prestatividade para bem perto. Não porque eu estivesse doente, mas porque a gratidão promove a conexão que faz com que tudo flua naturalmente melhor.

Soft skills: competências essenciais para os novos tempos

O câncer foi embora, e eu virei a página para que muitas outras coisas viessem. Coisas muito boas, coisas boas e coisas nada boas. Sou grata a todas elas!

Gratidão no contexto de soft skills

Muito se tem falado sobre gratidão como forma de buscar alegria e satisfação. Gratidão como estilo de vida. Adotamos a palavra e a ela nos referimos o tempo todo, mas será que o que sentimos e praticamos realmente é isso?

Se buscarmos no dicionário[1], encontraremos que gratidão é o "sentimento experimentado por uma pessoa em relação a alguém que lhe concedeu algum favor, um auxílio ou benefício qualquer". Veremos ao longo deste capítulo que é muito mais do que isso e, como a maioria das soft skills, também pode ser desenvolvida e praticada. O resultado? Uma vida mais leve e uma conexão que vai além do que a própria gratidão pode oferecer. Inseri-la no dia a dia é ter abertura para a apreciação, a aceitação e o verdadeiro contentamento, independentemente do que esteja acontecendo. Se é fácil? Claro que não! Mas é possível ser grato em qualquer situação, abrindo portas para novas experiências e para o desenvolvimento de outras soft skills.

Tudo começa com a aceitação

Antes de tudo, é preciso aceitar as coisas como são. Não estamos falando em conformismo ou acomodação (aliás, muito longe disso), mas, sim, a respeito da tendência do ser humano em questionar o porquê dos acontecimentos ou o que poderia ter sido diferente. Quando conseguimos nos aceitar e aceitar as pessoas e circunstâncias como são, começamos a gradualmente enxergar fatos pelos quais somos gratos.

Você já parou para observar que sua mente nunca está satisfeita e passa boa parte do tempo distraída ou focada em problemas? Por mais respostas que tenhamos, o cérebro continua fazendo perguntas, julgando, criando novos objetivos, correndo atrás de coisas diferentes. Mesmo quando está tudo bem, nos questionamos se não poderia estar melhor. Ora, se não consigo parar de pensar no próximo passo, como posso ser genuinamente grato pelo que tenho, alcancei ou sou até agora? Nossa jornada rumo à verdadeira gratidão se inicia quando passamos a olhar as vivências de maneira consciente e como parte do curso natural da vida.

Gratidão nas relações profissionais

Quando ouvimos alguém mencionar a palavra gratidão quase que automaticamente fazemos uma associação com a vida pessoal e com o que

---

[1] Michaelis Online.

gira em torno da família, dos amigos, da saúde e das conquistas individuais. É raro associá-la aos acontecimentos corriqueiros da vida profissional ou do ambiente corporativo, não é? E se eu lhe disser que muito do sucesso profissional está diretamente ligado ao quanto somos genuinamente gratos?

Seja qual for a carreira, ela, de uma forma ou outra, está ligada a pessoas. Ninguém trabalha sozinho ou para si. Tudo o que produzimos depende de uma relação e/ou se destina a alguém. Ao injetarmos gratidão a cada atividade entregue ou a cada apoio recebido, vamos, aos poucos, construindo o sentimento de confiança que tanta diferença faz nas relações profissionais. As pessoas passam a querer comprar ou atuar com e para você, pois, de algum modo, se sentem "abraçadas". O contrário também pode ser observado: se não houver reciprocidade nesse tipo de relação, certamente não surgirá a conexão que faz com que as parcerias sejam longas e verdadeiras.

Cora Coralina (1889-1985), em uma de suas impactantes frases, afirmou: "Feliz aquele que transfere o que sabe e aprende o que ensina". Ao parar para pensar no que eu gostaria de transmitir ao leitor, me vi refletindo e aprendendo com a minha própria trajetória profissional. Trilhei uma carreira linda e, é claro, muito dependeu do meu esforço e dedicação, mas nada teria sido possível se não fossem as pessoas. Sejam colegas, líderes, subordinados, pares ou clientes, hoje percebo que expressei e continuo manifestando minha gratidão a cada um deles, a cada momento, a cada dúvida e, principalmente, a cada entrega. É com plena certeza que afirmo: não teria alcançado tantos sucessos sem essas doses diárias de gratidão.

Gratidão e espiritualidade

Independentemente de religião, certamente você já associa a prática da gratidão aos seus valores, crenças e tudo o que aprendeu sobre o plano superior. Isso é maravilhoso! Vincular gratidão a espiritualidade é abrir portas para que o ato de agradecer seja verdadeiramente genuíno, espontâneo e frequente, uma real prática do dia a dia.

A maioria dos exercícios que traremos na sequência são curtos e de fácil realização. Se você já tem por hábito dedicar alguns minutos do seu dia para rezar, refletir ou meditar, talvez seja este o melhor momento para pôr em prática o desenvolvimento consciente da gratidão.

Gratidão na prática - desenvolvendo o hábito de agradecer

Quando adotamos uma prática constante, começamos a perceber coisas pelas quais somos legitimamente agradecidos. Desenvolver a gratidão não significa necessariamente aumentá-la, mas percebê-la e vivenciá-la nas relações e em tudo o que nos acontece. Como mencionei anteriormente, é essa gratidão que se sente e se desenvolve que podemos incluir na lista de *soft skills*.

Soft skills: competências essenciais para os novos tempos

São inúmeros os exercícios que podem ser feitos. Contudo, eles só funcionarão se fizerem sentido e puderem ser facilmente encaixados em sua rotina. Eles não funcionam igualmente para todos. Porém, é fato que a constância nos faz incorporar a prática à rotina, criando um hábito. Assim como outras *soft skills*, a gratidão se desenvolve por meio da repetição.

Você encontrará nas próximas páginas 16 práticas simples, organizadas em 4 blocos:

A) Para fazer agora e revisitar sempre;
B) Práticas diárias;
C) Práticas semanais;
D) Práticas para momentos difíceis.

Antes de iniciar, convido-o a fazer uma autorreflexão sobre como a gratidão tem estado presente nos seus pensamentos e formas de se relacionar. Isso o ajudará a selecionar as práticas que mais se encaixam ao seu perfil e as oportunidades de desenvolvimento.

Uma caderneta e um lápis são úteis na constância que criará o hábito. Deixe o celular de lado, pois quando escrevemos de próprio punho, imprimimos nossa pessoalidade e nos conectamos com nossas emoções, além de retermos muito mais o aprendizado. Abrir a caderneta e reler o que se anotou também pode ser "mágico". É o seu instante de desenvolvimento, tire o máximo de proveito dele. Vamos lá?

A) Para fazer agora e revisitar sempre

1. Escreva um bilhete para o seu "eu" de 5 anos atrás. Diga as coisas que ele precisa agradecer.

2. Pense em algo que você se esforçou muito para concluir e que tenha obtido sucesso. Reflita sobre sua jornada rumo à conclusão e em todas as pessoas que estiveram envolvidas. Descreva suas reflexões e agradeça.

3. Traga à memória episódios difíceis da sua vida e recorde-se de como os superou, quem esteve ao seu lado e o que você aprendeu com eles. Coloque tudo isso no papel e agradeça.

4. Ainda bem que nem sempre o que desejamos acontece. Faça uma lista de "não acontecimentos" que, na verdade, foram livramentos.

5. Sabe aqueles sonhos que demoram para acontecer, mas quando ocorrem vão além das expectativas? Liste as suas experiências e agradeça por elas terem se dado no tempo certo.

6. Providencie um pote com tampa, coloque-o em um local onde

fique visível. Sempre que ocorrer algo pelo qual você se sente grato, anote-o em um pedaço de papel e guarde ali. Estabeleça uma data para abrir o seu Pote da Gratidão e releia todos os motivos pelos quais você foi grato no período.

7. Tire do armário fotos, cartas e objetos do passado. Reflita sobre eles. Por que você os guardou e o que eles representam? Relembre acontecimentos de sua história e agradeça pela sua trajetória até aqui. Também vale revisitar aquele arquivo eletrônico em que você guarda suas fotos.

8. Monte mentalmente um filme de sua vida, com intervalos de 5 anos. Como era sua vida dos 0 aos 5 anos, do que você se lembra, o que você não pode deixar de agradecer? Anote seus pensamentos. E dos 5 aos 10 anos? Dos 10 aos 15? Assim sucessivamente. Lembre-se de que momentos difíceis trazem muitas oportunidades e aprendizados. Portanto, não se esquive deles. Se vierem à sua mente, reflita, registre e agradeça.

B) Práticas diárias

9. Para fazer à noite ou na manhã seguinte: liste 5 coisas do seu dia pelas quais você é grato.

10. A quem você agradeceu expressamente hoje? Liste os nomes das pessoas e os motivos pelos quais você as agradeceu.

11. Está sendo um dia difícil? Pare por 5 minutos, respire conscientemente e faça uma pequena lista daquilo que quer agradecer.

C) Práticas semanais

12. Liste ao menos 3 coisas incríveis e 3 coisas difíceis que aconteceram na última semana. Agradeça pelos seus aprendizados.

13. Escolha um dia da semana para parar por 5 minutos e enumerar pequenas coisas que arrancaram seus sorrisos na última semana. Agradeça!

14. Descreva um dos momentos em que você conseguiu se sentir grato com maior intensidade na semana anterior. O que houve? Qual o impacto da sua gratidão nas pessoas à sua volta e em você mesmo? Que resultados positivos colheu ou está colhendo por causa da gratidão?

D) Práticas para momentos difíceis

15. Sabemos que problemas e incertezas também podem trazer oportunidades. O desafio está em driblar a negatividade e encarar

Soft skills: competências essenciais para os novos tempos

tais momentos com genuína gratidão. Coloque todos os pensamentos negativos no papel e imediatamente transcreva-os, transformando ideias negativas em Pensamentos Produtivos.

16. Registre de 1 a 3 fatos que não estão indo bem na sua vida. Podem ser problemas na família, no trabalho, questões financeiras, de saúde ou qualquer outro motivo que esteja gerando descontentamento. Depois de anotar o que não vai bem, enumere, ao menos, 3 aspectos positivos que aquela situação possa estar lhe trazendo. Liste também as pessoas que o estão apoiando ou podem auxiliá-lo a superar essa dificuldade. Pense sobre esses ensinamentos/oportunidades e certifique-se de agradecer expressamente a elas. Você verá como essa prática pode mudar a sua forma de vivenciar problemas.

Em resumo:

- Todos nós somos gratos, de uma maneira ou outra, pelo que temos, conquistamos, superamos e aprendemos. A gratidão é parte das nossas vidas, mas, muitas vezes, não a valorizamos e, consequentemente, não a vivenciamos como poderíamos.

- Se você não pode mudar o que está acontecendo, desafie mudar a forma como você responde ao que está acontecendo. Aceite as coisas como são e encontre a gratidão.

- Assim como outras *soft skills*, a gratidão também pode ser desenvolvida e praticada.

- Associar a prática da gratidão ao seu momento diário de espiritualidade pode ajudá-lo a trazê-la de modo consciente para o seu dia a dia.

- Essas práticas devem estar atreladas ao seu perfil e ao seu modo de ser. Escolha as que podem lhe trazer maior aprendizado e as transforme em um hábito.

Manifestar gratidão é um dos melhores presentes que podemos oferecer às pessoas e a nós mesmos. Hoje sou grata a você, caro leitor, pelo interesse que me incentivou a escrever esse capítulo.

Que a gratidão esteja presente nos mínimos detalhes da sua rotina, trazendo um novo olhar e uma nova experiência para cada um dos acontecimentos!

Referências

FREITAS, Ariane. GRECCO, Jessica. *O livro do bem: gratidão*. 1. ed. 2.reimp. Belo Horizonte: Gutenberg Editora, 2018.
LUZ, Marcia. *A gratidão transforma: uma nova vida em 33 dias*. São Paulo: DVS Editora, 2016.

Soft skills: competências essenciais para os novos tempos

Capítulo 5

Humor que conecta

Sim, dá para falar sério sem ser sério! O humor é a nossa sensação de bem-estar. Com ele, conseguimos potencializar nossa maneira de sentir e se relacionar de uma maneira mais prazerosa. Para ativá-lo, precisamos estar conscientes e incluir práticas positivas, concedendo maior fluidez ao nosso hábito da consciência saudável, tanto com nós mesmos quanto com as pessoas à nossa volta.

Maryana Rodrigues

Soft skills: competências essenciais para os novos tempos

Maryana Rodrigues

Maryana Rodrigues é fundadora da HumorLab e possui mais de 10 anos de experiência no mundo corporativo em empreendedorismo, liderança e técnicas em vendas. Nessa vivência, percebeu que o humor e a leveza nas relações faziam a diferença no engajamento e nos resultados das empresas. Em função disso resolveu se aprofundar no tema. Especializou-se em Inteligência Emocional, com os cursos *Action for Happiness*, cujo patrono é o Dalai-lama e *Search Inside Yourself* do Google, no Vale do Silício, Califórnia. Combinou sua vivência, incluindo 8 anos com trabalhos na Disney (intensificando seu entendimento no encantamento aos clientes) e, assim, facilita palestras e treinamentos que abordam as inteligências: interna, relacional e imaginativa. Tem no currículo mais de 25.000 pessoas impactadas por suas palestras, promoveu mais de 400 horas de treinamento para líderes, em sua maioria para empresas de tecnologia e inovação.

Contatos
www.humorlab.com.br
maryana@humorlab.com.br
(11) 99920-4235

Maryana Rodrigues

Você se lembra da última vez que gargalhou com a sua equipe ou amigos? Qual foi a percepção imediata de todos? Uma sensação boa? De bem-estar? Foi bem poderosa e começou com um relaxamento, depois se misturou com uma excitação, certo? Mas, sem enrolações, independentemente do caminho, é bom demais senti-la.

O que geralmente ocorre é que logo chega um *e-mail* indesejado, uma mensagem com cobranças e nos recordamos dos prazos, sentimos pressa e medo. E o que era uma sensação de relaxamento imediatamente é substituída pelo estresse, que enche nosso corpo de cortisol. Hormônio responsável pela fadiga, cansaço, fraqueza, entre outras sensações desprazerosas. Qual desses dois cenários acontece mais vezes no seu dia?

É possível criar uma rotina que seja "anticortisol"? Pois bem, o medo de perder, de não entregar no prazo e de ser excluído nos faz ter pressa. Ela nos leva a viver no futuro, nos transformando no nosso maior ladrão de felicidade e bom humor. Sabe por quê? Porque, com a mente no futuro, não aproveitamos o agora e é no momento presente que sentimos a felicidade em nosso corpo: não a sentimos nem no passado, nem no futuro.

Soft skills: competências essenciais para os novos tempos

Como queremos ser mais felizes se a nossa mente está o tempo todo no ontem ou no amanhã? Estar consciente do presente é o segredo da felicidade. Assim, você pode escolher permanecer na sensação da gargalhada, por mais tempo.

Então, de que forma aplicar uma rotina que nos deixe mais leves e com a sensação de bem-estar por mais tempo? Desculpe a sinceridade, mas não existe exatamente uma fórmula mágica, receita ou equação perfeita. Mas posso dizer que existem escolhas e mudanças de atitudes e hábitos que formatam o nosso humor e o mantém positivo por mais tempo.

Definindo humor

O humor nada mais é do que a sensação de bem-estar. Se você está bem-humorado, sua sensação de bem-estar está positiva, e o contrário se dá caso esteja mal-humorado.

Quando conscientes de que estamos estressados, ou estressando a equipe, podemos escolher algum caminho para elevar a sensação de bem-estar, e isso só acontece se você treina a sua percepção diária dos sentimentos, sendo eles prazerosos ou não.

Já quando nos tornarmos conscientes de emoções como a raiva (que é disparada quando alguém coloca algum obstáculo à nossa frente), acolhemos aquela emoção e direcionamos a energia para superar o empecilho. Pois, se não percebemos que existe raiva ali, ela pode ser endereçada por meio da violência, o que não resolve a situação atual e pode colocá-lo em uma situação pior ainda. Tudo isso só aumenta a quantidade de cortisol na corrente sanguínea, causando fadiga, fraqueza e, em casos mais sérios, até infarto.

Desconheço qualquer benefício em ser mal-humorado. E mais: adotar uma rotina estressada o distancia da equipe e até de si mesmo.

Sorrir é grátis

Quando falamos em bom humor, riso solto, gargalhadas, muitos pensam "como ser um profissional bem-humorado se eu não sei contar piadas?". Não é preciso ser um piadista de plantão para gerar o bem-estar da equipe.

Existe um segredo gratuito para isso! Digo que é segredo, pois nem todos sabem da sua existência. Sabe qual é? O sorriso! Você já deve ter assistido a vídeos de bebês rindo, certo? Consegue ficar sem sequer esboçar um sorrisinho de canto de boca? Pois é, sorrisos conectam! Quando vê alguém sorrindo, a gente se vê sorrindo de volta. Então, esse pode ser um começo, para gerar uma conexão positiva.

Lembre-se das últimas vezes que sorriu. Os motivos foram causados por piadas? Acredito que a maioria não. Rimos para manter laços, pois se trata de uma comunicação não-verbal. A risada é uma linguagem universal. Então, não se preocupe com piadas, se importe em sorrir e colocar essa leveza nas suas expressões faciais.

Além disso, nós temos os neurônios-espelho, que, para causar um *rapport* quando alguém nos sorri, queremos repetir os padrões de atividades neurais do outro. Então, espalhe sorrisos. Prometo que você os receberá de volta.

Existe momento certo para o humor?

Para o bom humor, não, pois ele nos traz a sensação de bem-estar. Mesmo em momentos delicados, podemos usar de técnicas de bom humor como ser gentil, usar um tom de voz mais acolhedor, colocar a pessoa em primeiro plano. O fato de simplesmente ouvir 100% e genuinamente alguém já pode elevar o bom humor.

Agora existe o momento certo para a piada? Para ela, existe sim. A piada nos faz rir, pois há uma colisão de universos na nossa cabeça. Isso gera aquele pensamento "nossa, eu não pensei nisso", seu cérebro acha que vai acontecer algo e é surpreendido, gerando a graça. A piada, se não estiver no contexto de todos os que estão ouvindo, pode gerar desconforto. Dependendo da ocasião, pode mostrar um descompromisso ou até mesmo desrespeito ao outro.

Para que haja um ambiente 100% livre para a piada, as pessoas devem estar se sentindo igualmente 100% pertencentes ao grupo. Como acontece isso? Quando todos se conhecem verdadeiramente, têm conhecimentos que vão além do crachá. E mais: com conversas, em que a equipe abra para falar sobre esportes praticados, se tem animal de estimação em casa, se gostam de cozinhar, para ouvir sobre valores, religiões e posicionamentos.

Assim, todos terão uma consciência sobre o tipo de piada aplicada ao time bem como o momento em que geralmente é contada. Se você tem uma equipe mais informal, provavelmente caberão mais oportunidades de descontração. Mas existem grupos mais introspectivos também, o que está tudo bem. É preciso respeitar a essência de cada um. Nesse caso, não tente forçar a barra, invadindo espaços dos mais fechados.

Não existem times homogêneos. Cada um tem o seu espaço. O bacana é abrir conversas para entender como unificar a comunicação, para entender as ocasiões certas para as piadas.

Entregue-se ao bom humor

Estamos acostumados a encarar as adversidades com um olhar de revolta e não de sabedoria. Temos na nossa rotina o péssimo costume de reclamar mais do que agradecer. Dá para incluir uma visão mais positiva nas horas difíceis?

Soft skills: competências essenciais para os novos tempos

Digo que sim e respondo a essa pergunta apresentando o fundador da Logoterapia (teoria que usa o sentido do humor como um de seus principais recursos terapêuticos), o neurologista austríaco Victor Frankl (1905-1997).

No livro *Em busca de sentido*, Victor Frankl traz sua experiência em campos de concentração, com um olhar de quem diariamente optou pelo caminho do bom humor para se salvar. Segundo Frankl, diante de um sofrimento inevitável, o ser humano se modifica e encara essa dor através da ressignificação do próprio ser. Ou seja, o tempo todo podemos escolher por qual porta vamos entrar: a porta do sofrimento, do rancor, da revolta ou a porta da sensação positiva com sabedoria e aprendizados.

Se até em um campo de concentração houve um olhar mais otimista, maximizando o que havia de positivo naquele momento, por que, nas nossas adversidades do dia a dia, não podemos encontrar o lado mais bem-humorado? Não há uma mudança de comportamento da noite para o dia. Então, não deixe de treinar o questionamento "por que vou me chatear com esta situação ou com esta pessoa?" ou "o que estou aprendendo com este sentimento desprazeroso?".

Assim, estando conscientes, aprendemos a gerir melhor as nossas emoções, não deixando que elas nos controlem. Tudo o que a gente foca se expande. Portanto, empregue energia nas emoções que lhe rendam maior prazer para que elas se fortifiquem e se mantenham por mais tempo no seu corpo.

Não estou aqui forçando felicidade, riso e alegria constantes na sua vida. Isso seria uma utopia da minha parte. Também não podemos esperar que acontecimentos frustrantes não surjam.

O caminho é aprender que devemos buscar sofrer menos a cada dia e não deixar que a frustração comande e dê a sensação de que não temos mais chances de ser felizes de novo. Toda situação é passageira. Não foque somente no que se perdeu com ela, sim exercite o olhar de quem aprendeu também.

Sempre haverá dois caminhos: o do bom ou do mau humor. Qual você escolherá a partir de agora?

A pílula contra o desânimo

Existe bom humor vitalício? Há uma fórmula mágica de manter essa sensação de bem-estar sempre positiva? Não conseguimos garantir, porém podemos chegar bem perto disso criando um hábito positivo, uma prática diária que desperte os hormônios do prazer.

Não adianta você passar meses mergulhado no estresse, aguardando as férias ou passar a semana triste esperando o fim de semana, pois, quando chegarem, o seu corpo estará tão cansado, triste e esgotado que você não conseguirá usufruir positivamente. Para combater o desânimo é preciso agir diariamente criando uma rotina que desperte algo bom a fim de que o nível de estresse seja regulado e não suba diariamente.

Como humorologista, palavra criada por mim para descrever o profissional que eleva a sensação de bem-estar das pessoas, vou compartilhar com vocês algumas práticas para potencializar uma rotina mais feliz.

Com base nos hormônios da felicidade (endorfina, dopamina, serotonina e ocitocina), verifiquei que a vida precisa de elementos básicos para uma saúde integral envolvendo corpo, mente, espírito e emoção. Não posso pesar a mão de um lado e, muito menos, esquecer o outro, pois, do contrário, minha sensação de bem-estar desaparece. Para isso, podemos aplicar estes 7 pilares na rotina semanal:

1. **Combustível:** dormir bem e se alimentar bem (descascando mais e desembalando menos).

2. **Movimento:** praticar exercícios que tragam fluidez para as articulações e a oxigenação muscular, nada relacionado a alta *performance*, mas práticas leves como alongamentos.

3. **Emocional:** acolher-se diariamente com a pergunta: "como estou me sentindo, qual o sentimento em evidência neste momento?". Crie uma reunião consigo mesmo para avaliar mudanças de atitudes.

4. **Conhecimento:** estimular, consumir e espalhar conhecimento.

   • **Estimular:** ler, ver, consumir coisas que geralmente não faz.

   • **Consumir:** livros, cursos à distância, *workshops*, filmes, séries e conversas.

   • **Espalhar:** conversas, em casa, *WhatsApp*, redes sociais.

5. **Artístico:** despertar o lúdico e a imaginação com artes, música, teatro, dança, canto, entre outros.

6. **Prazeres imediatos:** tudo o que conseguimos com o prazer momentâneo: comidas calóricas, viagens, passeios, *happy hour* etc.

7. **Espiritualidade:** com ou sem vínculo religioso, tudo o que conecta você com sua essência no momento presente: meditação, oração, alinhamento de *chakras*, *reiki*, etc.

Divida estes 7 pilares na sua semana e veja quais você vai praticar todos os dias e quais fará 1 ou 2 vezes na semana.

Aplicando esses pilares, conseguimos manter nossos hormônios da felicidade diariamente circulando em nosso corpo. O bom humor nos conecta positivamente com o que nos rodeia e, principalmente, com a gente mesmo. Não espere o fim de semana ou as próximas férias para se sentir feliz. Comece agora!

Referências

ACHOR, Shawn. *O jeito Harvard de ser feliz: o curso mais concorrido da melhor universidade do mundo*. 1. ed., Benvirá, 2012.

BERGSON, Henri. *O riso: ensaio sobre o significado do cômico*. 1. ed. Editora Edipro, 01 de fevereiro de 2018.

FRANKL, Victor. *Em busca de sentido: um psicólogo no campo de concentração*. 1. ed. Editora Vozes, 01 de janeiro de 2017.

GAWDAT, Mo. *A fórmula da felicidade: como um engenheiro da Google encontrou a equação do bem-estar e da alegria duradoura*. 1. ed. Editora Leya, 2017.

SANTOS, Vanessa dos. *Por que o riso é contagiante?* UOL. Disponível em: <https://mundoeducacao.uol.com.br/curiosidades/por-que-riso-contagiante.htm>. Acesso em: 21 de mai. de 2020.

STORONI, Mithu. *Como a vida moderna aumentou o estresse - e como podemos evitá-lo*. BBC, 2019. Disponível em: <https://www.bbc.com/portuguese/revista-49339501>. Acesso em: 21 de mai. de 2020.

Soft skills: competências essenciais para os novos tempos

Capítulo 6

Atitude Positiva

Neste capítulo você verá como a mudança de seu padrão mental, por intermédio de atitudes positivas, poderá remodelar seu cérebro, desenvolver comportamentos mais assertivos, gerar relações interpessoais mais harmoniosas, proporcionando plenitude interior e desenvolvimento do seu Ser Integral.

Regina Melo

Regina Melo

Médica, graduada pela Faculdade de Medicina da Fundação do ABC (1987), com especialização em Patologia Clínica pela Sociedade Brasileira de Patologia Clínica (1990). Homeopata pela Associação Paulista de Homeopatia (1992). Acupunturista pelo Centro de Estudo Integrado de Medicina Chinesa (1999). Hipniatra Clínica, Clássica e Ericksoniana pelo Hospital do Servidor Público Municipal de São Paulo (2002). Especialista em Medicina Comportamental pela Universidade Federal de São Paulo, UNIFESP (2009). Estudiosa em Neurociência do Comportamento, Respiração, *Biofeedback*, Meditação e *Yoga*, como instrumentos de Gerenciamento de Estresse, Ansiedade e promoção do Bem-Estar e da Saúde Integral.

Contatos
clinicareginamelo@gmail.com
(11) 99411-6187

Desde seu surgimento, a humanidade aprendeu a concentrar sua atenção no negativo. Isso ocorre, porque, para sobreviver, é necessário prestar atenção nos perigos e nas ameaças do ambiente a fim de responder adequadamente a eles e preservar nossas vidas, garantindo a manutenção da espécie. É o que denominamos hoje de reação de estresse e que herdamos dos nossos antepassados.

O estresse é um processo psicofísico, ou seja, é composto de reações mentais, emocionais e físicas que irão nos proporcionar melhores condições para lutarmos ou fugirmos de algo que consideramos ameaçador. Não precisamos pensar para ter essas reações. Elas são autonômicas, garantindo nossa sobrevivência.

Assim, até hoje, somos educados e treinados para sempre esperar o pior cenário ou acontecimento, a focar no negativo e, com isso, estaremos adequadamente preparados para lutar ou fugir do perigo.

Vejo que os pacientes que chegam ao consultório com quadros de ansiedade, insônia, hipertensão ou estresse têm suas ameaças muito mais internas do que externas. Revelam-se "intangíveis", pois são cobranças de ser sempre o melhor, de nunca errar: São as metas, o desempenho, a autocrítica, a competição, a baixa autoestima. Tudo isso gera ansiedade, estresse (luta ou fuga), preocupação, frustração e irritabilidade.

Na maior parte do tempo, esforçamo-nos em mostrar que somos competentes, capazes e eficientes para os outros e para nós mesmos. Estamos constantemente em estado de alerta, estressados.

Se considerarmos que normalmente temos de 60 a 80 mil pensamentos por dia e que mais de 60 por cento deles são catastróficos e disfuncionais, ou seja, são focados no negativo, gerando estresse, medo e ansiedade, como vamos praticar atitudes positivas?

Além disso, observo que várias pessoas demonstram uma autoestima muito baixa, se comparando e competindo frequentemente, vendo o outro como o inimigo que deve ser combatido.

Aqui, cabe uma reflexão: O que é ameaçador para você? Através de que lente você observa o mundo?

Percepção da realidade

É fundamental compreender como identificamos nossa realidade e entender que cada indivíduo é um universo à parte. Principalmente porque cada pessoa irá interpretar o mundo externo firmada em suas crenças e são dessas interpretações que surgem nossos comportamentos.

Lembro-me de um rapaz que achava seu trabalho muito estressante, e, todos os dias, tinha dificuldade em se levantar para ir trabalhar. Ao investigar suas crenças sobre o trabalho, notei que ele o considerava como uma luta, um mal necessário, onde iria matar um leão todos os dias.

O mundo externo é um reflexo do interno. Tudo que ponho foco aumenta!

Crenças

Nossas crenças são como programas que instalamos em nossa mente em qualquer momento de nossas vidas, baseadas em interpretações das situações vivenciadas ou aprendidas, além da observação do comportamento das outras pessoas.

Algumas crenças como "dinheiro é sujo", "tudo que vem fácil vai fácil" ou "não mereço ser amado", "sou incompetente" podem atrapalhar muito seu sucesso e prosperidade.

Crenças funcionais irão gerar comportamentos funcionais, que trarão satisfação, bem-estar e saúde. Por outro lado, as disfuncionais provocarão comportamentos disfuncionais, resultando em desconforto, dificuldades, transtornos, doenças e infelicidade.

Neurociência do comportamento

Cada padrão de pensamento determinará, no cérebro, a produção de uma substância chamada neurotransmissor. Assim, por meio de várias reações, levará a informação daquele padrão mental para o corpo inteiro, determinando também o estado de humor, o sentimento e o comportamento.

Mas, com a atitude positiva, mudamos a lente pela qual enxergamos e podemos neutralizar o senso de ameaça da situação que está à nossa volta. Produziremos neurotransmissores como serotonina, endorfina, dopamina e oxitocina, que nos proporcionarão um estado de bem-estar, prazer e felicidade. Nesse estado, manifestaremos o nosso melhor, seremos mais assertivos, criativos, confiantes e empáticos.

Neuroplasticidade

O cérebro é uma estrutura plástica, e isso significa que todo circuito neuronal que você usar muito aumentará o número de neurônios, a conexão de um neurônio com o outro e a produção daquele neurotransmissor será maior e mais eficaz. Ele vai se moldando a cada pensamento e comportamento. É a chamada neuroplasticidade.

Como praticamos medo, raiva, frustração, insegurança várias vezes ao dia, ficamos bons nisso. Otimizamos nosso cérebro para o medo, a preocupação, o estresse e a ansiedade. Não percebemos, mas criamos hábitos e padrões negativos de pensar e sentir.

Sabendo disso, começamos a entender como a atitude positiva irá influenciar e fazer toda a diferença na forma como vemos o mundo e reagimos a ele.

Livre-arbítrio

Aqui entra o seu poder de escolha. A vida é feita de alternativas constantes. Desde que você acorda até a hora que vai dormir, está sempre fazendo escolhas: conscientes ou inconscientes!

Muitas vezes, não é o seu trabalho que o deixa exausto, mas a atitude mental com que você o realiza. Aquele rapaz que detestava o trabalho, quando compreendeu que ele é uma forma de crescer e desenvolver seus potenciais, voltou a dormir bem, sua pressão arterial melhorou e se sentia mais motivado.

Podemos escolher ver o mundo com uma lente carregada de negatividades e dificuldades, ou podemos procurar outra lente mais leve, amorosa e prazerosa. Esse poder de escolha, ninguém pode nos tirar, ele é nosso! Mas como fazer isso?

Autoconhecimento

Tudo começa com o autoconhecimento. Saber reconhecer seus pensamentos, sentimentos, emoções e o próprio corpo. Aprender a lidar com eles, pois só assim saberá lidar com o mundo e com as pessoas lá fora.

Soft skills: competências essenciais para os novos tempos

É importante ter consciência de que você é o único responsável por tudo que pensa e sente. Então, é essencial mudar o paradigma. Sair do automático, do vitimismo e buscar outras opções, modificar a postura mental, ser mais consciente da sua forma de pensar e agir.

Respiração consciente

Quando ensino os pacientes a silenciarem a mente e observarem sua respiração, eles percebem onde sua mente e suas emoções estão ligadas. Passam a ter maior consciência do momento presente e, assim, podem fazer os ajustes necessários para se sentirem melhor, fora do estresse automático. É a prática da Meditação Concentrativa.

Como especialista em Medicina Comportamental, deixo aqui algumas sugestões de atitudes positivas que irão auxiliar na mudança do padrão mental, tornando-o mais positivo. São elas:

- **Senso de Propósito:** descobrir o que motiva você em sua vida. Pelo que você daria o seu melhor? Qual o sentido de todo o seu esforço e empenho? Quando encontramos nosso propósito, tudo fica mais fácil e prazeroso. Procure estar a serviço e não somente sobreviver. Isso pode mudar tudo. Nossa motivação se amplia e a autorrealização é certa.

- **Entusiasmar-se:** quando estamos alegres e motivados, tudo se torna menos desgastante e tem maior probabilidade de dar certo. Geramos um estado mental, emocional e físico, no qual acessamos o nosso melhor.

- **Manter a atenção controlada:** tudo em que colocamos foco aumenta. Assim, devemos prestar atenção naquilo que queremos e não desperdiçá-la com pessimismos ou preocupações. A meditação diária pode ajudar muito como forma de treinarmos nossa atenção plena, no aqui e agora. A vida só acontece no presente. O passado é memória e o futuro imaginação.

- **Aprender com as derrotas:** entender que nem sempre tudo vai sair como imaginamos. Geralmente, as frustrações levam à irritabilidade, o que nos faz perder muito tempo e energia. Procure compreender por que algo fracassou para que não ocorra novamente. Faça dos erros um aprendizado.

- **Enxergar problemas como oportunidades:** vimos que tudo depende da maneira como interpretamos o que ocorre em nossas vidas. Veja a situação que se apresenta como um aprendizado, um desafio a ser superado, de onde você poderá tirar muita experiência e crescimento.

- **Ser grato:** a gratidão é um comportamento que irá ensinar seu cérebro a manter o foco no positivo, no que tem de melhor, no reconhecimento do bem. Isso se torna muito terapêutico, pois irá retirá-lo do senso de ameaça constante. Agradecer irá inundar seu corpo com neurotransmissores do prazer que trarão bem-estar e felicidade. Modificará seu padrão mental, tornando mais fácil e leve qualquer situação em que você se encontrar.

• **Aceitar as diferenças:** se considerarmos o Universo como um grande quebra-cabeça formado por várias peças (cada um de nós) diferentes entre si, veremos a beleza e a exclusividade de cada uma delas, tornando-o, simplesmente, espetacular! Quando aceito que o outro é diferente de mim, reconheço a importância e o valor dele: não tentarei mudá-lo ou convencê-lo da minha verdade. Isso fará com que tenha relacionamentos mais equilibrados, harmoniosos e verdadeiros.

• **Ser positivo:** quando foco no positivo, no bem, no melhor, gero um estado interno de confiança e de paz, o resultado disso é crescimento pessoal. Nesse estado o desempenho será sempre satisfatório. É preciso fazer dos obstáculos um desafio a mais, um catalisador para o sucesso. Evite reclamar. Perceba que seu mundo externo é o reflexo do seu íntimo.

• **Parar de procurar culpados:** quando as coisas não saem da forma que desejávamos é muito comum querermos achar um culpado. Esse comportamento não resolve a situação e, muitas vezes, retarda a solução. Em vez disso, devemos perguntar: como posso ajudar a solucionar esta questão? O que posso fazer para que isto não ocorrer novamente? O que posso aprender com esta situação? Tais atitudes positivas agilizarão o resultado positivo esperado.

• **Aprender sempre:** a vida é uma grande escola. A cada momento e desafio, temos a oportunidade de aprender algo sobre nós mesmos, sobre o mundo ou sobre como lidar com tudo isso. Entender que é com os erros e acertos que evoluímos e nos lapidamos como seres integrais. Nunca tenha medo de aprender algo novo, independentemente da sua idade ou do tempo.

• **Colocar amor em tudo o que faz:** procure sempre dar o seu melhor, fazer tudo da melhor forma possível. O amor é um ingrediente que transforma qualquer ação ou atividade em sucesso e realização. Com amor, as tarefas que poderiam ser muito cansativas ou estressantes se transformam em prazer e contentamento. Ao final do dia, você estará muito menos cansado, pois tudo foi realizado com leveza.

• **Ser compassivo:** ao nos colocarmos no lugar do outro, teremos uma perspectiva mais ampla da situação. Vamos entender melhor como o outro sente e pensa. Assim, faremos escolhas e ações menos autocentradas, gerando harmonia e bem-estar para todos. Somos todos Um!

• **Ser resiliente:** é indispensável desenvolvermos a capacidade de lidar com problemas, de nos adaptarmos a mudanças, de superarmos os obstáculos ou de resistirmos à pressão de situações adversas ou traumáticas. Dessa forma, iremos nos recuperar mais rapidamente dos impactos sofridos. Saia do papel de vítima para ser o protagonista de sua história.

• **Ser corajoso:** muitas pessoas acreditam que ter coragem é agir sem medo. Mas, na realidade, não é apenas isso. Ter coragem é agir nas situações mesmo naquelas em que o medo ou a intimidação estão presentes. É primordial notar essa diferença, pois a incerteza e o desconhecido fazem parte da vida. Sabemos que um pouco de adrenalina melhora nosso desempenho. Só precisamos acertar na dose.

• **Saber perdoar:** uma das atitudes mais terapêuticas é o perdão. Quando alguém nos fere, temos uma tendência à vingança, a revidar e agredir. Quando percebemos que, ao perdoar, estamos nos libertando das emoções negativas e desagradáveis que carregávamos, passamos a fazê-lo mais facilmente. O perdão nos traz uma sensação de alívio e liberdade, pois nos permitimos fluir na vida, com uma bagagem mais leve.

• **Cultivar a autoestima:** uma das atitudes que mais impactarão sua vida é reconhecer positivamente seu valor, seus talentos, suas características, criando, com isso, confiança em seu modo de ser e de estar no mundo. No momento em que paramos de nos comparar e de competir com os outros, passamos a aceitar e a reconhecer o nosso melhor. Deixamos de nos sentir ameaçados pelos outros e nos tornamos nós mesmos. Não se coloque para baixo. Aprenda a se dar força e não a se forçar.

Ao final deste capítulo, se torna imprescindível perceber que, para ter pensamentos e atitudes mais positivas e construtivas, é necessário quebrar certos paradigmas, condicionamentos e padrões. Portanto, faça novas e melhores escolhas, mais conscientes. Troque a lente com que está vendo o mundo e aja de forma diferente. Fazendo isso, tenho certeza de que se abrirá, diante de seus olhos, uma nova realidade muito mais harmoniosa e realizadora. Outras pessoas podem lembrá-lo e inspirá-lo a fazer essas mudanças, mas só você pode realizá-las internamente.

Experimente!
Gratidão!

Referências

CHOPRA, Deepak e TANZI, Rudolph. *Super cérebro: como expandir o poder transformador da sua mente.* São Paulo: Alaúde Editorial, 2013.
GEORGE Mike. *Mindsets.* São Paulo: Editora Vozes, 2017.

Soft skills: competências essenciais para os novos tempos

Capítulo 7

Autenticidade

Qual a importância de sermos autênticos? Seria possível ser sincero, legítimo, expressar claramente suas ideias, sem correr riscos ou ser mal interpretado? Neste capítulo, apresento o conceito de autenticidade como *soft skill* e seus elementos de formação; as características das pessoas autênticas; como a autenticidade é vista no âmbito profissional; e de que maneira você pode desenvolver essa habilidade em sua vida.

Daniely Alves da Costa Martins

Soft skills: competências essenciais para os novos tempos

Daniely Alves da Costa Martins

Pós-graduada em Psicologia Positiva. Certificada em *Coach* Executivo e *Coach* de Carreira pelo Integrated Coaching Institute. Especialista em personal branding e consultoria de imagem profissional. Graduada em Direito com extensão universitária em Direito Público Internacional pela Harvard University. Após um período de 15 anos elaborando trabalhos na área jurídica empresarial, passou a atuar também com gestão de pessoas e desenvolvimento humano. Atualmente, presta consultoria em gestão estratégica de Marca Pessoal com o intuito de ampliar a percepção de valor e o diferencial da marca de cada profissional. Atua em processos de gestão de Carreira e Desenvolvimento de Competências para empresas e profissionais que precisem de coragem, paixão e planejamento para implementar mudanças em prol de realização e reconhecimento.

Contatos
www.pergano.com.br
daniely@pergano.com.br

Reflexão inicial

Ao falar sobre autenticidade tenho uma sensação muito prazerosa, porque o tema se aproxima de um valor extremamente importante para mim: a liberdade. Ser autêntico, em última análise, é ser livre para pensar, se expressar e agir de acordo com as suas convicções. Sem dúvida, poder demonstrar esse olhar aqui é altamente gratificante.

Para melhor explicar a minha relação com a *soft skill* autenticidade peço licença para contar um pouco da minha própria história. Mesmo com uma carreira de advogada bem estabelecida, atuando na área empresarial por mais de 15 anos, senti que o significado dessa atividade não representava mais as minhas convicções, como tinha sido no início da carreira. Então, resolvi que era hora de ter coragem e enriquecer a minha história com novos ingredientes. Vale dizer que, além das questões internas, alguns elementos externos foram essenciais nessa transição. A chegada da maternidade foi um deles, ressignificando os meus valores durante as longas madrugadas em claro.

Após um período de reflexão, repleto de estudo técnico e suporte de profissionais competentes, entendi que as minhas aspirações mais genuínas estavam na análise do comportamento humano. No decorrer da transição entendi que ambas as atividades possuem uma forte conexão: o exercício da escuta ativa. Contudo, a escuta do indivíduo que faço atualmente vai além dos fatos, ela auxilia na construção do autoconhecimento, e de uma narrativa que serve de ferramenta para transformação, apoio e definição de vidas e carreiras, com bem estar e significado.

Desde então, vejo na prática o quanto é gratificante ser protagonista da minha história. No entanto, posso garantir que ser autêntico, no sentido de posicionar-se de modo coerente com os seus objetivos e valores, não é nada fácil. Abandonar a estabilidade financeira, o *status* e até a identidade construída ao longo de anos pressupõe acreditar nos seus sonhos e, principalmente, buscar a sua melhor versão sempre.

Como se constrói um ser autêntico?

Em linhas gerais, a construção de um "ser autêntico" se dá pelo entendimento que ele tem de si próprio: seus talentos, habilidades, valores, limites, histórico e narrativa. Ter a plena consciência de todas as suas forças possibilita uma infinidade de práticas que o ajuda a evoluir.

Palavra de origem latina, *authenticus*, e do grego *authentikós*, significa original, genuíno e principal. Segundo o escritor norte-americano Kevin Cashman (2011), é a autoconsciência bem preparada que enfrenta abertamente as forças, as vulnerabilidades e os desafios de desenvolvimento.

A expressão da autenticidade é moldada desde a infância e não há como negar a influência de elementos internos e externos em sua formação.

A família pode ser considerada como um potencial influenciador externo. Quantos de nós pensamos em fazer uma faculdade ou atuar em uma atividade profissional, mas desistimos da ideia para não desagradar ou entrar em conflito com os pais? Outro exemplo clássico é o círculo social em que vivemos, especialmente quando somos jovens e influenciáveis, não raras são as vezes que mudamos de comportamento somente para não contrariar o grupo.

Mas, além das influências externas, quando pensamos em expressar a nossa autenticidade, nos limitamos também pelas nossas crenças internas. Quem nunca deixou de fazer ou falar algo que pensava porque não acreditava ser bom o bastante para se expressar? A famosa autocrítica. Normalmente existe um grau aceitável de autocrítica, mas o que acontece conosco é que a régua da perfeição é tão alta que torna-se impossível ser quem somos e nos aceitarmos assim, de forma íntegra e sincera.

Dada a dificuldade em entender quais comportamentos são autênticos, quais são objetos de influências, o importante é afunilar cada vez mais o autoconhecimento para distinguir quando estamos diante de um atributo próprio ou de uma característica influenciada por terceiros.

Autenticidade no ambiente profissional

A essa altura do texto, provavelmente existe um questionamento: se no âmbito pessoal já percebemos alguma dificuldade em nos expressar de maneira autêntica, como seria possível ser autêntico no ambiente profissional onde não estamos dispostos a correr riscos?

Em algumas empresas, que tive a oportunidade de trabalhar na posição de responsável pela área jurídica, notei que o primeiro impacto das minhas opiniões diferenciadas e autênticas era sempre um incômodo.

Lembro-me de um caso em que a clareza do meu posicionamento causou uma certa estranheza, gerou um desafio, mas que felizmente resultou em uma consequência positiva.

Apesar do desenvolvimento do meu trabalho estar sendo bem avaliado na época, e haver uma posição disponível, recebi a informação de que eu não seria alçada ao cargo, uma vez que a empresa decidira contratar um advogado externo para o preenchimento da vaga. Naquele momento sabia que deveria me manifestar. Ainda que, sob risco de ser mal avaliada, fui até a sala do presidente e fiz a seguinte consideração: a sua visão de contratar um novo colaborador para executar este trabalho está equivocada, pois posso realizá-lo internamente com igual, ou melhor qualidade. Percebi que o presidente não acreditara naquela promessa, mas considerando um histórico de persistência que eu já havia apresentado na empresa, ele resolveu adiar a contratação, deixando claro que, em caso de não cumprimento das metas, o mais indicado seria que eu procurasse uma recolocação em outro lugar. Antes de finalizar o prazo, eu já estava exercendo o cargo, atingindo o desempenho esperado.

Tinha plena consciência de que um posicionamento de forma autêntica, naquele momento, teria implícito um risco e foi essencial uma boa dose de coragem para enfrentá-lo. No caso, estava certa de meu potencial para concluir aquela tarefa, não foi uma aposta inconsequente. Especialmente no âmbito profissional, posturas diferenciadas precisam vir acompanhadas de capacidade técnica para solução da demanda.

Em linhas gerais, a crescente valorização da autenticidade dentro do âmbito profissional vem sendo objeto de estudo e verifica-se que a sua relevância pode ser maior ou menor de acordo com o perfil de cada empresa. Normalmente, são mais aceitos em ambientes de trabalho onde a cultura organizacional é aberta, valoriza o trabalho em equipe, a criatividade e a colaboração.

Características das pessoas autênticas

Apesar da autenticidade se manifestar de forma diversa e ter elementos variáveis, de acordo com cada indivíduo, acredito que existam algumas características recorrentes nesse traço de personalidade.

Podemos iniciar pela aptidão em agir de modo íntegro, sem subterfúgios e disfarces, sendo uma pessoa única e coerente nos diversos papéis exercidos na vida.

Por outro lado, a capacidade em expressar seus sentimentos, ações e pensamentos, juntamente com a consciência de seus pontos de vulnerabilidade, garante outra característica marcante desse tipo de personalidade: a coragem.

Mas, sem sombra de dúvidas, de todos os elementos reincidentes em pessoas autênticas, acredito que um dos mais relevantes é o autoconhecimento. A consciência sobre seus talentos, interesses, motivações, propósitos e valores lhes atribuem uma particularidade que é notada e valorizada por todos.

Desde a Idade Antiga, a frase do filósofo Sócrates "conhece a ti mesmo" faz alusão direta ao autoconhecimento. Sem esse saber sobre si próprio, não existe autenticidade. Somente pode ser legítimo e original aquele que conhece profundamente o seu interior e é capaz de identificar e manejar esses elementos.

Particularmente, acredito que uma das formas de aprimorar o autoconhecimento está na disposição de ouvir o que os outros têm a dizer sobre nós. Aqui falamos sobre a nossa imagem. Temos dois contextos para analisá-la: a imagem projetada e a imagem percebida. As informações que passamos conscientemente aos outros sobre nós é a nossa imagem projetada. O que efetivamente os outros captam da mensagem que transmitimos é a nossa imagem percebida.

É normal que exista uma pequena distorção entre uma e outra, e isso se dá porque são audiências diferentes já que cada pessoa recebe a mesma informação de determinada maneira. Contudo, se esta diferença possuir expressivo desnível, estaremos com um problema na capacidade de demonstrar a nossa imagem real. Quando nossa mensagem e comportamento forem percebidos de modo completamente diverso do que pretendíamos, no mínimo, estamos com ruído na comunicação.

Quando expressamos com autenticidade a nossa essência, temos comportamentos e ações muito próximas de nossas convicções. Sendo assim, transparecemos os pensamentos e sentimentos em nosso reflexo projetado. Nesse sentido, quanto mais autêntico você for, mais transparente será a sua imagem projetada e, como consequência, fará um registro significativo de sua personalidade na mente do outro.

É possível estabelecer algumas práticas que podem ajudá-lo a demonstrar maior grau de autenticidade nas suas posturas:

1. Criar identificação por meio dos seus valores: pessoas autênticas agem de acordo com as suas convicções e não se moldam de acordo com a opinião de terceiros somente para agradá-los.

2. Construir conexões e influenciar por intermédio da exibição de seus sentimentos: pessoas autênticas não camuflam seus sentimentos e, com isso, agregam, fortalecem e conectam. Quando verificamos no outro a mesma fragilidade que tentamos esconder, nos tornamos mais próximos, unidos pela mesma dor. Diante desse cenário, revelamos uma forte admiração e passamos a nos influenciar por aquele que demonstrou coragem de aceitar que é possível cometer erros ou ter momentos de fraqueza, sem perder a competência ou a admiração dos outros.

3. Gerar confiança pela lógica e pela empatia: a confiança é a base de todas as relações humanas, sendo que algumas atitudes atraem e outras repelem esse ativo. Para se estabelecer a confiança é imprescindível acreditar que estamos nos relacionando com um ser autêntico. Leia o capítulo sobre empatia para saber mais sobre isso.

4. Manifestar originalidade e criatividade: os autênticos buscam pelo ineditismo, dão preferência em trilhar os seus próprios caminhos e não valorizam o *status quo*, o formato preestabelecido. Consequentemente, são forçados a desenvolver comportamentos criativos diante dos problemas, apresentando saídas estratégicas e pouco exploradas.

5. Agir com sinceridade, liberdade e coerência: o ser autêntico possui significativa capacidade de ser verdadeiro, o que traz maior coerência em suas ações, gerando a sensação de confiabilidade. Ninguém gosta de ser guiado no escuro, sem nenhuma margem de segurança. Todos precisam ver uma sequência de ações que se repetem em condições análogas, o que pacifica a ansiedade.

6. Adotar um diferencial e uma marca pessoal forte: como o indivíduo autêntico age de forma única, é natural que crie ao seu redor um diferencial, que é visto e valorizado por todos. Isso pode ser muito valioso no decorrer da carreira ou nos projetos profissionais, uma vez que uma marca forte gera credibilidade, confiança e fortalecimento da reputação.

Conhecer-se a fundo e saber se expressar com autenticidade propicia inúmeras possibilidades, amplia limites, incentiva os desafios, gera sensação de liberdade, mas, acima de tudo, nos capacita para atuar melhor com o outro, seja em relacionamentos afetivos, profissionais ou de qualquer outra ordem. Conhecer-se traz maior autonomia e ser autêntico é a arte de se diferenciar por suas próprias razões.

Referências

CASHMAN, Kevin. *Liderança autêntica: de dentro de si para fora*. São Paulo/SP: M. Books, 2011.
ROBBINS, Mike. *Seja autêntico: outras personalidades já têm dono*. Rio de Janeiro/RJ: BestSeller, 2011.

Soft skills: competências essenciais para os novos tempos

Capítulo 8

Resiliência

Neste capítulo, veremos a importância de nos conscientizar que todos somos resilientes em algum ponto de vista, experiência, medida e habilidade. A ideia é que você possa se identificar com o uso da sua bússola interna para lidar com maior tranquilidade e clareza com as adversidades do seu cotidiano, mantendo a mente plena, equilibrada e saudável, o que é essencial à saúde.

Andrea Betiol

Soft skills: competências essenciais para os novos tempos

Andrea Betiol

Administradora de Empresas, pós-graduada em Marketing e MBA em serviços de telecomunicações. Certificada em *Coaching* Executivo e de Carreira pelo ICI - Integrated Coaching Institute e em ferramentas de *assessment* como MBTI e DISC. Atualmente cursando a faculdade de Psicologia. Vivência em empresas multinacionais com quase 30 anos de experiência como executiva de vendas, gerência de recursos humanos e *coach*. Casada com Marcos Bastos e mãe de dois lindos filhos, Matheus e Thiago Bastos; filha de Edison Monteiro e Maria Betiol Monteiro, irmã de Valéria Betiol Siqueira e cunhada de Djalma Siqueira, amores e inspirações da minha vida.

Contatos
andrea_betiol@hotmail.com
LinkedIn: www.linkedin.com/in/andreabetiol
(11) 99686-7307

Andrea Betiol

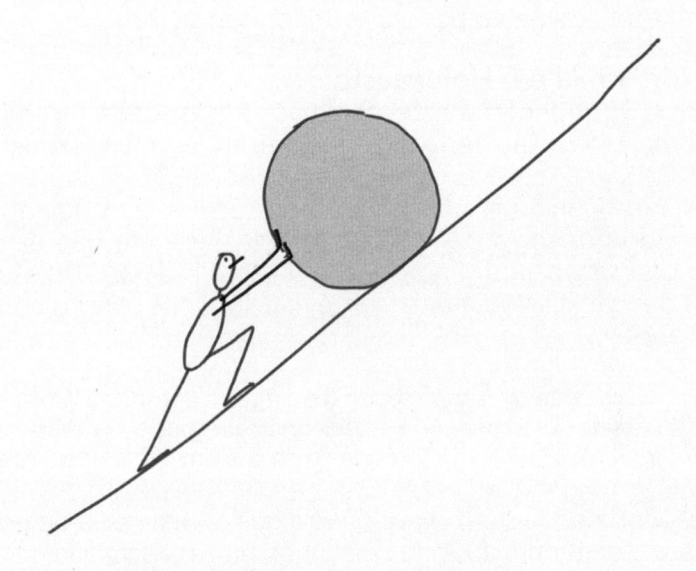

"Ninguém nasce odiando o outro pela cor da sua pele, ou por sua origem, ou por sua religião. Para odiar as pessoas precisam aprender, e se elas aprendem a odiar, podem ser ensinadas a amar."
(Nelson Mandela)

É impossível falar de resiliência sem pensar em Nelson Mandela (1918-2013), Stephen Hawking (1942-2018) e Viktor Frankl (1905-1997).

Mandela e o *apartheid*

Após cinco décadas lutando contra um intenso e perverso regime de segregação e discriminação racial, o *apartheid*, Nelson Mandela foi eleito o primeiro presidente negro da África do Sul. Mesmo após ter passado 27 anos da sua vida preso em uma cela, não demonstrou ódio nem desejo de vingança ao ser libertado. Pelo contrário, o vencedor do Prêmio Nobel de 1993 expressou muita serenidade em seu discurso, que atravessou fronteiras.

Stephen Hawking e sua luta contra a esclerose

Stephen Hawking foi diagnosticado aos 21 anos com esclerose lateral amiotrófica, uma doença do sistema nervoso que enfraquece e paralisa os músculos.

Soft skills: competências essenciais para os novos tempos

O físico e cosmólogo mais consagrado da contemporaneidade não permitiu que a grave enfermidade afetasse a sua carreira. Revelou-se um grande exemplo de resiliência por ter conseguido superar as adversidades com adaptabilidade. Durante sua vida, recebeu inúmeros prêmios em reconhecimento por seus estudos científicos.

Viktor Frankl e o Holocausto

Mesmo após perder a mãe, os irmãos e a esposa em campos de concentração nazista e ter passado, ele próprio, por Theresienstadt, Auschwitz, Kaufering e Turkheim, Frankl, ao ser libertado em 1945, pelos aliados, construiu uma carreira de sucesso na psiquiatria. Ele é conhecido por ser o pai da Logoterapia, vertente que explora o sentido da existência do indivíduo e a sua dimensão espiritual. Os estudos de Frankl estão intimamente relacionados com os conceitos de resiliência:

> "Existe um espaço entre o estímulo e a resposta. Nesse espaço reside nosso poder de escolher nossa resposta. Na nossa resposta reside nosso crescimento e nossa liberdade."

A resiliência pode ser a chave mestra que abre a porta de possibilidades de encontrar um ou vários caminhos, uma bússola que nos guia a se adaptar nas situações mais inusitadas que, principalmente, o estresse da vida moderna tem nos acarretado.

Resiliência é uma palavra derivada do termo em latim *resiliens* e significa "pular de volta à posição".

Segundo a física, consiste na qualidade de um material voltar ao seu estado original depois de ter sido tensionado.

Do ponto de vista da psicologia, é considerada a aptidão que um indivíduo tem para lidar com problemas, adaptar-se às mudanças, superar obstáculos, resistir à adversidade, pressão ou a algum tipo de evento traumático sem entrar em surto psicológico, emocional ou físico, porque consegue descobrir soluções estratégicas para enfrentar e superar momentos difíceis.

Na medicina, a resiliência é usada para se referir a capacidade do ser humano de se recuperar de algum evento traumático por estresse, ferimento ou enfermidade.

O termo ganhou relevância principalmente na psicologia, na educação, no esporte e nas organizações.

Alguns autores mais modernos trazem aspectos da resiliência como a propriedade de se endireitar, desenredar.

Quase sempre, quando pensamos em ser resilientes, nos remetemos ao modo e a competência de nos adaptar às mudanças difíceis, tais como separação, falecimento de uma pessoa querida, desemprego, traumas, estado de pobreza, desempenho acadêmico e, na maioria das vezes, processos que envolvem pressão. É considerado resiliente aquele que passa por essas situações e emoções sem causar impactos na capacidade funcional e psicológica, porque lida bem com eventos estressantes.

Consciência sobre a resiliência

Somos naturalmente resilientes desde que nascemos. Nosso primeiro desafio ao nascer é respirar sozinho, deixar o estado de onde nos encontrávamos para começar a aprender, nos desenvolver e nos relacionar nesse mundo com todas as incertezas que virão pela frente, a exemplo de se alimentar balbuciando algo, ou chorando para receber carinho e atenção, proferir as primeiras palavras para conquistar um espaço, etc. Depois das palavras, formular sentenças que demandam criatividade e absorção de conhecimento. Haja nutrição à resiliência! Todo esse processo parece automático, mas, na verdade, requer esforço e maturidade para estarmos prontos para outros desafios, novos esforços e enfrentamentos.

Seguindo o curso natural da vida, passamos pelo período escolar, sociabilização, desenvolvimento e aprendizado. Somos medidos para checar o quanto estamos assimilando conteúdo. Aí nos deparamos com o período da adolescência, fase de intensas descobertas e transformações do corpo, da mente, das relações, das atitudes, dos interesses e, com isso, vamos assumindo maiores responsabilidades.

Quando nos damos conta, chegamos à juventude, à fase do vestibular, ao preparo para o exercício de uma profissão.

Enfim, alcançamos a fase adulta, a de maior conscientização de nossos atos, escolhas e resultados, sem notarmos o quanto fomos resilientes mesmo enfrentando processos estressantes e que demandaram adaptações, o quanto aprendemos com nossas escolhas, quantas vezes caímos e nos levantamos. Contudo, o mais importante é quanto crescemos com essa prática diária.

Compartilhando experiência profissional

Aqui compartilho com vocês uma experiência de vida. Aos 39 anos de idade e com quase 18 de uma carreira consolidada como executiva de vendas para soluções e projetos de tecnologia, fiz uma transição da área comercial para a de recursos humanos na mesma empresa. Em um determinado período, comecei a me identificar com o novo campo de trabalho, pois sempre me percebi uma pessoa conectora e de relacionamento.

Por mais que me sentisse pronta e tivesse planejado aquele momento, havia muitas adaptações a se fazer, a exemplo da linguagem de comunicação, análise de cenários, postura de atuação. Enfim, deixar de ser palco, enquanto atuava na área comercial, e passar para uma posição de servir, influenciar e ser uma parceira estratégica para outros departamentos. Na área de recursos humanos trabalhamos na preparação e fortalecimento da

Soft skills: competências essenciais para os novos tempos

liderança para que os líderes se empoderem e se apropriem da responsabilidade de conduzir e gerir suas equipes e negócios.

Posso afirmar que, nessa jornada, a resiliência foi muito bem-vinda. Pude realmente perceber o quanto a havia exercitado no setor comercial, pois depois de tanto "não" recebido dos clientes, pude me preparar para me reinventar e me adaptar estrategicamente a novos cenários nos quais pudesse finalmente receber um "sim" e finalizar uma venda com sucesso.

O pensamento e os valores pessoais conduzem o comportamento e, assim como a luz do dia, ficou claro a importância do uso da gestão das emoções e como a resiliência pode ser aprendida e exercitada de maneira saudável e construtiva.

Como podemos exercitar com positividade a resiliência

Conforme dissemos, a resiliência normalmente está ligada a uma ideia, uma sensação de poder, sucesso, força, robustez, rigidez, desenvoltura, ou seja, à capacidade de lidar com adversidades sob pressão. A todo momento somos afetados pela quantidade e veracidade ou não das informações, pela atualização de conhecimento, reorganização de rotinas, convivência diária e pelo cenário sociopolítico sem perspectivas claras. Na maior parte do nosso tempo, estamos desconectados do presente. O corpo e a mente não se encontram em sintonia, porque ela está ocupada com mil coisas, se preocupando com as incertezas e com o medo do desconhecido. Tudo isso causa estresse.

Pensando em como podemos fazer para gerenciar melhor todo esse estresse, tomei contato com um novo conceito, trazido pelo psicólogo americano Martin Seligman, conhecido como o criador da psicologia positiva, que foca a vida no presente com intervenções positivas. Isso ajuda a criar resiliência, porque promove um caminho para o bem-estar e o florescimento humano.

A psicologia positiva, uma nova teoria do bem-estar, trabalha com base em 5 pilares, conhecidos por PERMA:

Positive Emotions (Emoções Positivas)
Engagement (Engajamento)
R positive relationships (Relacionamentos Positivos)
Meaning (Significado ou Propósito)
Accomplishment (Realização)

São eles:
• **Emoções positivas:** incluir no nosso dia atividades e eventos que nos permitem vivenciar emoções positivas, ajudam a ampliar a consciência e estimulam a exploração de novos caminhos, sensações e conhecimentos.

- **Engajamento:** ter o senso de pertencimento, conectado e realizado com quem sou e com o que estou fazendo, seja na família, nos estudos, no trabalho ou entre amigos.
- **Relacionamentos positivos:** cultivar bons relacionamentos que nos permitam gerar sensações e sentimentos de realização, felicidade, motivação, que nos auxiliem a ampliar a visão de prazer e satisfação com a vida. Segundo a psicologia positiva, esse é o pilar mais importante, porque impulsiona os demais.
- **Significado ou propósito:** encontrar sentido, uma causa, uma motivação para acordar todos os dias, especializar-se para atuar em uma profissão, ajudar a si mesmo e ao próximo. Alimentar e cuidar da espiritualidade e da fé são estados de gratidão e de transcender a vida. A leveza nas práticas de meditação e *yoga* possibilita a busca do propósito e a ressignificação da existência humana.
- **Realização:** remeter o atingir de metas e objetivos, celebrando cada conquista e vitória independentemente do tamanho do desafio.

Uma pessoa resiliente não significa que seja perfeita ou que nunca tenha sentimentos negativos e de frustração. A diferença é que ela não evita o contato. Pelo contrário, lida, gerencia e aceita suas emoções e sentimentos, porque desenvolve a capacidade de compaixão, do perdão e da gratidão. Os resilientes fazem bom uso da comunicação não-agressiva e assertiva, ajustam o *mindfulness* a um estado mental capaz de se concentrar e experimentar sensações e atividades no presente, buscando o seu centro de equilíbrio.

Não controlamos o futuro, mas podemos planejá-lo. Isso demandará ajustes sobre as variáveis não previstas do mundo e do contexto pessoal. É no presente que a vida está acontecendo e, com isso, podemos tomar atitudes, fazer escolhas, encontrar as soluções, nos adaptar e realizar bons atos.

Reflexões: autoavaliando sua resiliência

Antes de encerrar este capítulo, gostaria de compartilhar algumas questões para consulta e reflexão frequente, como uma bússola interior, para nos mantermos em retroalimentação do processo de resiliência. Ela é uma das *soft skills* que considero forte aliada e apoiadora dos outros temas que serão explorados nos demais capítulos deste livro.

Como você se avalia de 1 a 5, sendo 5 atendo plenamente e 1 não atendo:

Como você...
1. Lida bem quando recebe "não" como resposta. ( )
2. Solicita ajuda aos pais, amigos em momentos de dúvidas e crises. ( )
3. Percebe-se criativo na resolução de adversidades. ( )

4. Aciona suas memórias positivas para usar as experiências passadas no enfrentamento das situações complexas. ( )
5. Sente-se feliz com pequenas conquistas. ( )
6. Utiliza a comunicação não agressiva. ( )
7. É capaz de ter bom humor nas circunstâncias difíceis ou de fracasso e está sempre disposto ao aprendizado. ( )
8. Mantém-se confiante na sua capacidade de encarar os percalços. ( )
9. Perdoa a si mesmo e ao outro. ( )
10. Desfruta de momentos de lazer, relaxamento e se cuida. ( )
11. Pratica atividades físicas e adota hábitos saudáveis. ( )
12. Agradece a abundância em sua vida. ( )

Ao final dessas reflexões, leve em consideração cada uma das suas respostas. Seja honesto e corajoso, conectando-se a si e promovendo seu autoconhecimento, incorporando à sua vida bons hábitos físicos, mentais, espirituais e sociais.

Conclusão

Compreender a vida é saber que estamos em um processo contínuo de transformação, aceitação, adaptação e aprendizado. É observar que não são as pessoas, as coisas e os fatos que têm o poder de nos influenciar e transformar. Nós é que permitimos que a nossa energia interior seja transformada e influenciada pelas coisas, pessoas e fatos quando não estamos centrados e em sintonia conosco. É a diferença de nos conduzir à vitimização ou sermos protagonistas da nossa história fazendo bom uso da resiliência. A arte de viver está em nossas mãos e em nossas atitudes. Seja real!

Referências

DAVID, Susan. Agilidade Emocional – Abra Sua Mente, Aceite as Mudanças e Prospere no Trabalho e na Vida. Tradutor: Claudia Gerpe Duarte e Eduardo Gerpe Duarte Editora Cultrix, 2018.

ROBERTSON, Donald J. Resiliência: como blindar a sua mente e conquistar a tranquilidade para resolver qualquer adversidade. Editora Citadel, 2019.

MANDELA, Nelson. O longo caminho para a liberdade. Editora Little Brown & Co, 1994.FRANKL, V. E. Man´s Search for Meaning: Na Introduction to Logotherapy. Nova York: Simon & Schuster, 1984.

SELIGMAN, Martin e RASHID, Tayyab. Psicoterapia Positiva: Manual do Terapeuta. Tradutor: Sandra Maria Mallmann da Rosa. Editora Artmed, 2019.

Soft skills: competências essenciais para os novos tempos

Capítulo 9

Comunicação intrapessoal

Somos seres comunicativos e sociais. Mas como anda sua comunicação intrapessoal? Em situações desafiadoras, você tem consciência das palavras que usa? Numa crise, consegue ver os outros de forma empática? Neste capítulo, vamos refletir sobre nosso mundo interior como forma de aperfeiçoar uma comunicação capaz de fortalecer vínculos.

Erileuza S. Mendes

Erileuza S. Mendes

Master coach e mentora em liderança, credenciada pela ICF - International Coach Federation. Consultora em Mudança de Cultura Organizacional. Certificada na ferramenta DISC. Cocriadora da ferramenta MNH (Modelo da Natureza Humana) para identificar o estilo de comunicação. É *master practitioner* em PNL, tem Certificação em Mediação de Conflitos, pratica meditação e é mãe da Daniela e da Heloísa.

Contatos
erileuzamendes@gmail.com
LinkedIn: Eri Mendes
(11) 94907-9133

Erileuza S. Mendes

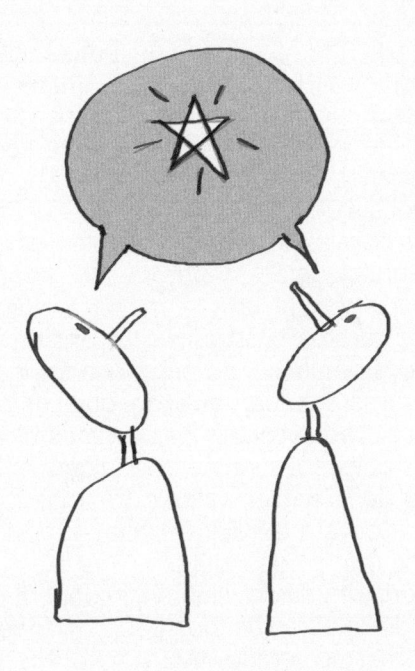

Quando paramos para olhar o que se passa dentro de nós, é possível evidenciar nossas forças, fragilidades e, também, perceber como nosso processo de comunicação funciona. O acesso ao nosso conteúdo interno pode nos trazer certo incômodo ou, então, uma sensação confortável. Mas, de qualquer forma, para ajustar o objetivo da mensagem e promover a melhor experiência possível, são fundamentais o estado emocional, a mais adequada escolha das palavras e a maneira pela qual vamos nos relacionar com determinado público.

Nesses 20 anos prestando consultoria, participei de diversos projetos de mudanças estratégicas para empresas nacionais e globais, atuando principalmente com a alta liderança. Percebo que hoje, mais do que nunca, é essencial identificarmos e vencermos resistências que habitam em nós. Resistências essas que limitam a criação de uma comunicação fortalecedora de vínculos.

Então, vamos juntos, com histórias e leveza, tratar um pouco mais sobre o assunto.

Soft skills: competências essenciais para os novos tempos

"Conhece-te a ti mesmo"

Essa conhecida inscrição na entrada do Oráculo de Delfos, na Grécia Antiga, serviu de inspiração para a filosofia ensinada por Sócrates (479-399 a.C.). Apesar dos gregos não fazerem a distinção entre dentro e fora do indivíduo, gosto de imaginar que desde essa época, já havia provocações para refletirmos sobre o que se pensava e se defendia como verdade. Convido você a uma breve viagem interior com destino ao seu autoconhecimento e para tanto, sugiro ter "na mala" coragem e carinho quando observar o que acontece dentro de si. O tema de observação é a Comunicação Intrapessoal. Nela, o interlocutor, o emissor e o receptor da mensagem são a mesma pessoa. Neste caso há a linguagem com símbolos e significados de um só, do próprio indivíduo.

A "fala" interior torna-se o pensamento, que cria perguntas e simultaneamente respostas, todas conectadas a vários elementos presentes em mim e em você, que são: sentimentos, julgamentos, desejos, emoções, experiência de vida, crenças, valores, traumas, frustrações, os nossos cinco sentidos, a cultura familiar e social, expectativas e tudo isso resulta no modelo de mundo de cada um.

A unidade e o conjunto desses elementos podem causar resistências que nos impedem de quebrar antigos padrões. É verdade que isso é complexo, mas, ao mesmo tempo, traz um convite para que, ao nos conhecermos profundamente, possamos descobrir novas formas de nos aceitar, fazer mudanças no nosso limite e lidar conosco com consciência, compreensão e amor.

O autoconhecimento nos torna mais permeáveis e flexíveis para aprender a nos comunicar com o outro, respeitando como ele é e não como o imaginamos.

Em vários programas de mentoria que realizei, encontrei profissionais com competências técnicas adequadas às suas funções; entretanto, não observavam a sua comunicação interna.

Certa vez, um cliente me disse que trabalhava com uma pessoa inconveniente. Para ele, o colega fazia o papel de "bobo" e só queria aparecer. Julgava a comunicação dele ruim, porque falava alto, rápido e contava piadas na hora errada. Meu cliente, sempre que podia, restringia a relação à comunicação escrita. Mas, em uma ocasião, a diretoria da empresa indicou os dois para trabalharem juntos em um projeto importante.

As nossas sessões de mentoria passaram pela auto-observação do rótulo que havia criado sobre o outro. Se reduzirmos tudo o que uma pessoa é a "bobo", como você imagina que será a comunicação?

Convidei-o a refletir sobre o sentimento que estava por trás daquele estereótipo. Ele percebeu que, quando estava falando em uma reunião, com uma boa audiência, tinha a impressão de que seu colega sempre tomava o palco para provocá-lo e aí sentia muita raiva. Refletindo mais um pouco, disse que quando o colega o interrompia, trazia boas contribuições e que era inteligente.

Reconheceu que precisaria ter uma conversa esclarecedora com ele e, para tanto, decidiu que pensaria mais nas competências complementares, porque isso era algo bom. Essas descobertas mudaram a sua comunicação.

Conversa que conecta

Ao iniciar um projeto de mudança de cultura organizacional, fazemos entrevistas individuais e, entre outras coisas, as pessoas se queixam da ausência de diálogos sinceros. Destacam que há coisas a serem faladas, que deveria haver maior clareza, que há medo da exposição e por aí vai. Quando o espaço para conversas profundas é aberto, é comum surgir desconforto por não ser um hábito.

É interessante notar que os colaboradores, mesmo atuando juntos durante anos, acham que se conhecem bem e, na verdade, muitos se relacionam superficialmente. As conversas mais "humanas" reduzem barreiras na comunicação e a distância entre os indivíduos.

Diálogos mais profundos vão além do comportamento que vemos, julgamos ou que nos incomoda no outro. É uma via de mão dupla em que precisamos primeiro adquirir algum domínio da comunicação intrapessoal, nos permitindo falar de nós e ouvir a história do outro na narrativa dele, suas experiências marcantes, o que valoriza na vida, quais suas percepções ou como funciona melhor em um trabalho em equipe.

Ao levar a conversa por esse caminho, abrimos espaço para que todos revelem suas tensões, criamos proximidade e conexão até chegarmos a um momento mágico no qual uma pessoa consiga se comunicar partilhando suas verdadeiras dificuldades e talvez até possa pedir e aceitar ajuda. Atitudes como essas aumentam a confiança, o engajamento e, o melhor, as pessoas podem criar combinados, fortalecer vínculos e crescer em grupo.

O diálogo interno

Recordo-me de uma mediação de conflito familiar em que havia o pai empresário, do setor calçadista, que queria que o filho trabalhasse no Centro de Distribuição da empresa. O rapaz, que era apaixonado por skate e entendia muito de moda para o público masculino desse esporte, se recusava a atender ao pedido paterno. Seu sonho era administrar o próprio negócio. Havia um conflito entre os dois e a mãe me chamou para facilitar a conversa.

Ao falar individualmente com eles, percebi que cada um tinha seu próprio conflito interior.

Soft skills: competências essenciais para os novos tempos

O pai receava que ele se perdesse na vida, desejava mantê-lo por perto e, ao mesmo tempo, queria que ele se sentisse feliz. O filho entendia a preocupação do pai, mas ele "morreria" se o obedecesse. Em seu íntimo, acreditava que, se empreendesse seu negócio próprio, o pai se sentiria traído.

A conversa os levou ao seguinte combinado: o pai ficou surpreso com a visão de negócio do filho e disse que o ajudaria e o rapaz se propôs a participar das reuniões estratégicas da empresa.

Minha experiência

Aos 24 anos, eu já estava casada, tinha uma filha e era líder em um banco brasileiro. Com frequência saía do trabalho e passava na casa do meu pai para relatar alguma dificuldade profissional. Ele tinha o bom hábito de ouvir atentamente, olhar nos olhos e refletia muito antes de falar. Na ocasião, contei para ele detalhes de um atrito que havia acontecido, naquele dia, entre mim e um liderado da minha equipe. Meu objetivo era obter orientações de como agir. Quando terminei de falar, meu pai, como sempre, começou a ponderar bem devagar.

Enquanto isso, eu criava na minha cabeça uma conversa paralela, pensava coisas do tipo "Nossa, ele é lento, não entendeu nada do que contei, estou perdendo meu tempo, com certeza vai dizer que sou incompetente ou me culpar, ele podia ir direto ao ponto..."Enfim, não sei precisar quanto tempo fiquei assim. Só sei que a intensidade da minha voz interna foi aumentando e, de repente, me levantei e gritei: "Quer saber? Não precisa me dizer mais nada! Deixe, pai, que 'a vida me ensine!'"

Pela primeira vez, ele me surpreendeu, levantou-se rapidamente e, antes que eu saísse pela porta, segurou meu braço e respondeu no mesmo tom: "Quem falou essa besteira para você que 'a vida ensina'? Para mim, a vida insinua! Fique esperta, porque senão não verá as lições da vida".

Saí de lá pisando duro. Na ocasião, encerrei o tema e não procurei saber qual teria sido a orientação dele.

O tempo passou, cresci na carreira e, após 6 anos desse episódio, fui participar de um treinamento de liderança. Uma das atividades era uma conversa de partilha e logo me recordei dessa história que você leu. Enquanto falava, fui me emocionando por compreender que minha atitude poderia ter causado impactos no meu pai, mas, naquele momento, olhei só para mim. Percebi que ele tinha razão: a vida insinua, não o tempo todo, mas insinua!

Empatia e autoempatia

A empatia é um conceito-chave no desenvolvimento de relacionamentos. Quero fazer referência à empatia do ponto de vista da metodologia comunicacional desenvolvida pelo psicólogo norte-americano Marshall Rosenberg (1934-2015). Trata-se da CNV – Comunicação não-violenta. Para a CNV, empatia é o oferecimento de presença intencional e consciente que promove a conexão, porque nos aproxima focando naquilo que temos em comum: vulnerabilidades.

No dia da conversa com meu pai, certamente ele me transmitiu uma mensagem valiosa, mas estava muito desatenta e acelerada para aprender. Enquanto ele falava, fiquei presa ao meu diálogo interno. Poderia ter vindo "para fora", estar presente diante dele, de corpo, alma e coração e fazer uma conexão verdadeira. Deveria ter dito o que estava pensando, esclarecer algo ou apenas me permitir vivenciar o que estava sentindo. Poderia ter visto meu pai. Entretanto, não sabia como minha comunicação intrapessoal funcionava, me apeguei a pensamentos fixos e entrei em um padrão que sinalizava para mim que era mais fácil ir embora, ao invés de conversar e receber ajuda.

Segundo Brené Brown, professora e pesquisadora na Universidade de Houston, que estuda há duas décadas coragem, vulnerabilidade, vergonha e empatia, "a vulnerabilidade não é algo bom nem mau, ela é o centro de todas as nossas emoções e sensações. Sentir é estar vulnerável. Acreditar que vulnerabilidade seja fraqueza é o mesmo que acreditar que qualquer sentimento seja fraqueza".

Ouvimos falar mais do tema empatia na comunicação e menos sobre autoempatia. Costumo dizer que ninguém pode dar o que não tem.

Cultivar a autoempatia vai além de um ato de amor consigo mesmo. Representa também um cuidado com o outro para ver sua fragilidade com delicadeza. Ter autoempatia é ouvir sua voz interior que acalma quando parece que tudo vai explodir ou desmoronar. É tornar-se o seu melhor amigo e se conectar com um estado de paz para acolher sua vulnerabilidade e não com guerra e violência interna. É dedicar um tempo para si, investigando com leveza qual das suas necessidades está em maior evidência, por exemplo: segurança, aprovação, destaque, etc. Enfim, é pensar o que pode fazer de bom para se sentir melhor quando sua necessidade não é atendida.

Acredito na prática da empatia a partir deste lugar, porque assim nos colocarmos em um patamar de iguais aprendendo uns com os outros como lidar com o medo, a vergonha e as falhas na nossa comunicação.

Recomendo a leitura da bibliografia sugerida e finalizo compartilhando algumas perguntas que podem ajudar na observação da comunicação intrapessoal. Você pode fazer uma delas durante o dia, em uma situação específica ou como avaliar ser adequado:

1. Quais frases digo para mim mesmo que significam elogios e reconhecimentos positivos?
2. Qual dos meus pensamentos fixos está mais recorrente?

3. Qual é a história que estou contando na minha cabeça? É sobre mim ou sobre esta situação?

4. Com quem posso partilhar minhas vulnerabilidades, porque confio que vai me ajudar?

5. A partir do que observo em mim, o que posso ajustar na minha comunicação hoje?

Agradecimento especial à doutora Betania Tanure, que me inspira com uma comunicação corajosa quando fala para as organizações o que precisam ouvir para mudar e é ouvida. Gratidão também ao escritor Ken O'Donnell, que me inspira com sua comunicação amorosa me levando a reflexões carinhosas comigo como ser humano.

Referências

BROWN, Brené. *A coragem de ser imperfeito*. 1.ed. Copyright da tradução (tradução de Joel Macedo). Rio de Janeiro: GMT Editores Ltda, 2013.

MEIRA, Luciano Alves. *Ser ou não ser: nossa dramática encruzilhada evolutiva*. 1. ed. Goiânia: Editora Vida Integral, 2019.

ROSENBERG, Marshall B. *Comunicação Não-Violenta: técnicas para aprimorar relacionamentos pessoais e profissionais*. 1. ed. São Paulo: Editora Ágora, 2006.

Soft skills: competências essenciais para os novos tempos

Capítulo 10

Criatividade

A "modernidade líquida", na qual as experiências escorrem pelos espaços e tempos, faz com que "a mudança seja a única coisa permanente e a incerteza, a única certeza" (Bauman). Nesse contexto, em que tudo pode ser dissolvido, desconectado, reconectado, a criatividade é um potente meio para navegar em fluxo por águas agitadas e uma possibilidade de lavar os olhos para que possamos "reparar" a vida.

Patricia Cuiabano

Soft skills: competências essenciais para os novos tempos

Patricia Cuiabano

Intensa, tem o olhar frequentemente curioso e aberto às novidades. Nutre-se de boas conversas, bons livros, horizontes amplos e culturalmente diversos como os do Rio de Janeiro onde nasceu. Diverte-se promovendo encontros nos quais sua criatividade ganha asas e consegue abraçar suas paixões e amigos. Psicóloga pela Universidade Federal Fluminense, pós-graduada em Recursos Humanos pelo IAG PUC RJ, Consultoria de Carreira pela FIA e Aperfeiçoamento em Orientação Profissional pela USP. Certificada em Facilitação de Processos Criativos pela Creative Education Foundation - New York State University. Construiu sua carreira executiva em RH em empresas nacionais e multinacionais, onde pôde ampliar perspectivas em vivências na América Latina e projetos instigantes de Desenvolvimento Organizacional. Mãe do João e do Antonio, suas maiores fontes e motivos de contemplar a vida com olhos de caleidoscópio.

Contatos
emaildacuia@gmail.com
LinkedIn: Patricia Cuiabano

Patricia Cuiabano

R emamos para o mundo pós-pandemia, apelidado de "o novo normal", em uma tentativa de dar forma ao que diluiu nosso cotidiano, afundou nossas crenças, desancorou conceitos, fazendo boiar todos os nossos modelos. Talvez nunca, de maneira tão intensa, o termo interregno (interrupção, intervalo, parada), que Bauman adotou para explicar um estado que deixou de ser e ainda não é, e que "as formas como aprendemos a lidar com os desafios da realidade não funcionam mais" seja tão atual.

Construir o novo, transformar a realidade, estabelecer outras relações e uma nova existência são o chamado do presente. Jamais fomos tão instigados a buscar soluções não convencionais que ativassem nosso potencial coletivo, suspendendo julgamentos, combinando vários campos de conhecimento e conjugando perspectivas antagônicas em respostas que considerem o "e" e não nosso domesticado padrão "ou" de pensamento. É preciso considerar as interdependências, gerenciar e sustentar as polaridades para contemplar os dilemas complexos que surgem para só então abordá-los. E mais: compreender que polaridades não excluem, mas integram, ampliando nossas lentes, oferecendo maior

Soft skills: competências essenciais para os novos tempos

liberdade. Ou seja, temos em mãos um convite de gala para emergir o que denominamos potencial criativo. Afinal, viver nesse mundo tão cheio de complexidades, volátil, "conhecido por admitir apenas uma certeza – a de que amanhã não pode ser, não deve ser, não será como hoje." (BAUMAN, 2008, p. 12), pressupõe rearranjar frequentemente o que sabemos, sair da caixa, transformá-la ou, até mesmo, descartá-la. Faz-se necessário rever nossos antigos modelos mentais e crenças limitantes que tanto nos ancoram e esvaziam o olhar e o pensar liberto.

Não por acaso, a criatividade aparece há dois anos consecutivos (2019 e 2020) no topo da lista do *Workplace Learning Report* do LinkedIn. Achado semelhante foi publicado no *Future of Jobs* do Fórum Econômico Mundial, sendo indicada entre as dez habilidades profissionais mais valorizadas. Paradoxalmente, embora enaltecida, não é genuinamente incentivada no ambiente de trabalho. Talvez porque o mundo corporativo ainda não saiba promover espaços em que elementos de diferentes cenários sejam misturados, o poder de muitos seja convocado, a honestidade seja o dínamo de debates e os líderes atuem colando pontos de vista, talentos e paixões.

A escola começa a despertar para habilidades como a criatividade, considerando os desafios da realidade não-acadêmica e do convívio social. Conversas importantes ganham envergadura também nesse âmbito, enxergando a criatividade para além das artes, discutindo seu peso na hierarquia acadêmica e seu caráter interdisciplinar, destituindo-a assim de uma natureza divina, inata, ou dom de uns poucos. Assim pode ser estimulada, exercitada, alavancada e aplicada na vida cotidiana, trazendo valor, realização e transformação.

Então, a que nos referimos quando falamos de criatividade? Não existe uma única dimensão conceitual, porém, entre muitas referências existentes, encontramos pistas importantes para compreendê-la, praticá-la e ampliar nosso potencial criativo. Diante disso, naveguemos por algumas concepções:

> No caleidoscópio, fragmentos formam um padrão, mas não ficam presos... Agite, gire, mude o ângulo, mude a perspectiva, e esses mesmos fragmentos formarão um padrão inteiramente novo. A realidade, como nos diz o caleidoscópio, é apenas um arranjo temporário. A criatividade consiste em reorganizar as peças para criar uma nova realidade [...]
> (Rosabeth Moss Kanter)

> "Criatividade é a arte de conectar ideias."
> (Steve Jobs)

> "A associação é o princípio da criatividade."
> (Guy Aznar)

Patricia Cuiabano

"Criatividade é apenas aprender como fazer algo com uma perspectiva diferente."
(Ben Carson)

"Criatividade é a fonte central de significado em nossas vidas."
(Mihaly Csikszentmihalyi)

[...] reforçando a tese da autorrealização, motivada pela premência do indivíduo de se realizar, de exprimir, para Rogers, uma pessoa é criativa na medida em que realiza suas potencialidades como ser humano.
(Novaes, 1977, p.24)

"Criatividade é a qualidade que você traz para a atividade que está fazendo. Ela é uma atitude, uma abordagem interna como você olha as coisas."
(Osho)

"Criatividade é a inteligência se divertindo."
(Einstein)

Provocada por essas definições, decidi saber como alguns profissionais aplicam esse conceito no dia a dia e me alimentei de conversas deliciosas sobre o assunto. Um deles, Márcio Vassalo, escritor e consultor literário, fala da criatividade como um "encontro da surpresa com o encantamento[...] que deve tocar a alma do outro, provocando-o". Ele menciona ainda que, "mais do que a obsessão pela originalidade, devemos buscar mais olhar do que ser vistos". Contou que seu processo criativo se relaciona com "o disponibilizar-se para as palavras, a beleza e para as perturbações do cotidiano."

No bate-papo com Alex Lang, Diretor de Arte da GSD&M, Lang nomeou o sentir, as memórias, os interesses, as paixões e o vivido como suas fontes de inspiração. Ele afirma que "a criatividade surge na possibilidade de obtenção de diferentes perspectivas para transmitir a mensagem a partir de qualquer conhecimento que se tenha". Destaca a importância da abertura, do despir-se de preconceitos, do correr riscos, da pesquisa, do entender o porquê para se chegar ao como durante o ato criativo. Tanto Márcio como Alex citam a impressão digital, um pedaço deles em sua expressão criativa.

Já João Pedro, publicitário, Estrategista de UX na GSD&M (e orgulhosamente meu filho), ressalta: "Nenhuma ideia é verdadeiramente original, sempre existindo alguma forma de coautoria, consciente ou não". Ele acredita que a capacidade criativa funciona como um caleidoscópio: quanto mais experiências e conhecimento, maior a possibilidade de combinações coloridas no mosaico, potencializando outros pensares e maneiras de descrever o mundo. Acrescenta que possuir gosto eclético, divertir-se com o que faz e poder atuar como um interruptor que funciona do "foco total" para a "folga total" são traços das pessoas criativas com quem convive.

Para Chenglei Wu, *Motion Designer* na Disney, criatividade significa a capacidade de invocar pensamentos e imaginação para transformá-los em realidade. Opina que a criatividade pode ser moldada por nossas vivências e pela experiência subjetiva do indivíduo, demandando dedicação, erros, correção e prática. Wu sugere que viagens, experiências novas e empolgantes podem ser armazenadas em um "banco" de criatividade para usos futuros e "aguçam a mente". Enquanto a rotina e a repetição favorecem as mesmas fórmulas, bloqueando novas combinações.

Essas referências apontam que o poder criativo, além de ser interdisciplinar, contém fontes provenientes de conteúdos internos (motivação, personalidade, cognição, biografia) e externos (modelos, objetos, situações, dados) para subverter a ordem. Trata-se de uma postura diante da vida, de uma forma de se comportar, de uma jornada de abertura que se nutre da atitude positiva e do olhar sedento do turista que explora tudo com olhos de novidade. Percurso que conta com a neuroplasticidade da mente como aliada e com sua possibilidade de estabelecer novas conexões. Sair da zona de conforto é crucial para ativar diferentes áreas do seu cérebro. Pequenos passos no dia a dia podem fazer grande diferença. Inicie dando-se permissão interna para brincar de descobertas como uma criança destemida. Convoque paixões e recursos como combustível para o movimento criativo. Predisponha-se a reparar o mundo instigado pelo que chega. Aprenda constante, curiosa e diversificadamente. Quanto mais insumos, conhecimento e amplitude nos dispusermos, maior será nossa elasticidade mental, favorecendo a produção de respostas transformadoras da realidade e do futuro.

Entretanto, o que é necessário para liberar-se das caixas e conquistar essa liberdade de conexão? Nossos modelos mentais são resultados de um processo psicológico longamente estruturado. São construídos pelas informações armazenadas na memória, a partir de nossas experiências de vida, reconhecendo e classificando padrões, sendo como atalhos para nossa navegação por vivências futuras.

No coração do potencial criativo está a disponibilidade de nos afastar de velhas e confortáveis trilhas para desobstruir novas combinações, associando conceitos díspares de outro jeito. A boa notícia é que podemos estimular esse potencial de diversas formas, incluindo uma maior abertura às próprias experiências e um menor número de defesas psicológicas. Convide seu cérebro, portanto, a exercitar novas práticas, hábitos e comportamentos. Permita-se o assombro, o inédito, conheça suas crenças limitantes e silencie seu grilo falante interior. Suspenda o pensamento cartesiano tão premiado na escola, troque o medo de errar pelo espírito de aprendiz, que mergulha prazerosa e corajosamente em improváveis experimentos, ambientes, fontes e temáticas. Valorize a novidade e o encantamento do que toca sua alma, o arrebata e tem o poder de deslocar seu olhar. Desafie seus costumes e integre outras dimensões além da mental (corporal, emocional, espiritual e social). Mude de caminho, tente outro meio de transporte, perceba seus sentidos de um jeito inusitado. Amplie seu repertório, navegue por outras tribos, visite mais lugares. Ria dos tropeços, erros são sempre lições. Ofereça-se pausas e prazeres inesperados. Reserve tempo para diversão e meditação. Crie seu Diário de Dom Quixote para registrar a imaginação e as loucuras da jornada, use-o regularmente para capturar suas paixões, o que o inspira, vivências e novos olhares. Desenhe, rabisque, rascunhe e rasure. Reserve umas boas folhas para conhecer o poder da divergência (ampliar possibilidades por meio da geração de uma gama de ideias e da multiplicidade de horizontes). Lembre-se de que, no pensamento divergente, quanto mais opções, melhor, e que, nesse momento, não existe certo e errado. É da quantidade que virá a qualidade. Quer tentar? Vamos lá! Sem bloqueios, estique seu pensamento além do padrão, gere uma relação de ideias surreais, selecione as mais absurdas e imagine como torná-las aplicáveis. Observe ineficiências do ambiente e sugira saídas surpreendentes para resolvê-las. Escolha um objeto e imagine usos alternativos para ele. Divirta-se com associações possíveis entre objetos de naturezas distintas. Brinque de "e se" sempre e de várias formas. Suba alegre os degraus da escada da abstração, perguntando-se por que e para quê.

A partir das ideias da sua relação de ineficiências, vivencie o pensamento convergente, afunile alternativas por meio de critérios objetivos. Agora é o momento para julgar, fazer escolhas e encontrar uma solução.

O processo criativo é fruto da divergência e da convergência, é sobre associar a imaginação à realidade, a fantasia à concretude, o lúdico à disciplina, ampliar para reduzir. Ambos os pensamentos precisam atuar em tandem para obtermos respostas novas para resolver dilemas e, assim, descobrirmos maneiras diferentes de fazer a mesma coisa, inventar novos usos, produzir mais com menos e cocriar o futuro.

> "Portanto, a tarefa não é tanto de ver o que ninguém ainda viu, mas a de pensar o que ninguém ainda pensou sobre o que todos veem."
> (Schopenhauer)

Esses tempos em que vivemos gritam para que contemplemos o mundo através das lentes dos que enfrentam obstáculos, sentir a dor que sentem, enxergar com empatia! Viver o que as demandas individuais e coletivas trazem como perguntas e como dores, ampliando nossa ótica para reconfigurarmos os contextos e cenários da solução. Sem preconceitos, julgamentos ou respostas prontas. É o que nosso designer Alex Lang chama de "trocar de ouvidos para escutar a voz do cliente".

Roman Krznaric, filósofo australiano e fundador da School of Life, em seu livro *O poder da empatia*, associa o pensamento criativo à empatia, a entendendo como um modo original e estimulante de viagem - o salto imaginativo possível -, ao nos transportar para o lugar do outro, acrescentando que "não há nada como olhar com os olhos do outro para nos ajudar a questionar nossas suposições e preconceitos e incitar novas maneiras de pensar".

Assim, esse empréstimo de olhar também estica nossa visão para além dos nossos compartimentos, oferecendo uma profunda imersão e aprendizado em outros mundos: a possibilidade de navegação entre polaridades, a quebra de estruturas de pensamento habituais e seus estereótipos. Como presente, traz presença, o mágico poder da reconexão criativa consigo, com os outros e com o novo mundo, que clama por um pensar, um sentir e um fazer sem caixas e sem fronteiras.

Referências

BAUMAN, Zygmunt. *Babel - Entre a incerteza e a esperança*. Editora Zahar, 2016.

BAUMAN, Zygmunt. *Medo líquido*. Editora Zahar, 2018.

DYER, Lisa. *Get Creative: Over 60 exercices prompts to stimulate your imagination*. Editora Arcturus Pub, 2019.

KANTER, MOSS ROSABETH. *Criando o ambiente criativo*. Management Review. Fevereiro de 1986.

KRZNARIC, Roman. *O poder da empatia: a arte de se colocar no lugar do outro*. Editora Zahar, 2015.

NOVAES, Maria Helena. *Psicologia da criatividade*. 4. ed. Petrópolis: Vozes, 1977.

Soft skills: competências essenciais para os novos tempos

Capítulo 11

Sensibilidade

Minha mãe, às vezes, dizia "eu amo tanto que dói". Demorei quase 35 anos para assimilar a sabedoria contida nessa frase. Se chegar aos 70, talvez tenha entendido ainda mais, talvez menos. Sensibilidade é viver o desconhecido e incontrolável com inteireza.

Talita Chiodi

Soft skills: competências essenciais para os novos tempos

Talita Chiodi

A vida, a convivência com as pessoas e minha jornada de autoconscientização têm sido a minha maior escola. Tenho uma família incomum. Um dos meus irmãos nasceu com uma síndrome rara, sem cura, o que adicionou beleza e sensibilidade aos nossos dias! Um convívio permeado de amor, diversidade, dor, medo e união. No encontro com ele, me fiz sensível, atenta, presente, e amorosa. Além de irmã do Marcio, sou arquiteta e urbanista, designer de experiências e facilitadora de processos de aprendizagem em organizações. Colaboro com negócios e redes, desenhando experiências digitais, híbridas ou presenciais que sejam significativas e gerem criatividade, engajamento e conexidade. Facilitando sessões de cocriação, reimaginação e de renovação cultural, centradas em sustentar espaços de confiança e interatividade que fomentem uma cultura generativa, dinâmica e colaborativa.

Contatos
LinkedIn: www.linkedin.com/in/talita-chiodi
Instagram: @talitachiodi

Talita Chiodi

Amo tanto que dói

O que a palavra "sensibilidade" inspira em você? Este capítulo é um convite para pensarmos nela como um atributo essencial para o futuro. Um chamado de reaproximação do sentir, na essência de refinamento do que conseguimos perceber ao nosso redor, buscando perceber cada vez mais sutilezas e da franqueza para assumir o que ainda não estamos dando conta de perceber. Sensibilidade não é carência afetiva, não é emoção exacerbada, não é fantasiar um mundo colorido e alegre, não é a violência da positividade.

Quando tentamos difamar alguém dizendo que "é muito sensível", usando esse termo como algo negativo, deturpamos o caminho da sensibilidade. Estereotipamos uma pessoa porque achamos que ela faz escândalo, é frágil, ou ainda, porque é imatura emocionalmente e usamos uma palavra tão humana, tão bela de uma maneira apequenada. Generalizamos negativamente o termo "sensível". Quem vai querer ser sensível? Só que a sensibilidade é que compõe e ancora nossa humanidade. Você está pronto para se sensibilizar?

Soft skills: competências essenciais para os novos tempos

Sensibilidade é conexão, seriedade, compromisso, vínculo, presença, lucidez e, como dito anteriormente, é humanidade. Sensibilidade também é coragem e disponibilidade. Coragem para encarar o que é, como é, sem precisar que seja diferente, para revelar-se emotivo, vulnerável, sentimental diante do que está posto. Disponibilidade para se colocar no cenário, não superior, não inferior, não fora, justamente dentro e atravessado.

Em vez de dizer algo como "não acredito que o fulano fez tal coisa", uma frase de afastamento, que nos coloca fora da situação e distante do "fulano", podemos perguntar: "O que está acontecendo para uma resposta como essa aparecer entre nós? Como estamos favorecendo esse comportamento?". Usar expressões de proximidade, em que a ênfase não é culpabilizar o "fulano", mas compreender o sistema. Em outras palavras, empregar a "sensibilidade" é se reconhecer parte das coisas como estão e como são, uma parcela interagente, autorresponsável e interdependente, que afeta e que é afetada, sem ser maior, menor, melhor ou pior.

Como trabalhar a sensibilidade? Prefiro considerar a sensibilidade mais como um processo do que um resultado; é mais navegar no rio do que alcançar a outra margem. A pergunta é: você quer navegar por essas águas, se molhar, se envolver, mergulhar, fluir? Sensibilidade não é um lugar a que você chega, é um caminho que você percorre e vai se aperfeiçoando sempre. Sensibilidade é para todos aqueles que querem sentir, se afetar, se comover, se importar e se entregar. Como você se encontra, neste momento, em relação à sua própria sensibilidade?

Percepções e referências

Uma mulher em pé, parada, sozinha, seus dois pés apoiados no chão, postura ereta, mãos relaxadas ao lado do corpo, dentro de um cubo neutro. Não há nada no chão, nada nas paredes, nada no teto. O que estaria fazendo? Ela pode estar "fazendo nada". Porque nós não vemos o movimento dela, está ali parada, estática, julgamos que ela esteja "fazendo nada". Ao mesmo tempo, agora olhando com maior atenção, é possível afirmar que ela está respirando, dá para ver o peito se expandir e se contrair. Se olharmos bem, eu diria que ela está calma, a respiração é lenta, tem uma expressão suave no rosto, enfim, ela parece tranquila. Então, essa mulher está respirando.

E se a gente pudesse ver o interior do corpo dela? Coração, estômago, intestino, pulmão, veias. Um sistema vivo que trabalha ininterruptamente. Pulso, batimento, calor, fluxo, digestão, nutrição, oxigenação, limpeza, recuperação, sinapse. Ela agora parece estar fazendo bastante coisa. Podemos concluir que ela está fazendo algo? Ela também está em pé. Lembra-se? Portanto, há um esforço de equilíbrio, de autossustentação que corre de osso em osso, de músculo em músculo, de membro em membro e lhe garante a postura ereta. Agora podemos falar que ela também está equilibrando-se em pé.

Talita Chiodi

Ainda que não se possa ver, somos capazes de medir. É provável que ela pense, e parece que esse pensamento não cessa. É possível assistir às imagens do cérebro dela, vivo, pensante, conectado, agitado. Imagens coloridas não lineares, variadas intensidades, cores, áreas, sem padrão de constância. Então, note que ela está respirando, mantendo-se viva, equilibra-se em pé e pode estar pensando. Ao mesmo tempo em que está fazendo muito, está fazendo nada.

Estamos construindo juntos uma variedade de suposições que não pretendem determinar uma verdade. Portanto, não se faz necessário escolher uma das afirmações. Essa não é a proposta aqui. Não é preciso fazer esforço para validar uma afirmação e invalidar as demais. A proposta é elencar o maior volume de observações e suposições, acolhendo a diversidade de leituras e buscando descer camadas, aprofundar o que vemos. Talvez sejam leituras ambíguas, talvez sejam complementares ou até incoerentes, sendo todas ao mesmo tempo parte de uma verdade e não toda a realidade. Quanto espaço interno você tem para a diversidade? Como você lida com as suas próprias ambiguidades? Quem é você sem a pressão de encontrar a afirmação correta?

Começamos navegando pela pergunta: o que aquela mulher poderia estar fazendo? Agora lanço outra questão: o que poderia estar fazendo ali? Lembra-se de que ela está em um cubo? Um cubo neutro como descrito anteriormente. Será que ela está trancada? Teria sido presa? Ela está escondida? Permanece em silêncio? Estaria isolada? Uma única palavra adicionada ao final da pergunta transforma completamente a questão e também a navegação reflexiva. Por carregar um elemento de localização ali a mulher é colocada em relação a algo e também por citar o lugar, no caso o cubo. É possível imaginar que esse cubo a acolhe, acalma, protege, preserva. Mas, ao mesmo tempo, podemos deduzir que ele a isola, afasta, prende, impede.

A localização dá maior complexidade, e, como somos seres pensantes, sociais, políticos, culturais, a mulher que é única, singular, carrega com ela toda a narrativa e toda a sociabilidade. O que isso tem a ver com a sensibilidade? A forma como percebemos tem relação com as referências que moldamos, pois passamos a adotar um "lugar de fala" privilegiado ou desprivilegiado, favorável ou desfavorável, que, na grande maioria das vezes, polariza e afasta, porque não consegue enxergar a possibilidade de coexistência de múltiplos "lugares de fala". Todos eles são válidos, nenhum melhor ou pior. A sensibilidade no que toca as referências é reconhecer que tenho algumas delas, jamais terei todas e que são só referências. Portanto, se deslocam e é bom que isso aconteça.

Sensibilidade emerge da relação, surge na amplitude das possibilidades. Sensibilidade é abertura, não fechamento. Bastou um ser humano e uma localização tempo-espaço e todo o enredo surge e pode ser elaborado. Quando se estabelece uma relação entre a mulher, o lugar e o tempo, ela está atravessada e atravessando esses elementos. Eu poderia, ainda, perguntar que mulher você imaginou, e isso abriria mais um mar de reflexão. O que quero dizer, afinal? Pretendo nos convidar para ampliar repertórios, como parte essencial da construção da sensibilidade e, para isso, vamos precisar "descer do nosso posto de fala". Além disso: com humildade, experimentar e buscar outras referências. E mais: escutar outras posições, acolher diferenças, desejar a diversidade, estar em um lugar mais sensível que não é fixo, sim móvel, podendo se deslocar. Pior ainda: é líquido, podendo evaporar. Estar sensível é ocupar esse local líquido, reconhecendo a efemeridade dessa ocupação.

Será que a gente percebe as infinitas dimensões, verdades, narrativas e repertórios? Será possível abrir-se para que todas as sentenças possam valer, sem exclusão? Também investir tempo em lapidar a sensibilidade para ir além, afinando a qualidade de escuta, visão, presença e percepção de si, do outro e do que emerge entre.

Quem sabe possamos parar de debater conteúdos pragmáticos rasos, estanques, lisos e vamos adotar uma postura de curiosidade para o metaprocesso, de abertura para o que está além do conteúdo óbvio da fala. A maioria das lideranças com quem trabalhei fraqueja nas leituras, superficializa as percepções, se precipita nos diagnósticos e deixa a desejar na sensibilidade, por medo, imersão nos jogos de poder, inconsciência. E você? Como percebe a sensibilidade ao seu redor?

Presença e inteireza

Procure ler as palavras a seguir com intenção, sem pressa, com pausas, tentando senti-las em você: arte, quadro, tinta, cor, tela, pincel, papel, texto, livro, página e poema. Você tem intimidade com esses termos? Algum momento da sua vida você se deparou com eles? Qual a cena você consegue imaginar com uma composição entre essas palavras? Talvez um museu, paredes brancas, piso liso e brilhante, teto preto, obras de arte minuciosamente distribuídas pelo espaço. Você andando se permitindo ser emocionado, sentindo o que cada arte provoca: alegria, espanto, incômodo. Quem sabe seja outra cena? Um dia de outono, na beira de um lago, uma vegetação rasteira, lavandas a perder de vista, uma cadeira no jardim, uma garrafa térmica, o ruído do vento e da água, uma manta, meias coloridas nos pés, lendo um livro comovente, debaixo de um sol e um céu impressionantes.

Mais uma rodada de palavras: ciência, pesquisa, música, som, tom, timbre, batuque, harmonia, ritmo, dança, movimento, sabor. Qual é sua relação com essa nova lista? O que chega à sua mente e ao seu corpo? Consegue compor novas cenas? Talvez um café na Itália, na mesa um *folder* do museu de Leonardo da Vinci, ao fundo uma mulher de cabelos volumosos, vestida de preto, batom vermelho, uma caixa de som *bluetooth* dando a base para a voz: forte, precisa, afinada. Uma voz que preenche cada viela, cada beco, cada espaço aberto. Talvez a cena seja outra, talvez uma rua de paralelepípedos, nos pés um calçado cheio de purpurina, o chão colorido, nas mãos uma cerveja, as pessoas com fantasias, rostos pintados, brilhos e flores no cabelo, uma bateria que ecoa um som batucado, carnavalesco, daqueles que fazem o corpo querer mexer. As pessoas dançam, pulam, requebram e cantam abraçadas.

Esse foi outro exercício simples para investigarmos como estamos conseguindo observar nosso próprio corpo. Chamamos isso de autopercepção, um elemento da sensibilidade que tece íntima relação entre memória, pensamento e sentimento. As palavras são apenas gatilhos, pois é na narrativa que estabelecemos uma relação afetiva com cada palavra. A narrativa é quem faz brotar o espaço para nascer sentimentos. A memória é multidimensional, não linear. Ela é uma composição cartográfica autoral que evoca sensações, sentimentos e emoções. Pode ser desencadeada por um som, por um cheiro, uma imagem ou um texto. Ela pode emergir voluntária ou involuntariamente. É provável que carregue sensações confortáveis ou completamente desconfortáveis. O ponto é que a memória se faz pelo afeto, laço, vínculo e sentimento. A sensibilidade tem muita conexão com isso.

Onde fica a inteireza e a presença nesse mar de sentimento? Presença é atenção também, mas as práticas de presença me revelam que a qualidade de nossa atenção e a de nossa presença têm relação com a nossa condição de perceber sinais no corpo, identificar e investigar sentimentos, sensações e gatilhos. Também de ter coragem e disposição para sentir, inclusive aquilo que dói. É comum evitarmos e até fugirmos da dor. Parece que estamos cada vez menos tolerantes ao desconforto, menos preparados para lidar com as frustrações. Penso que, em algum nível, o esforço de desviar-se do sofrimento nos afasta também da experiência integral da vida. Não dá para escolher ser só feliz, criativo e realizado. Se vamos arriscar sentir, vamos ousar sentir prazer e dor também.

Por exemplo, quando amamos alguém, estamos arriscando a dor de não sermos amados nem desejados de volta. O afastamento da dor é, para mim, uma cisão abrupta com a sensibilidade. Quanto mais nos esforçamos para evitar sofrer, mencionar a dor, ou, ainda, assumir o que dói, menos sensíveis ficamos aos afetos. Em uma tentativa legítima de nos proteger, vamos nos blindando, tornando-nos cínicos, alheios, indiferentes, sem perceber a grande ironia de que o "não envolvimento", a falta de laço, a ausência de vínculo, tudo isso também dói. Da melancolia, da tristeza e da dor podem surgir muita sensibilidade, empatia e ressonância. A dor certamente nos faz mais humanos, mais acolhedores, mais generosos, mais compassivos. Como está sua relação com seus sentimentos? Quanto você tem corajosamente tecido laços afetuosos sem garantia estendida? Como tem lidado com o incerto, o desconhecido e o incontrolável? Quais vínculos vem cultivando?

Soft skills: competências essenciais para os novos tempos

Eu desejo a você, prezado leitor, uma vida sensível, em que possa olhar para aqueles que ama - uma esposa, um marido, uma avó, um filho, uma neta, um amigo, um desconhecido - e entender no seu corpo o que minha mãe quis dizer com "amo tanto que dói". Espero que você não escolha amar menos. Ame tanto, deixe doer. Sinta plenamente. Encontre-se inteiro para sentir.

Soft skills: competências essenciais para os novos tempos

Capítulo 12

Autodeterminação

Neste capítulo, os líderes e empresários terão a oportunidade de compreender o impacto das necessidades psicológicas sociais no engajamento individual a fim de contribuir com um melhor clima organizacional. Serão apresentadas várias teorias com subsídio da Neurociência que ressaltam o engajamento em ambientes de apoio e aprendizagem, com o intuito de estimular o desenvolvimento de talentos.

Katia Gaspar

Soft skills: competências essenciais para os novos tempos

Katia Gaspar

Interesse genuíno em capacitar as pessoas e impactar os negócios. Como treinadora e facilitadora, busca despertar o potencial individual, estabelecer relações de parceria e impactar positivamente o todo. A auto responsabilização é o único caminho para o crescimento sustentável das organizações e da sociedade. Especialista em Neurociência pela Faculdade Médica Santa Casa de São Paulo. *Professional Coach Certified* pela Internacional Coaching Federation. *Neurocoach* pela Neuroleadership Institute. Experiência superior há 8 anos na atuação de desenvolvimento profissional de executivos e empresários. Gama de experiência em processos de gestão de negócios e desenvolvimento das competências de liderança: Inteligência Emocional, Inteligência Sistêmica e Inteligência Relacional. Experiência como empresária superior há 15 anos, tendo desenvolvido a capacidade de alinhar as estratégias de negócios com a gestão de pessoas.

Contato
LinkedIn: www.linkedin.com/in/katiagaspar

Katia Gaspar

Ao olharmos para a maioria das atividades que um adulto tem no seu dia, em geral a maioria deles não é motivado intrinsecamente. Muitos escolhem fazer o que precisa ser feito em vez de compreender o que os motiva a fazer esta ou aquela tarefa. Dizem ser racionais e lógicos, afastam qualquer emoção ou sentimento para obter o comprometimento necessário para a atividade e com isso criam expectativas de ganhar recompensas externas pelo esforço realizado. No entanto, embora alguns acreditem que afastar as emoções seja essencial para ter disciplina e autodeterminação, a falta de consciência emocional a longo prazo levará a pessoa a não desenvolver um dos pilares da Inteligência Emocional, a Autopercepção. Diferente do crescimento biológico, natural a qualquer ser vivo, o amadurecimento emocional precisa de um ambiente externo que estimule nossa motivação interna e, assim, seremos autodeterminados e capazes de externalizar nossos pontos fortes.

As estratégias utilizadas pela maioria das organizações para aumentar a performance não focam em compreender o comportamento: elas ainda estão bastante pautadas em como modular o comportamento. As pessoas ainda utilizam recursos externos para reconhecer os comportamentos positivos ou punir os comportamentos negativos. Quantas vezes você já não ouviu aquela típica frase "Se você fizer isso, vai ganhar aquilo."

Será que essa é a melhor maneira de desenvolver comportamentos positivos?

Edward L. Deci, professor de psicologia da Universidade de Rochester e diretor de seu programa de motivação humana junto com Richard Ryan, o cofundador da Teoria da Autodeterminação, uma influente teoria motivacional contemporânea, não estavam interessados em como a manifestação do comportamento é modulada por recursos externos, mas como o ambiente poderia olhar de maneira integrada para a complexidade do ser humano e a expressão do comportamento a partir da necessidade individual. O intuito seria que a própria pessoa sentisse vontade de agir e, assim, ficar totalmente energizada com envolvimento pleno pela tarefa. Coincidentemente ou não, Mihaly Csikszentmihaly, professor de psicologia e gestão da Claremont Graduate University, criou o conceito psicológico de *Flow*, que representa um estado de consciência altamente focado em que a mente e o corpo estão em harmonia e o indivíduo se sente completamente envolvido com o que está fazendo. O prazer pela tarefa mantém a pessoa estimulada a continuar em ação. Tanto a Teoria da Autodeterminação como o *Flow* trazem a importância do sujeito sentir uma motivação interna para agir e se manter engajado com a atividade.

> "Toda pessoa pode ser proativa e engajada se o ambiente externo for de apoio e aprendizagem."

A Teoria da Autodeterminação é uma teoria sobre comportamento humano e desenvolvimento da personalidade baseada nas necessidades sociais básicas, analisando o engajamento das pessoas ao longo de um período em ambientes de controle ou autonomia. Nos ambientes de controle o estímulo externo tem efeito sobre o comportamento, já nos ambientes de apoio e aprendizagem o estímulo interno é a razão do comportamento. Deci e Rian tinham como interesse compreender a influência e os impactos do ambiente externo sobre o desempenho das pessoas, seja como um incentivador ou um impeditivo, levando em consideração as necessidades psicológicas básicas de competência, autonomia e relacionamento.

Poderia o ambiente gerar satisfação ou frustração nas necessidades psicológicas básicas e impactar diretamente a motivação interna do indivíduo?

Como resposta a essa pergunta, os autores apontaram que as necessidades psicológicas sociais podem ser vistas como a bússola do indivíduo para agir ou reagir ao ambiente de maneira proativa e engajada ou passiva e alienada. Sendo assim, é a percepção das informações do ambiente e o impacto sobre a satisfação das necessidades psicológicas sociais como Autonomia, Competência e Relacionamento que irão manter a pessoa de maneira proativa e engajada em busca da própria autorrealização e, consequentemente, favorecer o fortalecimento e desenvolvimento das habilidades. Logo, o comportamento autodeterminado é uma resposta a um estímulo interno, colocando todas as pessoas em busca da satisfação de uma necessidade psicológica básica e em interação com o ambiente. Chegamos dessa maneira ao conceito da neurociência de intencionalidade e subjetividade como resposta do comportamento. O ambiente pode estimular a conscientização da intencionalidade, das emoções e sensações para apoiar o autoconhecimento e obter êxito no desenvolvimento do potencial das pessoas.

> "As pessoas conhecem o *self* através da autonomia
> e autoconsciência."

Ser autônomo significa agir de acordo com as próprias considerações reflexivas. Assim, ações autônomas são aquelas que podem ser auto endossadas e pelas quais se assume responsabilidade. Autonomia significa literalmente "autogoverno" em que a pessoa endossa a própria escolha por algo significativo. Não só para escolhas espontâneas baseadas em nossos interesses como, também, escolhas que endossamos o sentido para o nosso comprometimento. As pessoas percebem quando agem de acordo com a própria vontade ou são forçadas a agir de acordo com a vontade do outro. Não quero dizer que somos livres para fazer o que desejarmos, isso é liberdade, nem tão pouco dizer que podemos fazer tudo sozinhos, isso é independência, mas temos livre arbítrio para tornar nossas escolhas congruentes e nos responsabilizarmos por elas. A satisfação da Autonomia aumenta a integração do eu de forma que o pensar, sentir e agir são congruentes.

Enquanto a autonomia integra a pessoa de uma maneira holística, a necessidade de competência nos torna curiosos para explorar os ambientes e nos envolver em tarefas desafiadoras, testando nossas habilidades com a finalidade de atingir excelência na tarefa. Estamos mais dispostos a trabalhar de maneira eficaz em tarefas que tragam significado para nós. A satisfação em relacionamentos se refere ao nosso senso de pertencimento. Buscamos manter relacionamentos mutuamente satisfatórios, em que a autonomia de ambos é satisfeita.

A satisfação em Autonomia se dá quando os indivíduos têm espaço para reflexão sobre si mesmos, tendo assim uma mente com significado, comportamento autêntico e autodirigido.

> "Quem tem um porquê encontra qualquer como."
> (Victor Frankl)

Soft skills: competências essenciais para os novos tempos

Nos últimos anos muito tem se falado sobre propósito e a importância dele para se obter os resultados desejados. Simon Sinek, autor do livro *Comece com um Porquê*, fez uma descoberta dos motivos que faziam empresas ou pessoas que tinham as mesmas condições externas obterem resultados diferentes. Para Sinek, existe um padrão de comportamento, quero dizer um padrão de pensar, sentir e agir, em comum nas empresas e profissionais que obtinham os resultados desejados.

Alguns profissionais sabem o que fazem, alguns sabem como fazem, mas poucos sabem os porquês do que fazem. Quando organizações ou pessoas têm clareza dos motivos que a levam a agir de determinada maneira, elas transformam o padrão de comportamento naquele identificado como necessário para obter sucesso.

Para entendermos como obter essa clareza, podemos nos inspirar na organização do nosso sistema motor. Carla Tieppo, professora e pesquisadora de Neurociência na Faculdade de Ciências Médicas da Santa Casa de São Paulo, descreve os três níveis hierarquicamente organizados que são responsáveis pelo nosso comportamento. O primeiro nível é o menos complexo, pois agimos sem consciência. O nível dois é responsável pelo equilíbrio do movimento do corpo. Já no nível três encontramos as estruturas responsáveis pela organização do movimento voluntário e que são a expressão de nossas tomadas de decisão e da nossa personalidade. Do mesmo jeito que podemos observar essa hierarquia do sistema motor, podemos também fazer uma analogia ao nosso comportamento, que pode ser estimulado por níveis de baixa ou alta complexidade.

Quando Sinek demonstra a necessidade de compreender as razões, trazendo desta maneira a reflexão sobre nossas causas, crenças e visões, podemos dizer que para isso o ser humano precisa usar um nível de processamento mais complexo do cérebro. Esse movimento, que poderíamos chamar de cima para baixo, exige foco e concentração e leva os indivíduos a agir de maneira consciente.

Em ambientes de apoio e aprendizagem as pessoas são estimuladas para compreender o significado do que fazem. Agem de maneira consciente e não automática. Elas estão motivadas internamente pelas tarefas, se mantendo engajadas com a tarefa.

> "A alegria que se tem em pensar e aprender nos faz pensar e aprender ainda mais."
> (Aristóteles)

Nós seres humanos somos naturalmente curiosos e gostamos de explorar o ambiente e compreender como nos adaptamos a ele. Carol Dweck, professora de psicologia na Universidade de Standford, é conhecida pelo seu trabalho no traço psicológico da mentalidade.

Ela define dois tipos de mentalidade: Mentalidade Fixa e Mentalidade de Crescimento.

De acordo com Dweck as pessoas com mentalidade de crescimento estão mais envolvidas com novos aprendizados, dispostas a enfrentar cenários desafiadores e encontrar as soluções necessárias para chegar àquilo que dão valor. Compreendem quais são as habilidades necessárias para obter o que desejam alcançar. O agente responsável para atingir o sucesso é o próprio indivíduo.

As pessoas com mentalidade de crescimento buscam interpretar o espaço e analisar as próprias capacidades e competências a fim de avaliar a própria capacidade para alcançar os objetivos. O comportamento é estimulado pelo motivo interno de aprender, conduzindo ao autodesenvolvimento.

As pessoas com mentalidade fixa têm o comportamento baseado pelo motivo externo de ser reconhecido. Em função disso, evitam assumir tarefas as quais acreditam não ter habilidade. Assumem apenas tarefas que dominam para validar uma imagem positiva que elas têm de si mesmas.

Dweck em seus estudos relata que crianças que tiveram reforço positivo sobre o talento que já tinham e não sobre os aprendizados que obtiveram tendem a desenvolver a mentalidade fixa. Outro ponto que gostaria de mencionar sobre a pesquisa é que todo indivíduo pode demonstrar comportamentos de mentalidade fixa ou de crescimento.

Vimos anteriormente que o ambiente impacta nosso comportamento e, consequentemente, a nossa mentalidade. Ambientes de comando e controle não são permissivos ao erro, e naturalmente as pessoas tendem a agir com uma mentalidade fixa. Criar ambientes de apoio e aprendizagem é essencial para que as pessoas tenham uma mentalidade de crescimento e, por consequência, se mantenham autodeterminadas.

O ambiente é um dos facilitadores, mas não é o único responsável pelo comportamento das pessoas. Cada um tem como papel se tornar responsável pela conscientização dos próprios desejos, pensamentos e emoções, compreendendo a intencionalidade e subjetividade por trás de seus comportamentos para agir com uma mentalidade de crescimento. Saber os porquês de fazer algo ou ter um propósito, conforme Sinek define, poderia aumentar a disposição para desenvolver as próprias habilidades e se tornar responsável pelo resultado desejado.

Portanto, a minha hipótese é que para assumir o papel de responsabilidade pelo resultado é necessário a mudança de um padrão de comportamento dependente, que espera os estímulos externos, para um comportamento interdependente, que por meio da autoconsciência compreende a si mesmo e apresenta comportamento de acordo com as próprias intenções.

Podemos dizer que pessoas que são capazes de se responsabilizar por agir de acordo com seus valores, endossar as escolhas, respeitar o entorno e se responsabilizar com os resultados futuros, têm uma mentalidade de crescimento, o que as tornam abertas a lidar com novos desafios. Porém, para desenvolver uma mentalidade de crescimento, o sujeito deve estar em um ambiente que satisfaça a sua necessidade psicológica básica de autonomia. Desta maneira, a pessoa será capaz de elaborar de forma consciente a sua intencionalidade e desenvolver a partir deste pensamento consciente os comportamentos necessários para obter o que deseja, agindo de forma autodeterminada.

Dicas para potencializar a Autodeterminação:

• Criar espaços nas conversas para que seus colaboradores busquem propósito profissional;
• Comunicar de forma clara os porquês daquela atividade;
• Promover um ambiente de apoio e aprendizagem onde o erro é visto como uma oportunidade de desenvolvimento;
• Estimular a equipe a definir as próprias ações e ser responsável pelo resultado.

Referências

DI DOMENICO, Stefano I.; RYAN, Richard M. *The Emerging Neuroscience of Intrinsic Motivation: A New Frontier in Self-Determination Research*. Frontier in Human Neuroscience, 2017.
DWECK, Carol. *Mindset: A nova Psicologia do Sucesso*. Editora Objetiva, 2006.
SINEK, Simon. *Encontre o seu porquê*. Editora Sextante, 2018.
TIEPPO, Carla. *Uma viagem pelo cérebro: a via rápida para entender Neurociência*. Editora Conectomus, 2019.

Soft skills: competências essenciais para os novos tempos

Capítulo 13

Colaboração sistêmica

Trata-se de uma *soft skill* que potencializa a consciência sistêmica durante o processo de colaboração. Tem como base as leis sistêmicas das constelações familiares. Quando uma pessoa adquire essa habilidade, as relações interpessoais ficam mais harmônicas e confiáveis, permitindo que um novo patamar de cooperação floresça.

Max Nolan Shen

Soft skills: competências essenciais para os novos tempos

Max Nolan Shen

Este mundo está grávido de outro mundo. Nele, Max Nolan Shen é especialista em futuro do trabalho na Era da sociedade em rede, com o propósito maior de ajudar a transformar as empresas em organizações que curam, por intermédio dos princípios da autogestão, da cultura ágil e das leis sistêmicas. Atualmente é *growth hacker* na Uotz, uma consultoria de CX. É fundador do ecossistema de transformação organizacional The Forest e da consultoria de *marketing* e inovação Dervish. Realizou projetos para o Instituto Alana, Elos, Yunus, Sistema B, Natura, Social Bank, Airbnb, Waze, EDP, Danone, Hypera, Coty, Nestlé, Ambev, Pepsico, Bradesco, Intel, Grupo Reserva, Arezzo&Co, Calvin Klein, Grupo Ultra, Braskem, Caloi, Coca-Cola, Unilever, J&J, entre outros. Foi palestrante no TEDxFloripa, Fórum do Amanhã, Festival Social Good, Festival Path, Hacktown, Secovi Talks e Fashion Revolution Brasil. Formado pela Poli, com pós-graduação em *marketing* pela FGV e ESPM/MiamiAdSchool.

Contatos
max@dervish.com.br
(11) 98114-2426

Max Nolan Shen

Existe uma qualidade muito sutil que algumas pessoas possuem: navegar melhor por suas relações humanas, construindo vínculos e estabelecendo trocas de maneira mais harmônica e saudável. São aquelas que sabem como se relacionar com os outros e normalmente conquistam grandes benefícios por estabelecerem boas parcerias, seja no trabalho ou mesmo na vida pessoal. Quando líderes, elas conseguem formar times mais colaborativos em que todos se sentem mais pertencentes e com seus lugares bem reconhecidos. Normalmente suas equipes se desafiam para uma entrega superior, com maior comprometimento e um senso de realização e satisfação mais elevados. No geral, são pessoas que fluem com maior facilidade na vida, se envolvendo em menos conflitos ou com maior capacidade para lidar com eles. Ouso dizer que sabem doar e receber mais também. Com isso, atraem abundância para suas vidas e as dos que estão ao seu redor.

Antes, acreditávamos que elas eram boas em *networking*. Na cultura popular poderia se dizer que são aquelas que nasceram com uma estrela. Ou até mesmo que têm sorte. Mas hoje sabemos que possuem uma maior consciência das leis sistêmicas definidas por Bert Hellinger nas Constelações Familiares e Organizacionais. Essas leis regem todas as nossas relações humanas, quer tenhamos consciência delas ou não. E, provavelmente, mesmo quem possui essa *soft skill* de maneira mais natural desconhece completamente que honra (?) essas tais leis sistêmicas. Isso porque essa ainda é uma área do conhecimento relativamente nova e que ainda possui um amplo espaço de divulgação de seus conceitos. Boa metáfora para a consciência das leis sistêmicas é a lei da gravidade: você pode não saber que ela existe ou ainda não ter estudado como funciona em detalhes na escola, mas, se você derrubar uma caneta de cima da mesa, ela irá cair no chão, não é mesmo? Da mesma forma, mesmo sem conhecer as leis sistêmicas, qualquer pessoa e qualquer relacionamento estão sujeitos a elas.

As possibilidades de leitura sobre o assunto são muito amplas. Além do seu uso terapêutico e para o desenvolvimento pessoal das constelações familiares e da aplicação consultiva em empresas nas constelações organizacionais, hoje temos o direito sistêmico, a pedagogia sistêmica e muitas outras vertentes que se beneficiam dessa nova visão a respeito das relações humanas. Aqui neste livro iremos tratar como uma *soft skill* voltada para a colaboração em um contexto organizacional, algo que será cada vez mais fundamental para que possamos apresentar soluções criativas a fim de ajudar o planeta a resolver seus desafios para os próximos anos.

Desde 2013, tive a oportunidade de criar diversas empresas que operam em uma lógica de rede e coletividade. Todas possuem ótimas entregas de projetos, atendendo a grandes organizações e multinacionais do mercado. Agora, um fato muito curioso: nessas empresas não existem funcionários e ninguém recebe um salário fixo ou pró-labore. Também não há chefes, pois trabalhamos em uma autogestão horizontal. Os colaboradores estão lá porque querem e faz muito sentido para eles. Essas organizações em rede são compostas por dezenas de profissionais autônomos e empreendedores imbuídos por um propósito comum e um espírito de comunidade.

Quando conto minha experiência em palestras ou nas entrevistas, muitos ficam incrédulos, pois é natural imaginar que, sem uma hierarquia muito bem definida dentro da organização, inúmeros conflitos emergem e o caos passe a reinar. É claro que divergências aconteceram e vão sempre acontecer. Mas, no geral, essa prática tem sido muito satisfatória e mais realizadora que um trabalho tradicional para a maior parte dos envolvidos.

Em minha longa trajetória, fui percebendo que a colaboração sistêmica me possibilitou iniciar e sustentar essas organizações com tantos participantes. É por causa dela que passamos a utilizar uma série de rituais, processos e tecnologias sociais a fim de permitir que a colaboração ocorra e que todos possam trabalhar mais felizes. Hoje considero que essa soft skill tem sido primordial tanto minha vida quanto na das pessoas com quem colaboro.

A colaboração sistêmica se dá quando existe um alto nível de consciência das três leis sistêmicas das constelações familiares e organizacionais: pertencimento, ordem e reciprocidade.

Quando há consciência dessas leis no processo corporativo, cada integrante honra os demais componentes do ecossistema colaborativo, a trajetória pessoal deles e o que os levou até ali. Existe o entendimento de que todos importam e que possuem uma contribuição única e intransferível para estar naquele momento desempenhando um importante papel em determinado projeto. Isso tudo ficará bem mais claro, pois apresentaremos a seguir as leis que compõem a colaboração sistêmica:

Pertencimento

Por esse viés, entendemos que todos pertencem e são necessários para a realização do projeto. É essencial que se sintam bem, em um espaço emocionalmente seguro, para poder trazer a sua contribuição e ocupar o seu lugar de direito no ecossistema. Sendo assim, os participantes devem ser muito bem acolhidos naquela empreitada e, depois, terem a chance de encontrar seu espaço para desenvolver bem o seu trabalho com a equipe. Quanto maior a sensação de pertencimento, maior é a possibilidade de comprometimento. Se eu sinto que realmente faço parte e sou "dono" da iniciativa, tenho maior interesse em me comprometer e apresentar o meu melhor.

O pertencimento precisa estar presente em todas as etapas, em especial na hora da tomada de decisão coletiva. Quando existe maior equidade de poder e liberdade de expressar ideias e experiências, mais plena é a sensação de pertencimento. É por isso que as pessoas se sentem muito mais envolvidas em projetos autogeridos do que naqueles em que exista uma liderança hierárquica.

Nessa visão, o maior problema é a exclusão. Isso acontece quando alguém não é visto ou escutado em um projeto ou não tem nenhuma autonomia durante as tomadas de decisão. O sentimento de exclusão causa uma desmotivação imediata e se transforma em uma enorme barreira para que se prossiga em determinado objetivo.

Como gerar maior senso de pertencimento?

1. Conectar as pessoas em um propósito comum;
2. Escutar todas as opiniões com equidade;
3. Criar processos de trabalho mais participativos;
4. Fomentar tomadas de decisão coletivas;
5. Realizar *check-in* e *check-out* nas reuniões;
6. Não excluir ninguém.

Soft skills: competências essenciais para os novos tempos

Ordem

As relações humanas são regidas por uma hierarquia natural com base na precedência. Quem veio antes tem um nível hierárquico maior do que quem chegou depois. A colaboração sistêmica demanda que exista grande observância quanto a isso. O desafio se torna maior, pois existem múltiplas ordens, ou seja, em qualquer relacionamento são estabelecidas diversas hierarquias ocorrendo simultaneamente. Vou listar algumas das possíveis de ser identificadas e que merecem ser honradas. Quanto mais respeito houver nas diferentes ordens em um projeto colaborativo, maior será o senso de que as coisas estão em seus devidos lugares e ninguém está as "atravessando".

1. Idade;
2. Tempo de ingresso na organização;
3. Entrada no projeto;
4. Experiência profissional em determinado assunto;
5. Aporte de recursos;
6. Qualidade de uma ideia.

Algumas delas são óbvias, a exemplo da idade. É indispensável respeitar os mais velhos. Também é muito fácil entender que quem mais aportou com recursos ou dinheiro para uma iniciativa costuma ter maior poder hierárquico. Agora o tempo e a sequência dos fatos que levaram a um projeto são relevantes e devem ser considerados. Quem iniciou o projeto e quem chegou há mais tempo precisam ser honrados por aqueles que ingressaram posteriormente. O que isso quer dizer? Que quem veio antes "manda" em quem veio depois? Não necessariamente. Afinal, em projetos com gestão horizontal ninguém "manda". Honrar tem a ver com respeito e gratidão. Quem veio antes precisa ser escutado pelos demais e as visões e intenções iniciais devem ser acatadas. Os novos participantes precisam ser gratos aos que os antecederam e tornaram aquela iniciativa possível naquele momento. É muito comum o dito popular: "acabou de chegar e já quer sentar na janelinha". Essa frase é típica para definir o comportamento dos que não souberam honrar a ordem sistêmica, pois acabaram de fazer parte do projeto e já querem direcioná-lo ou usufruir dos benefícios antes de respeitar o direito dos precursores.

O que você pode pôr em prática para gerar maior senso de ordem?

1. Ter gratidão pelas pessoas que vieram antes no projeto;
2. Escutar a opinião delas em busca de orientações;

3. Reconhecer as experiências profissionais de cada um;
4. Entender que existe uma liderança natural.

Reciprocidade

A colaboração sistêmica só pode ser empregada em um ambiente onde exista um grande equilíbrio entre o que doamos e o que recebemos. É imprescindível haver igualdade de trocas entre as pessoas em um determinado projeto. Isso é praticamente óbvio, certo? É claro que não é tão simples assim já que as relações humanas não são fórmulas matemáticas nem ciências exatas. A harmonia entre o dar e o receber é algo dinâmico. Talvez em alguma fase estejamos ofertando mais e em outras recebendo mais. Quando a balança pesa para um dos lados, as desavenças são frequentes.

Agora o que não fica tão evidente assim é que o equilíbrio sistêmico é multidimensional. É como se existissem diversas moedas de trocas a serem consideradas nessa balança e que permitem ou inviabilizam uma colaboração mais profunda. E são inúmeras as possibilidades de estabelecer um equilíbrio sistêmico. Quando conhecemos todas as alternativas de troca e de reciprocidade, podemos criar infinitas oportunidades de colaboração.

As múltiplas moedas que podem atuar no equilíbrio sistêmico da colaboração sistêmica são:

1. Ganhos de reputação;
2. Aprendizados;
3. Experiência profissional;
4. Afetos;
5. Acesso a redes de influência;
6. Dinheiro.

Dessa maneira, precisamos ficar atentos a esses equilíbrios sistêmicos para cada participante de um projeto colaborativo, propiciando variadas moedas de troca para contribuições distintas e que façam sentido para cada um. Cada pessoa possui necessidades diferentes e essas se mostram fluidas, vão mudando de uma maneira orgânica ao longo do tempo. É assim que poderemos evoluir de um trabalho tradicional - funcionário com salário - para outras possibilidades de colaboração em rede e parcerias. A colaboração sistêmica olha para essas questões com maior profundidade e suscita que conversas sejam realizadas com base nas chances de ganhos em busca de uma reciprocidade ganha-ganha para todos.

Soft skills: competências essenciais para os novos tempos

No dia a dia, de que modo é possível gerar maior senso de reciprocidade?

1. Buscar relações de troca em que todos ganham sempre;
2. Entender as necessidades de ganhos não são iguais;
3. Deixar muito claras as vantagens de cada um dos lados;
4. Buscar diferentes combinações de moedas de troca;
5. Checar se alguém não está se beneficiando mais do que outros;
6. Verificar se as trocas estão acontecendo conforme o planejado;
7. Realizar conversas para reequilibrar o sistema; caso esteja desequilibrado.

Colaboração sistêmica

A consciência das leis sistêmicas potencializa a colaboração. Permite que as pessoas fiquem mais presentes para que possa emergir o campo sistêmico, que basicamente são as manifestações de nossas três necessidades básicas: pertencimento, ordem e reciprocidade. Qualquer conflito interpessoal em uma iniciativa advém do desrespeito a pelo menos uma das três leis sistêmicas. Agora é muito comum que duas ou até mesmo três delas estejam com suas exigências não atendidas para alguém do ecossistema colaborativo. É necessário olhar para cada uma delas no conflito para encontrar a raiz da questão.

Ordens do Amor

As três leis sistêmicas também são chamadas pelo psicoterapeuta alemão Bert Hellinger (1925-2019) de "Ordens do Amor". É como se elas fossem três formas distintas de manifestação do amor. Gerar um senso de pertencimento, honrar as ordens sistêmicas e estabelecer reciprocidade são energias que resultam em amor. E, é claro, amor tem uma relação direta com o próprio conceito de colaboração, não é? É nesse momento que a colaboração sistêmica integra uma visão mais espiritual para os negócios ao abraçar as Ordens do Amor no universo das organizações.

Em suma, a colaboração sistêmica tem o potencial de gerar uma profunda transformação na maneira como trabalhamos, visto que humaniza as nossas relações e cria um ambiente mais saudável e cooperativo. Espero que essa disciplina possa ser aprendida nas escolas e nas organizações em um futuro próximo. Desejo, após a leitura deste capítulo, que você comece a prestar atenção nas leis sistêmicas no seu dia a dia e se beneficie da harmonia que a colaboração sistêmica irá trazer para a sua vida.

Gratidão!

Referência

HELLINGER, Bert. *Ordens do Amor tradutor?*. 1. ed. São Paulo: Cultrix, 2007.

Soft skills: competências essenciais para os novos tempos

Capítulo 14

Negociação

Pouco importa se você está adquirindo um imóvel, pedindo à sua esposa que prepare um jantar e convide amigos, sendo assaltado ou realizando um importante empreendimento para a sua empresa. Em grande parte das situações, você é convocado a negociar. Tal *soft skill* é inata, mas quase sempre precisa ser aperfeiçoada. Neste capítulo, identifique as suas habilidades para tal.

David Fratel

Soft skills: competências essenciais para os novos tempos

David Fratel

Engenheiro Civil com mais de 30 anos de experiência no gerenciamento e execução de obras. Atualmente é diretor-executivo de Engenharia do GRUPO KALLAS, coordenador e professor do Curso de Pós-Graduação (Especialização) em Gerenciamento de Obras do Instituto Mauá de Tecnologia. Atuou como CEO da Yep Management, CEO da Patrimônio Incorporadora e Construtora, vice-presidente de Construção da Inpar/Viver Incorporadora e Construtora. Foi diretor de engenharia da área de *real estate* do Pátria Investimentos (Blackstone Group). Entre 1995 e março de 2010 foi executivo e sócio da Engineering S/A (atual Hill Internacional). Graduado em Engenharia Civil, pós-graduado em Planejamento e Controle na Construção Civil na UFBA, pós-graduado em gerenciamentos de empreendimentos na FGV-SP, especializado em Gestão de Projetos de Sistemas Estruturais na Poli - USP e mestrado em Tecnologia da Habitação no IPT (Instituto de Pesquisas Tecnológicas – SP).

Contatos
www.maua.com.br
david.fratel@maua.br
(11) 97272-9885

David Fratel

Na madrugada de 5 de janeiro de 1967, em Itaberaba/BA, uma mulher começou a sentir as dores do parto. O hospital, com as melhores condições de atendimento, localizava-se na sede do município de Ruy Barbosa, no mesmo Estado, mas a 44 quilômetros dali, com acesso precário pela BA-046, por uma malcuidada "estrada de barro". O fusca 1964 cortava áridas regiões da Chapada Diamantina, conduzindo o aflito esposo e a senhora para dar à luz. A doce mãe, sabiamente, suplicava: "Meu filho, aguente firme. Teremos à nossa frente uma hora de estrada para enfrentar. Mas assim você estará no melhor hospital da nossa região e muito bem entregue ao melhor médico, o Dr. Claudionor". Experimentei, naquele dia, a primeira negociação da minha vida. Tudo deu certo, para ambos os lados, e, até hoje, nutrimos uma inquebrável e amorosa parceria.

A negociação é uma das *soft skills* constantes em nossas vidas. Em todo lugar, em qualquer tempo ou situação, somos estimulados a praticá-la. Apesar de ser encarada como relevante habilidade social, na realidade, trata-se de um conjunto delas. Algumas pessoas possuem, naturalmente, muitas competências; outras precisam desenvolvê-las ou

Soft skills: competências essenciais para os novos tempos

complementá-las. A arte de negociar requer, além de aptidões naturais, estudo e muita prática e, só assim, pode se alcançar a perfeição.

Em certa ocasião, durante minha atividade profissional como gerenciador de empreendimentos, emiti uma RFP (*request for proposal* – solicitação de proposta) no intuito de adquirir esteiras rolantes (*tapis roulant*) para 10 (dez) hipermercados que foram construídos em diversas regiões do Brasil. Esse processo foi coordenado pelo Engenheiro Rodrigo.

Rodrigo (adotei aqui nomes fictícios de pessoas e empresas para não expô-las) recebeu as propostas, analisou, equalizou o escopo, as quantidades e as especificações entre as propostas, a fim de, em uma 2a fase, iniciar as tratativas. Participaram da concorrência três empresas especializadas e perfeitamente aptas a fornecer e instalar os equipamentos requeridos: Alfa, Beta e Gama. Para o infortúnio da segunda concorrente, Rodrigo não nutria qualquer simpatia por ela, em decorrência de agruras passadas em outros empreendimentos. Mas o fato é que a Beta estava perfeitamente qualificada, apresentava as melhores condições de prazo, apesar dos preços um pouco acima das demais.

Eis que vivi, e aqui divido com vocês, uma das mais pictóricas e marcantes experiências da minha vida. Permiti que o Rodrigo comandasse a negociação já que ele supostamente conhecia o processo a fundo, em especial as condições requeridas e recebidas. O encontro com a Beta estava agendado às 10 horas, no meu escritório, à época na Av. Marginal Pinheiros, em São Paulo. Os representantes da empresa chegaram com 15 minutos de atraso e se dirigiram à sala de reuniões, onde já os esperávamos. Naquele momento, mais exatamente na entrada dos visitantes, Rodrigo encarnou uma criatura mitológica, muito conhecida do folclore europeu, de alta estatura, feições grosseiras e olhar ameaçador: o Ogro. Ouvi dentro de mim: "It's time!" Seria o espírito do Bruce Buffer? Resolvi, a princípio, não interferir, até mesmo porque gostaria de saber quem sofreria o nocaute. Se não fizesse isso, não estaria aqui, escrevendo para vocês sobre o tema.

"Não se chega atrasado a uma reunião com o cliente", bradou ele como manifestação de primeira e inamistosa recepção. Seguiram-se os constrangidos cumprimentos entre todos. Sem qualquer ação introdutiva, Rodrigo imediatamente abriu o mapa de cotação e ameaçou: "Não pensem que nesse caso vocês vão fazer comigo o que fizeram na obra do Recife, até mesmo porque o preço da Beta é o pior de todos. Estarei de olho em vocês". No entanto, a reunião transcorreu com certa normalidade, até porque, a partir dali eu me vi obrigado a interferir e a acalmar os ânimos para salvar aquele momento. Na ocasião, a Beta sugeriu uma alteração técnica de alto impacto financeiro, mas Rodrigo não tinha condição de se posicionar, porque falhara ao não convocar o consultor técnico para aquela mesa de negociação. Mesmo assim, ao final do processo, ainda na referida reunião, a Beta fez a melhor proposta a fim de consolidar o negócio. Eis que o nosso Rodrigo hesita e não decide na hora pelo fechamento. Ele queria causar insegurança aos proponentes. No dia seguinte, para evitar qualquer retrocesso, liguei para os nossos parceiros da Beta e comuniquei a contratação, precedida de um longo e sincero pedido de desculpas.

Quem gostaria de ter um certo Rodrigo fazendo parte do seu time de colaboradores? As habilidades sociais dele foram adequadas à situação? Se a Beta, porventura, reagisse às provocações do nosso então representante, à altura e sem serenidade, o negócio teria sido fechado com sucesso? Afinal, de que necessitava Rodrigo para complementar a sua habilidade negociadora?

Em primeiro lugar, o profissional deve ser capaz de investir significativo tempo para encontrar as melhores alternativas diante de um acordo negociado, preparar-se adequadamente e conhecer as opções que podem ser postas à mesa. A habilidade de planejar, apesar de ser de cunho técnico, e, portanto, mensurável, é complementar à habilidade social.

O profissional que tem feição estrategista se prepara, por exemplo, para ter caminhos alternativos e seus impactos; faz várias ofertas ao mesmo tempo, com o objetivo de reduzir a chance do impasse e de aumentar a possibilidade de alinhamento e concessões; sugere alterações que melhorem as condições comerciais e não alterem as características de qualidade, desempenho e durabilidade de um produto ou serviço; ancora a sua proposta (dá limites), antes que a outra parte o faça (observo aqui que a referência da ancoragem é indispensável para equilibrar as negociações);

A competência analítica é o alicerce da *soft skill* negociação. Um profissional preparado analisa a situação, percebe os interesses de cada envolvido, entende as limitações de cada um, conhece a história da outra parte, explora o envolvimento entre as organizações em outras oportunidades e identifica as sinergias existentes. A qualidade de captar o que é importante para ambos, no intuito de fazer trocas inteligentes com a perfeita faculdade de compreender todos os lados do processo, é fundamental.

As emoções não podem tomar conta de quem está negociando. A razão deve prevalecer por mais frustrantes e controversas que sejam as circunstâncias, bem como as questões complexas que levem tempo para ser resolvidas. A ansiedade sempre deve ser contida. Portanto, o autocontrole é uma habilidade imprescindível. Neste livro, você tem a oportunidade de se aprofundar mais essa questão, ao ler o capítulo que aborda a inteligência emocional.

O negociador também precisa ter aptidão de relacionar-se bem para garantir uma atmosfera positiva durante as negociações. Tal condição é consequência de boas habilidades interpessoais, simpatia, empatia, educação, saber estreitar laços, investir alguns minutos (antes de ir ao cerne da questão) tentando conhecer e se deixar conhecer. A isso podemos chamar de criar aliança. Recentemente, em uma complexa mesa de negociações, discutíamos indenizações por extravio de equipamentos locados, cujo representante da outra parte tem um filho que havia sido meu aluno. Naquele momento, estabelecemos um ponto comum, de aliança, que facilitou os entendimentos.

O negociador deve ser livre para pensar, mas também ter raciocínio lógico, matemático, filosófico, exercer a capacidade de julgamento e de concepção, além de estar sempre disposto a combater a ignorância. Além disso: expressar-se naturalmente, mas é vital saber usar a linguagem, a gramática, a ortografia e a boa pronúncia, o que é consequência do hábito de ler e escrever. É importante estabelecer uma meta, mas urge trabalhar para obtê-la, porque só no dicionário o dinheiro precede o trabalho. O negociador deve ser livre para viver sem medo, para se aperfeiçoar nos estudos, e sempre valorizar a diplomacia. Em suma, é desejável profissionais isentos de qualquer condição, subordinação ou dependência, dispostos a pensar sem amarras e polarizações políticas, extremismos religiosos, étnicos, sexuais ou doutrinários, que os impeçam de decidir o que é melhor ou progredir de forma isenta na busca da melhor solução para os desafios enfrentados. Há alguns anos, negociei com um pernambucano que não gostava de baiano. O resultado: todos podem imaginar.

Ter bons costumes. Costume é uma das maneiras de expressão da postura e do comportamento social do ser humano, que confirmam a sua moral e a sua ética. Os bons costumes estão ligados à decência, integridade, zelo e respeito pela família, amor pela Pátria, dignidade e prudência. O bom negociador pauta sua vida pelas regras e princípios impostos pela moral. Tem um leque de escolhas a fazer, mas deve se comportar convenientemente, a fim de manter a sua integridade, dignidade, decência em respeito. A negociação e a corrupção, nos casos em que não há ética e moral, infelizmente, se combinam. Há milhares de casos que todos nós conhecemos e que foram largamente repercutidos pela imprensa.

No processo de negociação, os resultados desejados e as formas de alcançá-lo devem ser muito bem comunicados. A objetividade e clareza das colocações são sempre necessárias. Saber captar a comunicação verbal e a linguagem corporal da outra parte, a fim de encontrar áreas de interesse, também definem o perfil comunicador que deseja desenvolver as habilidades de negociação. Saber ouvir consiste, por exemplo, em não pensar o que vai dizer enquanto o outro está falando. Implica também escutar atentamente e, ao retomar a palavra, procurar interpretar rapidamente ou explanar sinteticamente o que ele disse. Por outro lado, saber perguntar envolve elaborar boas questões que levem à integração entre ambos, para que se tenha respostas úteis ao processo. Esse conjunto de habilidades se resume em oferecer e buscar o objeto da informação, além de mostrar a compreensão da mensagem recebida.

David Fratel

Confiabilidade: preservar padrões éticos, exalar confiança e mostrar que está apto a cumprir as promessas trazem uma aura positiva durante a negociação. Um lado precisa confiar no outro. As afirmações devem se basear em princípios e não na visão pessoal, na impressão ou opinião subjetiva.

O ambiente colaborativo deve predominar. Se as partes trabalharem juntas para atingir os objetivos, a negociação terá maior fluidez. Dessa forma, o espírito colaborativo se faz presente no negociador.

Ser solucionador, ou seja, sair da caixa, inovar, descobrir soluções criativas para adaptar a negociação sempre que necessário, para alcançar os objetivos, é fundamental. O projeto da ponte estaiada em São Paulo é um exemplo claro. Inicialmente projetada para ter dois pilares de sustentação dos cabos protendidos (solução inviável economicamente), foi viabilizada pela construtora responsável que adotou apenas um pilar central e vãos em curva (até então inédito no mundo). Essa solução negociada possibilitou economicamente a construção, que hoje é um dos principais canais de ligação entre movimentadas avenidas e cartão-postal da capital bandeirante.

Saber decidir: um líder durante uma negociação tem de saber decidir. Isso envolve algumas habilidades técnicas (conhecimento, capacidade, instrução, raciocínio), e, em especial, como lidar corretamente com o poder.

A capacidade de ser um agente motivador e imprimir otimismo racional no processo complementam o leque de habilidades aqui explorado. Acreditar em novos negócios que podem surgir de um bom relacionamento contratual, acreditar na economia e na política, com otimismo, ajudam a firmar bons acordos.

Pelo que foi apresentado, percebe-se, prezador leitor, que a negociação é uma importante *soft skill*. Nasce com o indivíduo, mas carece de polimento. Todas as pedras ásperas carregam dentro de si o potencial para serem transformadas em um silhar perfeito. Para isso, um conjunto de habilidades e características devem ser perseguidas e trabalhadas: planejamento, estratégia analítica, autocontrole, bom relacionamento, liberdade com responsabilidade, cultivo dos bons hábitos, uso correto da comunicação, confiabilidade, decisão e ser um agente motivador.

Ah! Vou ligar para o Rodrigo e saber como ele está! Mandarei um exemplar deste livro para ele.

Soft skills: competências essenciais para os novos tempos

Capítulo 15

Netweaving

Neste capítulo você verá o que é *netweaving*, como devemos desenvolvê-lo na vida particular e profissional e quais são os seus benefícios. As diferenças entre o *networking* e o *netweaving*. A importância da generosidade e da colaboração para nós e para as outras pessoas, além de exemplos de como usar as práticas e situações, nos quais foram utilizados.

Marcel Spadoto

Soft skills: competências essenciais para os novos tempos

Marcel Spadoto

Professor, economista, contador, pós-graduado em vendas & *marketing* pela ESPM, especialização em negócios pela FGV e consultor empresarial. Em mais de 35 anos de carreira, foi executivo nas empresas: Alcatel-Lucent, Saint-Gobain, Siemens e atuou em integradores e distribuidores de tecnologia de expressão nacional. Participou da introdução da telefonia celular e IP no mercado brasileiro. Fez parte de importantes *startups* do mercado de seguros *on-line*. Foi diretor de várias entidades e associações, a exemplo da ABRACEM, Câmara de Comércio do Mercosul e Sucesu-SP. Atualmente é diretor da iBluezone, membro-fundador e mentor da SBN – Sociedade Brasileira do Netweaving, membro do IBNVendas, integrantes da CCP – Curadoria de Conteúdo Programático do ABCasa Desenvolvimento e articulista das Revistas Empresário Digital, Líder *Coach*, PartnerSales e RT360.

Contatos
www.ibluezone.com
marcel@ibluezone.com
LinkedIn: www.linkedin.com/in/spadoto
(11) 99256-1111

Marcel Spadoto

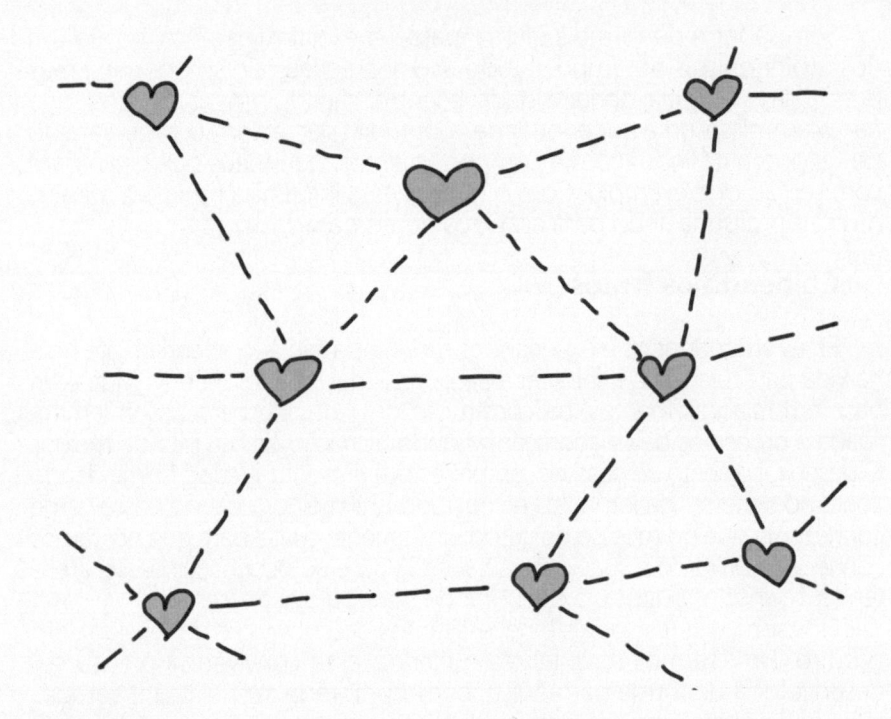

O início

"*Vamos mudar*". Escutei a conversa dos meus pais e não sabia que isso significava quase tudo.

Quando eu tinha 8 anos, minha família mudou-se do interior do estado de São Paulo para a capital. Para mim foi um choque muito grande, uma mudança enorme e desafiadora, pois o município onde morávamos possuía cerca de 8 mil habitantes, e a população de São Paulo já contava com mais de 8 milhões. As pessoas e o modo de relacionamento eram muito diferentes, e eu, um menino muito inocente para a idade, em relação aos outros garotos da nova cidade.

Não sabia ainda o que era *networking* ou *netweaving*, mas, em pouco tempo, consegui conquistar meu espaço. De uma forma intuitiva e natural, fui usando os conceitos e me relacionando de maneira positiva. Sempre me senti um privilegiado em tudo, mesmo quando a vida apresentava aspectos que, aparentemente, não eram tão bons. No íntimo sempre soube que tinha um propósito maior, mas ainda nem sabia direito o que era propósito e, muito menos, qual seria ele. Anos depois, pude comprovar que os meus sentimentos estavam corretos.

O meu jeito inocente do interior foi o diferencial para iniciar contatos com novos amigos na capital. Naturalmente fui aprendendo a conviver na "selva de pedra", mas sem perder meu jeito caipira.

Soft skills: competências essenciais para os novos tempos

Sem saber e de forma legítima, passei a exercer liderança, sendo um dos protagonistas no grupo. E tudo isso aconteceu não só por mim, mas principalmente pela generosidade e permissão dos meus amigos, que não viam nisso uma superioridade. Contudo, percebiam o forte sentido de servir em minhas ações e comportamentos, que meus pais ensinaram com seu amor e exemplo. Com o tempo, essa influência passou a ser ainda mais profunda, indo para aspectos gerais da vida.

Colhendo os frutos

Esses aprendizados e experiências da infância me acompanham até hoje na vida particular e na minha carreira profissional, que foi desenvolvida com base em relacionamentos, na construção de redes de parceiros e sempre ligada a processos de colaboração, visando à criação de um mundo melhor. O desenvolvimento de pessoas sempre esteve presente, e eu só fui me dando conta no decorrer da jornada. Percebi tudo isso melhor quando passei a me conhecer, já que o processo de autoconhecimento é vital para que possamos conhecer o próximo e suas necessidades. Ao me autoconhecer, passei a entender melhor os outros e a colaborar de maneira real e assertiva.

Nós somos seres sociais e necessitamos do convívio e da relação com o outro. Para sermos mais felizes e plenos, essa convivência precisa ser desenvolvida de forma harmônica, bem-humorada, respeitosa e agradável. Sendo assim, com certeza, será muito mais saudável e prazerosa. O *networking* e o *netweaving* propiciam o relacionamento de modo estruturado e também humano. Com eles, a nossa sensibilidade e interesses vão moldar a qualidade e a satisfação que essas relações interpessoais nos proporcionarão.

O *networking*

Networking significa criar e manter uma rede de contatos com viés profissional e para ajuda mútua, visando obter oportunidades de trabalho ou concretizar negócios, por exemplo. O *networking* é algo muito bom se for realizado da forma correta, pautado pela verdade e deixando claros os interesses envolvidos. Muitas vezes são usadas práticas com vantagens unilaterais, buscando a satisfação de um único lado. Porém, isso não é *networking*.

Fazemos *networking* o tempo todo e vamos continuar fazendo, quando usamos redes sociais profissionais, para conhecer pessoas, colaborar, conseguir um emprego e buscar negócios para nós, nosso grupo ou nossa empresa.

O *netweaving*

Esse termo surgiu em 2003 no livro *The heart and art of netweaving* [O coração e a arte do *netweaving*], do consultor norte-americano Robert Littell. Mas ele é praticado por nós desde os primórdios da humanidade, pois, se chegamos até aqui, a prática do *netweaving* foi um dos principais pontos nessa jornada.

Netweaving é tecer uma rede de contatos com intuito de colaborar com as pessoas sem esperar nada em troca. Gostaria de frisar que o "nada em troca" está intimamente relacionado a algo que tenha valor físico, especialmente monetário, pois nós, seres humanos, sempre esperamos retribuição, que pode ser o reconhecimento ou a gratidão. Alguns de nós aguardam muito pouco em troca, não esperam nem mesmo a gratidão de quem foi auxiliado, mas se sentem satisfeitos por ter sido úteis a alguém. Em alguns casos é possível haver até algumas distorções, a exemplo da culpa. Podemos nos achar culpados pelo nosso bem-estar. Outros ainda não acreditam ser merecedores do sucesso e da felicidade e encontram na caridade ou no auxílio uma forma de compensação. Não vamos julgar os motivos pelos quais realizamos o bem, mas existem muitos aspectos para se levar em consideração.

A diferença entre *networking* e *netweaving* pode ser muito tênue ou muito clara. Depende do jeito como são realizados. Muitas vezes não saberemos, pois os sentimentos envolvidos poderão não estar explícitos. Em suma, o *networking* significa "eu ajudo você pelo simples fato de poder precisar da sua ajuda no futuro". Já o *netweaving* foca "em primeiro lugar o ajudar os outros sem esperar qualquer nível de reciprocidade; e fazendo isso com a crença ou a convicção de que, ao longo do tempo, o que se faz retorna para nós".

Existe uma corrente que defende que o *netweaving* é a evolução do *networking* e, sob muitos aspectos, essa parece ser uma ideia muito plausível. Outra linha argumenta que são abordagens diferentes. Muitas culturas apresentam o relacionamento e a possibilidade de colaboração mútua como *networking*, mas os valores morais e humanos envolvidos possuem mais similaridade com *netweaving*. O mais importante não é saber o que estamos praticando, *netweaving* ou *networking*, mas, sim, ter uma relação sempre pautada pela verdade!

A força do amor

Há alguns anos, um dos meus filhos contraiu um câncer muito agressivo e, em poucas semanas, partiu. Sem dúvida, foi o maior desafio da minha vida, mas minha família e eu conseguimos nos estabilizar. O *netweaving* foi fundamental nesse processo, pois fomos tratados, cuidados e suportados por todos à nossa volta, e, em uma situação-limite dessas, pudemos perceber e receber a generosidade e o amor verdadeiro das pessoas, mesmo daquelas com quem não tínhamos muito relacionamento. Minha família foi extremamente abençoada.

O agente

O *netweaver* é quem pratica o *netweaving*. Para exemplificar a atitude dele, vamos observar as atitudes e ações de um *netweaver* muito conhecido: Jesus Cristo.

Soft skills: competências essenciais para os novos tempos

O Apóstolo Paulo não conviveu diretamente com Jesus, mas foi quem mais escreveu e proclamou sobre Ele. Em sua Primeira Epístola aos Coríntios, capítulo 13, versículos de 4 a 7, temos:

> O amor é paciente, o amor é bondoso.
> Não inveja, não se vangloria, não se orgulha.
> Não maltrata, não procura seus interesses,
> não se ira facilmente, não guarda rancor.
> O amor não se alegra com a injustiça,
> mas se alegra com a verdade.
> Tudo sofre, tudo crê, tudo espera, tudo suporta.

Jesus Cristo se relacionou com todos, sem distinção, acolheu e deu atenção para mulheres e enfermos, por exemplo. Essas não eram atitudes comuns na época Dele, o que evidencia as Suas fortes características de *netweaver*. Reuniu um grupo de discípulos para transferir os Seus conhecimentos e comportamento, ensinou e agiu com extremo amor e compaixão para com todos, mesmo quem não O tratava bem. Estava com foco total no bem comum, exerceu a Sua missão com excelência e humildade.

Nas corporações

O *netweaving* não é só empregado entre pessoas; pode ser usado nos negócios. Vemos que as empresas estão cada vez mais conectadas com causas importantes e de interesse geral, para engajar seus colaboradores, parceiros, fornecedores e clientes. Não existe pecado em fazer o bem e, com isso, obter benefícios, como relevância e reputação melhores. Temos muitos exemplos de empresas que implantaram o *netweaving* na sua cultura organizacional, trazendo uma relação mais *harmoniosa*, transparente e saudável com a sociedade em geral.

Existe um conceito criado, a partir de estudos liderados pelo pesquisador da *National Geographic*, Dan Buettner, que mapeou as comunidades que possuem maiores satisfação e longevidade, muito acima do seu entorno e do planeta. Essas regiões foram chamadas de *Blue Zones*. Elas adotaram filosofias de vida e estão exercendo fortemente as *soft skills*, entre elas o *netweaving*.

Essas regiões são: 1) A Península Nicoya, na Costa Rica; 2) Loma Linda, uma comunidade adventista na Califórnia, EUA; 3) Uma região isolada e montanhosa da Ilha da Sardenha, na Itália; 4) A ilha grega de Ikaria e 5) O Arquipélago de Okinawa, no Japão.

Em Okinawa, existe uma filosofia chamada de IKIGAI, que, em uma tradução livre, quer dizer: qual é o seu propósito de vida? Seus moradores elencaram quatro pontos principais para sua satisfação, felicidade e longevidade. São eles: 1) faça o que você gosta muito; 2) faça aquilo que você tem muita habilidade; 3) faça o que é necessário e desejado pelos outros; e 4) seja remunerado pelo que faz.

Marcel Spadoto

Em todas as *Blue Zones*, seus habitantes são mais solidários e generosos, possuem níveis muito altos de atenção para com a família e amigos, sempre buscando suprir as necessidades coletivas. Com isso, o grau de pertencimento é significativamente superior aos encontrados no restante do mundo.

No eixo do tempo, o conceito de *Blue Zones* deverá expandir-se para além do ambiente particular e permear o âmbito corporativo. Sempre nutri um sonho de poder ver isso e colaborar, fortemente, para a sua construção. Um dia, teremos *Blue Zones* Corporativas, as empresas deverão ser lugares com alto coeficiente de *netweaving*, visando à satisfação da sociedade como um todo, não somente os seus acionistas.

Não existe conflito entre *netweaving* e ter remuneração pelas ações realizadas. Tudo está relacionado à maneira como isso é feito e combinado.

Prova disso é que em minha trajetória profissional, participei ativamente da construção de uma rede de consultores, com o propósito de buscarmos negócios. Existia muito respeito, profissionalismo e amizade entre nós. Estávamos unidos com o objetivo citado, mas não deixamos de fazer outras ações, um para o outro. Sem visar ganhos diretos, tínhamos prazer em colaborar. Existiam muitos pontos de *networking*, mas também fortes doses de *netweaving*.

Vivendo plenamente

Como devemos praticar o *netweaving*? A resposta é muito simples: precisamos nutrir relações verdadeiras. Nunca como agora, diante desse desafio do coronavírus, foi tão necessário colaborar e, no futuro, certamente será mais ainda. Quando a nossa percepção é de que somos um indivíduo apenas, sem ter a clareza de que somos mais "coletivo" do que imaginamos, não exercitamos nossa generosidade e empatia, deixando a compaixão de lado e nos tornando mais egoístas.

Muitos estudos mostram que o ato de colaborar gera uma sensação igual ou maior em quem praticou a ajuda do que em quem foi beneficiado. Se questionarmos quem, de fato, "ganhou" com a situação, podemos dizer que ambos.

O *netweaving* deve ter início em nosso lar. Temos que praticá-lo com os nossos queridos, no seio da família, para que, então, ele se expanda como uma onda e chegue muito longe. Seu impacto atingirá outras pessoas, que, por sua vez, propagarão ainda mais essas ondas. Um destaque especial para os casais, pois, quando nos casamos, nos tornamos uma só carne. Assim, a parceria e a cumplicidade devem ser a base dessa união, e ela necessita possuir muitos coeficientes de *netweaving*, pois, se colocarmos a felicidade do outro em primeiro lugar e o cônjuge fizer o mesmo, os dois poderão ser felizes. No entanto, se a prioridade for a felicidade própria, teremos uma chance enorme de termos dois seres infelizes.

Soft skills: competências essenciais para os novos tempos

"Gentileza gera gentileza" e, um dia, ela vai voltar para você pela lei da sincronicidade ou pelo fato de aumentarmos o número de ações positivas em relação às negativas. Também gosto de pensar que exista uma "contabilidade" divina, que deixa a distribuição de boas ações equânimes.

Para concluir, divido com vocês algumas lições que aprendi com o *netweaving* e procuro exercitar no meu convívio diário:

• Desenvolver relações com verdadeiro amor e empatia pelo próximo;

• Estar perto de pessoas que possuam interesses parecidos com os seus, sem excluir os demais;

• Compartilhar boas práticas, experiências e ideias, com o objetivo genuíno de colaborar com os outros;

• Procurar não ser rude com quem o tratou mal, usando a inteligência emocional, sempre;

• Não se esquecer de que, no *netweaving*, não buscamos os resultados imediatos e particulares, mas, sim, o interesse no bem comum sempre.

Referências

GOLEMAN, Daniel. *Inteligência emocional: a teoria revolucionária que redefine o que é ser inteligente*. 2. ed. Rio de Janeiro: Editora Objetiva, 2012.

LITTELL, Robert S. *The heart and art of netweaving*. 1. ed. Atlanta: Editora NetWeaving International Press, 2003.

SOCIEDADE BRASILEIRA DO NETWEAVING. Disponível em: <www.weaving.com.br>. Acesso em: 10 de ago. de 2020.

Soft skills: competências essenciais para os novos tempos

Capítulo 16

Inteligência emocional

Neste capítulo, compartilharei com o prezado leitor como a consciência das emoções é fator essencial para o desenvolvimento da inteligência do indivíduo e de que maneira a Inteligência Emocional é importante para o sucesso ou insucesso na vida profissional ou pessoal dos indivíduos. Você ainda encontrará dicas de como lidar com suas emoções, controlá-las em busca de seu equilíbrio.

Maria Izabel Azevedo Tocchini

Soft skills: competências essenciais para os novos tempos

Maria Izabel Azevedo Tocchini

Administradora de empresas, com MBA em Recursos Humanos e Pós-Graduação em Responsabilidade Social. Executiva de Recursos Humanos com carreira sólida de 20 anos em empresa multinacional de grande porte. *Coach* credenciada pelo ICF – International Coaching Federation e certificada em HBDI – Herrmann Brain Dominance Instrument Assessment. Apaixonada pelo desenvolvimento de pessoas e formação de líderes.

Contatos
izabelazev@gmail.com
LinkedIn: Maria Izabel Azevedo
(11) 98387-9190

Vamos iniciar este capítulo com a pergunta: Afinal de contas, o que é Inteligência Emocional? A resposta se traduz na possibilidade do ser humano se autoconhecer, aprender a lidar com as próprias emoções e usufruí-las em benefício próprio. Procurar também compreender os sentimentos e comportamentos do outro.

Vale ressaltar que, além da Inteligência Emocional, existem a Inteligência Racional-QI, que mencionarei adiante, e, recentemente, surgiu a Inteligência Adaptabilidade-QA, que é a capacidade da pessoa de se posicionar e prosperar em um ambiente de mudanças e a Inteligência Espiritual-QS (na sigla em inglês), que tem um grande foco no propósito e nas experiências em um contexto mais amplo de sentido e de valor.

A importância da Inteligência Emocional é para a vida toda. Sua essência se dá quando conseguimos conciliar o lado emocional e o racional do cérebro, neutralizando as emoções negativas, que produzem comportamentos destrutivos e, então, potencializar as emoções positivas para gerar os resultados desejados.

Soft skills: competências essenciais para os novos tempos

Inteligência emocional x inteligência racional

O Quociente de Inteligência (QI) determina a capacidade de solucionar questões lógicas e ainda continua sendo uma das formas de avaliar a inteligência humana. No entanto, ele vem perdendo seu campo de privilégio.

Sabe por quê? Com a evolução da neurociência, o conceito de inteligência vem se modificando, dando lugar, cada vez mais, à chamada Inteligência Emocional. Os estudiosos perceberam que o nosso sistema nervoso é altamente diversificado e que diferentes áreas do cérebro processam tipos de informação distintos. Com isso, podemos treiná-lo para utilizar de forma positiva nossas emoções.

Enquanto a Inteligência Racional considera somente alguns aspectos, ou seja, aqueles ligados a pensamentos lógicos, matemáticos e analíticos, a Inteligência Emocional permite identificar os nossos próprios sentimentos e os dos outros, aprendendo a administrar positivamente nossas emoções e ainda nos motivar para atingir nossas metas.

Com isso, o quociente de Inteligência Emocional se torna fundamental para o sucesso ou insucesso em nossa vida profissional ou pessoal.

No ambiente de trabalho corporativo, em que geralmente há processos estruturados e políticas bem definidas, a Inteligência Emocional é um quesito primordial para se alcançar bons resultados, maior produtividade e êxito na carreira.

Durante minha experiência profissional tive o prazer de trabalhar com um líder inspirador. Foi gratificante ver como ele conseguia extrair o melhor de cada subordinado, além de desafiá-los a entregar mais. Ele teve uma carreira em ascensão, pois não só acompanhava os resultados (*what*) como também se preocupava com o *how*, ou seja, o modo pelo qual os cobrava. Como líder, investia o tempo dele em ensinar e desenvolver o time, bem como concedia muita autonomia para que seus subordinados pudessem resolver os problemas.

Esse líder tinha como destaques a competência de persuasão e a inspiração, além da facilidade em enfatizar e articular sentimentos, o que o tornava um gestor com Inteligência Emocional bem desenvolvida.

Estudos feitos com 15 empresas globais e milhares de executivos mostram que de 76% a 80% da efetividade de profissionais em alguma posição de liderança vem das competências existentes no conceito de Inteligência Emocional. Por isso, o controle das emoções tem ganhado destaque ao longo dos últimos anos, sobretudo no ambiente corporativo.

Assim, entender os pilares da Inteligência Emocional e aplicá-los diariamente possibilitará a construção de relações saudáveis e a tomada de decisões conscientes, evitando que o indivíduo venha a se arrepender de seus atos impulsivos.

Quando você aprende a ser inteligente emocionalmente, desenvolve algumas habilidades, tais como:

1. Autoconsciência

É a capacidade de observar e conhecer as próprias emoções e saber lidar com elas. Com a autoconsciência, você será capaz de analisar seus pontos fortes e fracos, não apenas em relação ao trabalho em si, mas também observar a forma como lida com os seus colegas e subordinados.
Essa é uma habilidade-chave da Inteligência Emocional!
O líder que comentei anteriormente possuía essa autoconsciência, pois sabia exatamente como deveria inspirar e cobrar as demandas, analisando o perfil de cada colaborador e as características que os motivavam. Com isso, ele superava todas as metas esperadas uma vez que possuía o time engajado, estimulado a atingir um objetivo comum.

2. Autodomínio – Controle das emoções

É quando você controla e aplica as suas emoções devidamente, de acordo com a situação. Ser capaz, por exemplo, de manter a calma em situações difíceis.
Aprender a lidar com as emoções e controlá-las coloca as pessoas na direção certa conforme cada circunstância e faz toda a diferença para um equilíbrio de vida.
Quando estiver sob pressão, o mais importante é tentar conservar a calma. Encontre uma distração, realize uma atividade prazerosa e canalize sua ansiedade.
Há alguns anos, trabalhei com uma profissional que, na época, tinha 26 anos de idade e enfrentava sérios desafios pessoais. Perdeu o pai por uma doença muito grave e, meses depois, a avó faleceu de tanta tristeza de presenciar a partida do filho. Eu, como líder, aprendi muito ao ver como aquela moça conseguia separar a vida pessoal da profissional. A *performance* dela em nenhum momento foi abalada. Pelo contrário, recebi muitos *feedbacks* positivos de toda a rede que trabalhava com ela. Certo dia, perguntei como era capaz de separar os problemas pessoais dos profissionais naquele momento tão delicado de sua vida. A resposta veio com muita simplicidade. Ela disse que o trabalho fazia com que esquecesse o terremoto que acontecia em sua vida pessoal. Ainda complementou: "Não é fácil, mas me observo e faço um exercício diário para controlar minhas emoções".

3. Automotivação

Trata-se da habilidade em se manter firme, decidido e motivado apesar das dificuldades que a vida apresenta. É a capacidade de mobilizar os outros para atingir seus objetivos.

Soft skills: competências essenciais para os novos tempos

Pensar antes de tomar as decisões lhe trará diversos benefícios e evitará o conflito com os seus pares e o arrependimento de seus atos.

Ao saber utilizar adequadamente suas emoções, você alcançará seus propósitos de maneira consciente, persistente, mesmo com obstáculos, e sem passar por cima do outro.

Como *coach*, atendi um executivo que estava passando, profissionalmente, por um momento difícil. Ele sempre foi reconhecido como um colaborador de alta *performance*. Com a mudança de área, estava se sentindo desmotivado por não encontrar soluções para atingir suas metas. No final das sessões foi incrível ver o resultado obtido. Diante de um cenário de incertezas pelo qual atravessava, conseguiu identificar e antecipar riscos e impactos, além de transformá-los em *insights* para a resolução dos problemas. Com um planejamento assertivo, passou a não somente cumprir as metas como superá-las, voltando a ser o profissional de alta produtividade.

4. Empatia

Consiste na habilidade de identificar e aprender a se colocar no lugar do outro, de reconhecer as emoções alheias e entender seus comportamentos. Isso nos torna mais sensíveis e abertos.

Com essa competência, você estará apto a administrar não apenas os seus anseios, mas de reagir adequadamente, de forma a canalizar as suas emoções em prol do interesse comum. Isso que permitirá, inclusive, que auxilie um colega que não sabe lidar com as emoções dele.

A empatia é indispensável para que você aprenda a compreender e respeitar as opiniões diferentes das suas sem julgamentos; traduz-se na capacidade de ouvir e apoiar os colegas de trabalho.

5. Habilidades sociais – saber se relacionar interpessoalmente

Somos seres sociáveis, vivemos em sociedade e é necessário conviver com o próximo. Viver em um relacionamento, seja pessoal ou seja profissional, não é algo simples, pois você precisa conviver com pessoas que possuem um modo de pensar distinto, gostos e opiniões diferentes.

Uma chave para o êxito é estabelecer boas relações, guiando os sentimentos dos outros. Isso criará um ambiente positivo à sua volta, melhorando não só a sua qualidade de vida, mas também contagiando aqueles ao seu redor.

A habilidade de bem se relacionar interpessoalmente é uma característica importante no ambiente corporativo. Eu, como executiva de Recursos Humanos, no momento de uma reunião estratégica com a alta liderança, valorizo profissionais que saibam trabalhar com a ambiguidade, desafiam constantemente o *status quo*, trabalham bem em equipe, negociam e solucionam conflitos.

Essas competências têm sido exigidas principalmente para aqueles que representam um papel de líder, em que o desempenho e o relacionamento no trabalho permitem influenciar o comportamento dos demais integrantes da equipe na busca dos objetivos organizacionais.

Para exercitar nossa Inteligência Emocional, é imprescindível:

Nomear as nossas emoções

Ficarmos apreensivos e negarmos a situação só pioram as coisas. Divulgar nossos sentimentos nos auxilia a gerenciá-los, pois falar em voz alta diminui seu impacto sobre nós. Essa atitude também nos ajuda a nos conectar com outras pessoas que estão se sentindo da mesma maneira.

Focar no que podemos controlar

Nem tudo está sob nosso controle, mas existem atitudes que podemos tomar para aliviar riscos desnecessários. Para você modificar um comportamento, é muito importante mudar sua identidade, pois seus hábitos moldam seu perfil:

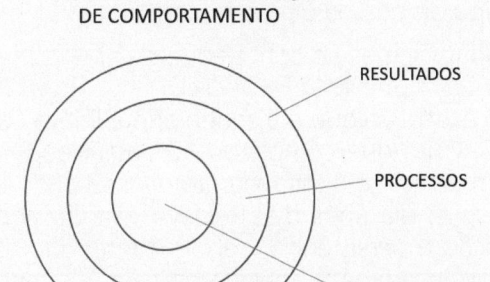

TRÊS CAMADAS DE MUDANÇA
DE COMPORTAMENTO

- RESULTADOS
- PROCESSOS
- IDENTIDADE

Os resultados referem-se ao que você obtém. Processos, àquilo que faz. Identidade, ao que acredita. Muitas pessoas iniciam o processo de mudança de hábitos concentrando-se no que querem alcançar. Isso nos leva aos costumes baseados em resultados. A alternativa é criar hábitos alicerçados na identidade. Com essa abordagem, começamos nos concentrando em quem desejamos nos tornar.

Soft skills: competências essenciais para os novos tempos

A forma definitiva de motivação intrínseca é quando um hábito se torna parte de sua identidade. Uma coisa é dizer que sou o tipo de pessoa que quer algo. O que é muito diferente de afirmar que sou o tipo de pessoa que é algo.

Quanto mais orgulho você tiver em um aspecto particular de sua identidade, mais motivado estará para manter os hábitos associados a ele.

A verdadeira modificação de comportamento é a mudança de identidade. Você pode começar um hábito por causa da motivação, mas a única razão que o fará cultivá-lo é ele se tornar parte de sua identidade. Qualquer um pode se convencer a ir à academia ou a adotar uma alimentação saudável uma ou duas vezes, mas se não transformar a crença por trás do comportamento, será difícil prosseguir as mudanças em longo prazo. As melhorias são apenas temporárias até se tornarem parte de quem você é.

- O objetivo não é ler um livro, sim se tornar leitor.
- O objetivo não é correr uma maratona, sim se tornar corredor.

Tornar-se a melhor versão de si mesmo exige que você reveja continuamente suas crenças e expanda sua identidade.

Cada hábito não só obtém efeitos, mas também lhe ensina algo muito mais relevante: confiar em si mesmo.

É um processo simples de duas etapas:

- Decida o tipo de pessoa que quer ser;
- Prove isso para si mesmo com pequenas vitórias.

Conheci um executivo que era sedentário e lidava com pressão diária no trabalho. Assim que completou 40 anos de idade, colocou um objetivo para si mesmo: faria uma maratona em 3 anos. Esse profissional se dedicou muito e, dia após dia, treinava visando ao foco proposto. Com determinação e persistência, depois do período estabelecido por ele, a meta foi alcançada. Até hoje ele participa de maratonas e isso o ajuda a equilibrar o estresse do trabalho no cotidiano. A mudança foi de identidade; por isso, se manteve e virou uma rotina.

Pense no seu equilíbrio de vida e o que está fazendo para mudar seus hábitos por meio da identidade.

Referências

CLEAR, James. *Hábitos atômicos*. Editora Alta Books, 2019.

GOLEMAN, Daniel. *Inteligência emocional: a teoria revolucionária que redefine o que é ser inteligente*. Tradutor: Marcos Santarrita. Editora Objetiva, 1996.

Soft skills: competências essenciais para os novos tempos

Capítulo 17

Inteligência relacional

A inteligência relacional é uma *soft skill* importante para o futuro da humanidade. É a habilidade de mostrar inteligência na construção e na manutenção de relacionamentos e vínculos saudáveis que levem à conquista de relações verdadeiras e mais humanas. Ao fazer a leitura deste capítulo, você entenderá como é possível desenvolvê-la através do aprendizado das suas experiências diárias.

Ana Artigas

Soft skills: competências essenciais para os novos tempos

Ana Artigas

Neuropsicóloga, escritora do *bestseller* Inteligência Relacional, especialista em relacionamentos e criadora do método CLASSE: As 6 Habilidades da Inteligência Relacional. Mestre em *Neuromarketing* pela FCU – Florida Christian University. MBA Executivo em Gestão Empresarial pela FGV. Realiza seminários e palestras presenciais e online. Mais de 30 anos de experiência em gestão e desenvolvimento de pessoas. Hoje é diretora do Instituto Ana Artigas. É uma das palestrantes mais influentes da atualidade e participa como colunista com inúmeros artigos publicados em conceituadas revistas, blogs e sites do país. Participa também de debates em canais de TV e rádio. O que ela mais gosta é estar com pessoas de alma boa, aquelas que valem a pena ter por perto.

Contatos
www.anaartigas.com.br
ana@anaartigas.com.br
LinkedIn: www.linkedin.com/anaartigas
Instagram: @inteligênciarelacional_oficial
(41) 99983-6333

Ana Artigas

Somos seres relacionais desde sempre e os relacionamentos constituem o núcleo essencial da nossa vida.

Para que você consiga perceber isso melhor, imagine como foi a sua formação enquanto pessoa. Procure lembrar da sua infância e entenda como seus pais e cuidadores depositaram tempo para ensiná-lo a se alimentar, andar, ler, escrever, enfim, o quanto ajudaram você e foram importantes para que chegasse até aqui e estivesse hoje lendo este livro.

Quando entendemos a relevância das relações para nós, conseguimos perceber como podemos conquistar nossos sonhos e transpor os desafios que encontramos no caminho.

Vou abrir esse capítulo contando uma história, que traz reflexões interessantes e intensas, sobre o processo de desenvolvimento de uma cliente que tive o prazer de auxiliar.

Thalice era uma menina encantadora, divertida e corajosa. Cresceu em uma família com valores muito bem definidos, mas faltava algo que lhe poderia trazer mais felicidade. Ainda não tinha entendido como aproveitar a relação com os outros, suas experiências para aprender mais e se tornar uma pessoa melhor.

Aos 18 anos foi para a sua primeira entrevista de emprego. Vestiu uma roupa adequada, respirou fundo, olhou-se no espelho, se encheu de coragem e lá foi ela em direção ao novo desafio.

Soft skills: competências essenciais para os novos tempos

A entrevistadora lhe fez perguntas desafiadoras e as respostas não lhe vieram à tona, o que a levou a refletir. Concluiu que não estava dando a devida atenção ao seu próprio comportamento e aos aprendizados que a vida estava lhe proporcionando.

Percebeu que faltava compreensão a respeito de si mesma. Afinal, quais eram as suas habilidades? Sentiu dificuldade para responder o que fazia bem e o que precisava aprender. Percebeu que não tinha consciência das suas intenções e emoções. Isso a deixou muito preocupada. Passou a prestar mais atenção no seu jeito de ser e, assim, se deu conta de que precisava mudar.

Sabia que se expressava de forma clara, tinha facilidade para defender suas ideias, mas, na sua autenticidade, dizia o que pensava, sem filtro, e acabava por magoar os outros. Quase sempre fazia críticas em público, expondo as pessoas. Entendeu que precisava ser mais cuidadosa, porque poderia ser vista como indelicada e antipática caso não suavizasse as suas ações.

Thalice começou a notar que se fosse muito impositiva no seu modo de falar, as pessoas teriam mais dificuldade para compreendê-la e para simpatizar com ela.

Faltava-lhe também, interesse e curiosidade para aprender: nem sempre dedicava tempo para ouvir o que as pessoas mais experientes tinham para dizer.

Essa condição certamente lhe ajudaria a perceber melhor as dificuldades dos outros e a se importar mais com o que pensam e sentem. Thalice, por ser expansiva, gostava de se conectar, mas sem querer acabava afastando e se desentendendo com as pessoas. Estava ficando muito triste por causa disso.

Além dessas questões pessoais, ela também não conseguiu o emprego, porque a entrevistadora percebeu seu lado mais "esquentadinho" e achou que isso poderia trazer problemas relacionais para a empresa. Essa experiência, apesar de dolorosa, trouxe *insights* e um aprendizado extraordinário para Thalice. Fez com que ela percebesse que precisava mudar e que a forma como se comportava fazia com que as pessoas se afastassem dela, o que estava prejudicando tanto a sua vida pessoal quanto a profissional.

Thalice quer ser ajudada e precisa do nosso apoio. De que forma podemos ajudá-la a:

- Minimizar conflitos relacionais?
- Otimizar seus relacionamentos pessoais e profissionais?
- Conseguir uma melhor colocação no mercado de trabalho?
- Descobrir quais pessoas podem ajudá-la a chegar onde quer?
- Gerenciar bem sua relação com líderes e equipes de trabalho e, quem sabe, mais tarde pensar em ter o seu próprio negócio?

Ana Artigas

Pensando em Thalice, nos meus clientes, nos desafios das lideranças e nas situações que os times de trabalho enfrentam invariavelmente, fui entendendo como as pessoas e as empresas têm dificuldade de gerenciar relacionamentos.

Quanto tempo e dinheiro são desperdiçados porque as empresas não oferecem ações de desenvolvimento para as pessoas? Quantas ações produtivas são perdidas porque as pessoas não se sentem vinculadas a um time, dificultando o engajamento? Quantos talentos se vão por falta de ajustes nas relações pessoais, com o líder ou com a equipe?

Apesar de sermos seres relacionais, ainda somos analfabetos na forma como nos relacionamos. As pessoas perdem emprego, negociações, oportunidades, amizades e amores porque não entendem o impacto que causam umas nas outras. E sabem menos ainda o que fazer para ajustar seu comportamento e gerenciar seus conflitos para ter uma vida mais leve e positiva.

Por isso me dedico há mais de 25 anos a estudar os relacionamentos, estimulando a complementariedade e levando maneiras de minimizar atritos, trazendo soluções através de relacionamentos saudáveis e mais equilibrados.

Dessa forma, apresento a importância da inteligência relacional para vocês. Afinal, como podemos trazer leveza e consciência às nossas relações? Ninguém consegue se conectar se não for capaz de criar vínculos e despertar entusiasmo no outro e a melhor forma de fazer isso é valorizando as pessoas naquilo que elas sabem fazer bem, despertando suas habilidades e inteligências naturais.

Para alcançarmos resultados eficazes, desembaraço a teoria e trago uma solução que pode ser colocada em prática com facilidade, através do desenvolvimento do método CLASSE.

Este método traz um passo a passo para que as pessoas e as empresas possam colocar em prática as seis habilidades da Inteligência Relacional, com mais consciência e foco nas diferenças individuais, que somadas potencializam e trazem melhores resultados em time.

INTELIGÊNCIA RELACIONAL
FUNIL C.L.A.S.S.E.

- CONSCIÊNCIA
- LIBERDADE
- ATRAÇÃO
- SEGURANÇA
- SABEDORIA
- EMPATIA

anaartigas

Soft skills: competências essenciais para os novos tempos

No livro *Inteligência relacional*, de minha autoria, você poderá encontrar muitas dicas de como colocar cada habilidade em prática, mas aqui sintetizo cada uma delas para podermos ajudar Thalice. Como ela poderia aprimorar seu comportamento colocando o MÉTODO CLASSE em prática?

1. Trazendo as suas ações à Consciência

Existem várias maneiras que podem levar Thalice a se tornar mais consciente de seus atos. Uma das principais é perceber melhor as suas atitudes quando está se relacionando com as pessoas. Perceber como se comporta, quais são as suas intenções, emoções e a forma como interage com o meio. Isso pode ser feito observando suas atitudes diárias. Por exemplo, se está falando alto em ambientes que exigem respeito como velórios, igrejas, bibliotecas, elevadores, museus, empresas, etc. Como se dirige às pessoas na forma como deseja bom dia, como agradece as pequenas atitudes. Se ela for capaz de manter atenção e trazer mais consciência ao seu comportamento, com certeza poderá se tornar uma pessoa mais inteligente na forma como se relaciona e perceber as suas atitudes e habilidades bem como as dos outros também.

2. Como respeitar a Liberdade das pessoas?

Sabemos que Thalice pode e deve se expressar mostrando atitude, mas é fundamental que mantenha respeito ao limite entre o que faz ou fala e como as pessoas recebem ou "sofrem" as suas ações. Afinal, a sua liberdade acaba quando começa a liberdade do outro e tem que vir coberta de consciência e cuidado. Se Thalice estiver atenta a esse fator, respeitando a individualidade, certamente as pessoas sentirão muito mais vontade de estar ao seu lado.

3. Como pode Atrair positivamente as pessoas?

Dependendo da forma como ela chama a atenção das pessoas, poderá ser vista como confiável, simpática, desconfiada, bem ou mal-intencionada. Aquela famosa frase, "a primeira impressão é a que fica", tem um caráter verdadeiro, porque o cérebro humano tende a julgar nos primeiros minutos: é um comportamento normal e inconsciente. Por isso é importante que Thalice tenha consciência de que imagem quer transmitir às pessoas. Assim, ao se comportar da forma como quer ser vista e treinar essa habilidade, com certeza conquistará com mais facilidade a cooperação e atrairá a atenção dos outros de forma positiva.

4. Como passar Segurança e se sentir confortável com as pessoas?

É importante que Thalice se comunique de forma clara, segura e consistente. Suas ideias podem ser defendidas com convicção e firmeza, mas isso precisa acontecer sem o uso da imposição ou agressão. Talvez ela nem perceba que está sendo indelicada, chateando outras pessoas ou colocando a perder a construção de uma boa imagem. Ser notada e aceita pelas pessoas é fator importante para qualquer ser humano e, por isso, é importante que ela busque o amor e a compreensão dos outros. Se ela se mantiver atenta a essas situações, certamente passará mais segurança para que todos entendam suas ideias e também será capaz de reforçar sua autoestima, se sentindo autoconfiante.

5. Como a Sabedoria pode ajudar os relacionamentos?

Sabedoria é a habilidade de articularmos conceitos, conhecimentos e as experiências que adquirimos no decorrer da vida. Está relacionada a arte de colocarmos para as pessoas tudo o que aprendemos para podermos conversar sobre assuntos que sejam interessantes para qualquer pessoa que interaja conosco. Na medida em que Thalice consiga usar o seu conhecimento a seu favor, utilizando melhor as palavras e o seu conhecimento para defender melhor suas ideias, poderá ter um diálogo melhor com as pessoas e ser melhor compreendida por elas. Se Thalice mostrar mais interesse também pelo o que as pessoas falam e tiver argumentos mais interessantes e inteligentes, vai se mostrar uma excelente captadora de relacionamentos que valem a pena, passando a aprender e ensinar mais através do contato com os outros.

6. Como a Empatia pode fortalecer as relações?

Empatia é a habilidade de sabermos ler a emoção das pessoas, de nos colocarmos no lugar do outro e, assim, podermos compreender as pessoas de forma mais autêntica. Lembre-se de que você tem um capítulo que fala mais sobre empatia neste livro. Mas é importante que os sentimentos não se misturem e Thalice tem que prestar atenção nessa questão. E tenho certeza de que Thalice pode aprimorar suas relações na medida que evite influenciar a percepção do outro para que façam o que ela deseja e não o que de verdade as pessoas querem. É importante que dedique mais tempo para compreender os outros, com mais respeito e compaixão.

As competências relacionais do método CLASSE: Consciência - Liberdade - Atração - Segurança - Sabedoria - Empatia fazem parte da nossa formação enquanto seres humanos. Temos todas elas em maior ou menor potencial e podemos aprendê-las ou aprimorá-las constantemente. Porque cada um de nós certamente tem mais habilidade em alguma característica e menos em outra e isso é perfeitamente natural. Leia no final do livro o capítulo sobre pontos fortes.

É possível praticar as habilidades da Inteligência Relacional no dia a dia, por meio das suas próprias vivências, sempre que uma oportunidade surgir. É válido colocar todas as habilidades em teste em um ambiente real quando estiver em contato com as pessoas, seja no trabalho, na vida pessoal ou em qualquer ambiente onde você se relaciona. Pode começar lidando de uma forma muito simples com os problemas relacionais: desde pedir desculpas quando magoa alguém até resolver um desentendimento mais complicado, ouvindo e respeitando a divergência das opiniões.

O método CLASSE deve sempre estar em sintonia com a sua consciência e, dessa forma, sem esforço tornará o seu comportamento um hábito natural para melhorar suas relações.

Vale ressaltar uma questão importante: tenha certeza de que você está defendendo seu ponto de vista e respeitando não só as pessoas, mas também a sua voz interior. De nada vale evitar conflito com o outro se você não estiver bem resolvido interiormente por dificuldade de expressar seus sentimentos e desejos. Coloque-se sempre em primeiro lugar.

Você deve estar se perguntando sobre a nossa heroína, Thalice. O que afinal aconteceu com ela? Ela vem aprimorando suas habilidades a cada dia, aplicando o Método e tudo isso que aprendeu sobre inteligência relacional. Percebeu que é através das pessoas e da gestão dos relacionamentos pessoais e profissionais que conseguirá alcançar seus sonhos e ser mais feliz.

Afinal, a solidão mata, relacionamentos ruins são tóxicos e levam ao envelhecimento de forma mais rápida. Não somos nós que adoecemos, são as nossas relações. É através das conexões sociais que nos tornamos pessoas melhores e mais saudáveis.

Boa jornada relacional para você.

Referências

ARTIGAS, Ana. *Inteligência relacional: as 6 habilidades para revolucionar seus relacionamentos na vida e nos negócios.* São Paulo: Literare Books Internacional, 2017.

COLE, Brent. *Como fazer amigos e influenciar pessoas na era digital.* Tradução de Fernando Tude de Souza. 52. ed. São Paulo: Cia editora Nacional, 2012.

DAMÁSIO, Antônio. *A estranha ordem das coisas.* Tradução: Luis Oliveira Santos 1. ed. Lisboa: Editora Círculo de Leitores, 2017.

DAWKINS, Richard. *O gene egoísta.* Tradução de Rejane Rubino. São Paulo: Companhia das Letras, 2007.

Soft skills: competências essenciais para os novos tempos

Capítulo 18

Inteligência espiritual

Com um futuro incerto em praticamente todos os campos, a necessidade de novas habilidades de liderança é mais importante do que nunca. A gestão de pessoas será ainda mais importante, pois os líderes precisam ser melhores comunicadores e tradutores da realidade. A inteligência espiritual ajuda a sincronizar o comportamento racional e emocional, garantindo a consistência de nossas *soft skills*.

Ken O'Donnell

Ken O'Donnell

Australiano de nascimento, com sede no Brasil nos últimos 40 anos. Autor de 19 livros sobre desenvolvimento organizacional ou pessoal. Coordenador de Brahma Kumaris na América Latina. Consultor internacional em estratégia e liderança em diversas empresas e governos multinacionais.

Contatos
ken@br.brahmakumaris.org
Facebook e YouTube: Canal Viver e Meditar
(11) 96842-2279

Ken O'Donnell

        Advertências duras sobre o estado do meio ambiente. A agitação do sistema financeiro global. A ameaça de novos vírus e o seu impacto na nossa maneira de viver. Dívidas internas galopantes em muitos países. A volatilidade política. Contudo, esta pode ser a melhor época para estarmos vivos se aprendermos a pensar e a responder adequadamente aos desafios que nos rodeiam.
    Mesmo assim, ainda há muitas pessoas esperando que tudo volte ao "normal". Isso não irá acontecer.
    A atual situação mundial é uma grande oportunidade para mudar a nossa trajetória como indivíduos, organizações e até mesmo como uma civilização. Pelo menos devemos sair da complacência que nos leva a enfrentar novos desafios com as mesmas fórmulas desgastadas pelo tempo. Como Einstein disse uma vez: "Não podemos resolver nossos problemas com o mesmo nível de pensamento que os criou". Precisamos de mudanças na forma como pensamos e fazemos as coisas.
    Nenhuma transformação fundamental acontece porque é divertida. É porque o conjunto de circunstâncias a força a acontecer. Nunca ninguém vem à equipe ou à reunião executiva mensal e anuncia:

Soft skills: competências essenciais para os novos tempos

"Senhoras e senhores, tudo vai maravilhosamente bem. Os lucros subiram, a quota de mercado aumentou, a nossa reputação nunca foi melhor. Todos os produtos têm um desempenho fantástico. Temos os funcionários mais felizes e a melhor base de clientes do mundo. Temos a nossa concorrência onde nós a queremos. Temos a tecnologia de que precisamos para os próximos 12 anos. Agora, vamos mudar!"

Pode até ser uma boa ideia fazer isso, mas ninguém faz. Transformações fundamentais só acontecem quando não temos outra escolha. O atual clima de crise após crise tem gerado muitas dúvidas. A dúvida sempre foi a semente de esclarecimento.

Enquanto muitos se desesperam, alguns aproveitam a oportunidade para agir e pensar de forma diferente. Eles se concentram com energia positiva nas poucas coisas que poderiam criar a maior diferença. Usam o tempo para redefinir os seus imperativos estratégicos. Para impulsionar a inovação e entrar em novos mercados. Para reduzir o desperdício e desenvolver novos serviços. Para fortalecer as relações com seus funcionários, clientes e outras partes interessadas. Tudo isso vem de uma base interna de auto mudança.

De acordo com a *Harvard Business Review* [1], estamos em tempos de incerteza permanente. Ninguém sabe como a mistura poderosa e volátil de condições mundiais mencionadas acima irá evoluir. Ninguém!

A liderança, no que promete ser uma crise sustentada, será para os perceptivos, corajosos e rápidos.

Precisamos de habilidades diferentes daquelas que foram em grande parte responsáveis pela geração da atmosfera complexa, imprevisível, comprometida e ambígua em que tentamos fazer negócios e administrar nossas organizações. Não podemos lidar com o Caos tendo uma mentalidade de comando e controle, principalmente porque ele se auto organiza, como tudo no Universo.

É mais do que claro que precisamos de um equilíbrio entre *hard* e *soft skills*. Isso pode nos ajudar a navegar pelo furacão das circunstâncias. Um exemplo é o Google, uma das empresas mais inovadoras e bem-sucedidas do mundo.

Em 2008 realizaram uma pesquisa interna chamada Project Oxygen, para descobrir o que fez com que os gestores se tornassem como são. Eles identificaram oito comportamentos nos seus melhores gestores e os incorporaram em programas internos de formação. Desde então, eles adicionaram dois novos comportamentos (9 e 10) e corrigiram outros dois (3 e 6).

Dividi essas competências mais *soft* e mais *hard*, atribuindo-lhes o número que tem por ordem de prioridade. Notamos que os três

---

[1] Grashow A., Heifetz R., Linsky M., *Leadership in a (Permanent) Crisis*, Harvard Busines-Review, July-August 2009.

primeiros são todos *soft skills*, também, que ambas as colunas interagem continuamente na dinâmica da organização.

No Google, um gestor:

Skills mais *soft*	Skills mais *hard*
1. É um bom *coach*.	4. É produtivo e orientado para resultados.
2. Capacita a equipe e evita a micro-administração.	7. Tem uma visão/estratégia clara para a equipe.
3. Cria um ambiente de equipe inclusivo, mostrando preocupação com o sucesso e o bem-estar.	8. Tem competências técnicas fundamentais para ajudar a aconselhar a equipe.
5. É um bom comunicador - ouve e compartilha informação.	10. É um forte tomador de decisões.
6. Apoia o desenvolvimento de carreira e discute o desempenho.	
9. Colabora em toda a Google.	

Em 2015, a empresa de liderança e treinamento Virtuali[2], juntamente com um site chamado workplacetrends.com, realizou uma pesquisa nacional nos Estados Unidos com 412 milênios. Descobriram que 91% deles aspiravam a ser líderes (52% mulheres). Quando perguntados sobre qual seria seu maior motivador como líder, 43% deles disseram "empoderar os outros". Apenas 5% disseram dinheiro e 1% disseram poder. Estes já estão nas organizações como líderes e prováveis futuros líderes.

Ser capaz de empoderar os outros é a essência do que são as *soft skills*. Mas, antes, precisamos ser capazes de capacitar e gerenciar a nós mesmos.

É muito fácil fazer listas das *soft skills*. Mas, cada uma requer um trabalho interno considerável. Como podemos penetrar na casca dura dos nossos egos para trazer o melhor de nós e geri-las adequadamente?

Em 1992, quando eu introduzi a ideia de espiritualidade no local de trabalho com um livro chamado *A Alma no Negócio*[3], muitos riram da ideia. Então eu lancei o conceito de inteligência espiritual[4] no contexto corporativo em 1997. Desde então, eu tenho visto repetidamente o quanto ela forma a base da verdadeira mudança pessoal e grupal. O quanto precisamos trabalhar sobre nós mesmos para ter o comportamento adequado de acordo com as circunstâncias.

---

2 https://workplacetrends.com/the-millennial-leadership-survey/
3 https://www.editorabk.org.br/pd-41b632-a-alma-no-negocio-ken-o-donnell.html
4 https://en.wikipedia.org/wiki/Spiritual_intelligence

Soft skills: competências essenciais para os novos tempos

Em março de 2005, o presidente da Unilever (Ásia), Louis Willem (Tex) Gunning, tocado pelos efeitos do devastador *tsunami* no final de 2004, entrou em ação. Ele convidou 200 presidentes, diretores e outros executivos do grupo para ir para Sri Lanka. Comunidades inteiras tinham desaparecido, 100.000 pessoas desabrigadas e cerca de 35.000 mortas. Além do evidente motivo humanitário, foi um treinamento de "imersão" fora do comum. Ele me convidou para acompanhar o grupo.

Durante três dias, em diferentes localidades da costa leste de Sri Lanka, ajudamos na reconstrução de centros comunitários e escolas. Eles logo perceberam que as vítimas precisavam muito mais do que uma reconstrução física. Precisavam acima de tudo de amor e compreensão.

Essa situação forçou o típico grupo de executivos a se comunicar com eles em um nível muito mais humano e emocional. A transformação neles foi visível.

Em seguida, viajamos até um acampamento montado na selva – sem eletricidade, sem cobertura celular e dormindo em barracas. Incomunicáveis, mal acomodados e cansados, ajudamos os executivos a lidar com as emoções que haviam sentido ao interagir com as vítimas do *tsunami*. Na manhã seguinte, houve uma longa sessão de meditação em uma clareira da selva que abriu a segunda fase do "treinamento".

O tema foi "Quem sou eu?" – a mais básica de todas as perguntas. Após vários exercícios, a maioria teve uma percepção muito mais profunda da sua identidade interior. Também, sobre como iriam fazer as coisas a partir de então.

A resposta a esta pergunta é central para podermos administrar a nós mesmos. Ela está no coração da inteligência espiritual e de *soft skills*.

Eu estive com 90 destes mesmos executivos dois anos depois, em uma reunião estratégica, no Vietnã. A maioria vivia e trabalhava de uma maneira muito diferente que antes do *tsunami*. A experiência profunda que tinham passado no Sri Lanka fez a pergunta "Quem sou eu?" penetrar neles. Todos contaram que as vendas e a produtividade tinham crescido enormemente.

Como disse Tex mais tarde:

> Construir uma relação significativa com o ser, nos apoia em definir-nos de dentro para fora, em vez de fora para dentro. A qualidade da relação que construímos com o nosso eu é igual à qualidade da relação que construímos com aqueles que lideramos.

Em essência, como líderes, precisamos de *soft skills* para:

• Obter alinhamento e engajamento da nossa equipe. Para fazer isso, a estratégia (*hard*) e o caráter (*soft*) são necessários.

• Focar (*hard*) nas poucas coisas que fazem a maior diferença e para manter o rumo (*hard* e *soft*).

Eu comecei a trabalhar em consultoria estratégica no início dos anos 90 com outro australiano, Brian Bacon. Entendemos a organização/empresa como um *iceberg*. A parte visível – estratégia/planos/visão – é a parte *hard*. O que acontece por baixo da superfície é o que realmente impulsiona o negócio. É a cultura organizacional em que encontramos as *soft skills*. Esse *iceberg* tornou-se o modelo tanto para a gestão do ser como da organização.

Os ventos não empurram *icebergs*. As correntes os movem. Os planos mais bem feitos fracassam se as correntes de atitudes, tradições, preconceitos, sentimentos, medos e valores não os suportam.

Devemos abordar a execução estratégica de ambos os lados. Fazemos um plano bem focado com propósito, valores, visão e objetivos claros com KPIs precisos. Mas também trabalhamos as *soft skills* para remover ou diminuir as barreiras do ego e para assegurar o engajamento.

Os resultados são a parte difícil de um plano. Se fizermos um projeto de mudança organizacional e não conseguirmos mostrar resultados, ou o plano estava errado, as *soft skills* não foram suficientes ou ambos. Usamos estes conceitos em um curso chamado *Leading High-performing Teams* para 1200 executivos mais altos da segunda maior empresa de telecomunicações do mundo. Mostramos que os resultados vêm, sim, de um bom plano. Mas também surgem de *soft skills* e suas ferramentas de resposta às seguintes perguntas:

1. **Significados compartilhados:** seus colaboradores têm um sentido de propósito? Acreditam em si mesmos e no negócio que pretende fazer?

2. **Pertencimento:** seus colaboradores têm uma experiência de pertencimento à equipe? Se sentem incluídos?

3. **Segurança:** seus colaboradores sentem-se suficientemente seguros para assumir riscos?

4. **Confiança:** seus colaboradores confiam em você, na equipe e nos planos?

5. **Energia:** seus colaboradores sentem paixão e entusiasmo pelo que fazem?

6. **Resultados:** os resultados saem naturalmente dos primeiros cinco. Se você consegue se desenvolver bem nos primeiros cinco, dominará as correntes e alinhará as pessoas com a estratégia.

Os líderes precisam ter inteligência emocional e espiritual para compreender os sinais da parte inferior do *iceberg*. Esta abordagem tornou-

Soft skills: competências essenciais para os novos tempos

-se a base da fundação do *Oxford Leadership Consulting Group*[5], que estabelecemos em vários países.

Os líderes precisam ser capazes de integrar a inteligência espiritual (QEsp) tanto com a inteligência racional (QI) como com a inteligência emocional (QE). Se o QI nos ajuda a interagir com números, fórmulas e coisas, o QE nos ajuda a interagir com as pessoas. O QEsp nos ajuda a manter o equilíbrio interior necessário para equilibrar os outros dois.

Algumas perguntas que indicam o grau de inteligência espiritual:

- Quanto tempo, dinheiro, energia e pensamentos precisamos para obter um resultado desejado com alguém?
- Quanto respeito bilateral existe em nossos relacionamentos?
- Quão "limpo" é o jogo que jogamos com os outros?
- Quanta dignidade mantemos ao respeitar a dignidade dos outros?
- Quanta tranquilidade mantemos apesar da carga de trabalho?
- Quão sensatas são as nossas decisões?
- Até que ponto nos mantemos estáveis em situações perturbadoras?
- Quão facilmente vemos virtudes nos outros em vez de defeitos?

A capacidade de responder a estas perguntas mostrará exatamente quanto conseguimos nos auto gerenciarmos. Com isso, poderemos administrar os outros.

Referências

BACON, Brian. O'DONNELL, Ken. *No Olho do Furacão - Sobrevivência para organizações e indivíduos em tempos de crise.* Editora Casa da Qualidade, 1999.

O'DONNELL, Ken. *O Espírito do Líder Volume 1 - Lições para tempos de turbulência.* Editora Integrare, 2009.

O'DONNELL, Ken. *O Espírito do Líder Volume 2 - Lidando com a incerteza permanente.* Editora Integrare, 2010.

---

5 www.oxfordleadership.com/

Soft skills: competências essenciais para os novos tempos

Capítulo 19

Inteligência lúdica

Neste capítulo, você vai conhecer o conceito de Inteligência Lúdica a fim de integrar a ludicidade em sua vida. O trauma paralisa. O brincar flui. Brincando para fluir, vivemos um novo modelo mental de relação com a vida, enxergando possibilidades onde elas parecem não existir. Onde há possibilidade, há jogo e, onde há jogo, ele pode ser infinito. Porque brincar é humano!

Wellington Nogueira

Soft skills: competências essenciais para os novos tempos

Wellington Nogueira

Ator, palhaço e empreendedor social. Fundador da organização Doutores da Alegria. *Fellow4Good* do Institute For The Future. Palestrante. Formado pela American Musical and Dramatic Academy, NY. *Fellow Ashoka* – Social Changemaker. Docente da Pós-graduação em Educação Lúdica ISE - Vera Cruz (2004-2011) e da Pós-graduação em Suicidologia e Saúde Mental da USCS (2020). Professor School of Life.

Contatos
www.wellingtonnogueira.com.br
well@wellingtonnogueira.com.br
Instagram: @inteligencia_ludica

Wellington Nogueira

PLAY! – Desenvolvendo a inteligência lúdica!

Minha missão é envolver você em uma divertida e, quem sabe, surpreendente jornada de redescoberta do brincar... na vida adulta! Inspirar você a continuar nessa trilha repleta de boas surpresas para integrar tudo de melhor que a ludicidade pode oferecer à sua vida pessoal, profissional e até mesmo espiritual.

Sabia que várias tribos indígenas no Brasil e no mundo brincam, com frequência, na fase adulta, para cultivar relações mais saudáveis entre as famílias e comunidades? E em Pernambuco, as pessoas não pulam, mas brincam o carnaval?

Afinal, quem brinca fortalece os laços de confiança e respeito, bases para o brincar saudável.

Um adulto brincar pode parecer estapafúrdio, porque todos nós, em algum momento, ouvimos a convocação "acabou a brincadeira! Agora é sério!". Mas, o convite aqui é revisitarmos o modelo mental que determina que brincar é só para crianças!

Embora ainda seja pequeno o número de pesquisas a respeito do brincar na fase adulta, o interesse pelo tema vem aumentando e chaman-

Soft skills: competências essenciais para os novos tempos

do a atenção de cientistas, gestores e profissionais de saúde por enxergarem na atividade lúdica antídotos para os desafios contemporâneos.

Brincar também desenvolve criatividade, curiosidade, resiliência, empatia, coragem, paixão, emoção, autoconhecimento, flexibilidade, capacidade de adaptação, saúde física e mental, alegria e bem-estar! Agora, ao estrear no *playground* de *soft skills*, é possível afirmar que não tem contraindicação na vida ou no trabalho.

Mas, como acessar e desenvolver essa inteligência? Vamos começar com uma pergunta: Qual era sua brincadeira favorita aos 6 anos?

Respire fundo e conscientemente, deixe vir as imagens, e se essa memória trouxe uma sensação ou uma lembrança boa, a brincadeira já começou! Se não, sem problema, cada criança tem seu tempo! O conceito de criança que proponho vai de 0 a 120 anos. Portanto, ninguém está de fora!

O dramaturgo irlandês Bernard Shaw (1856-1950) dizia que não paramos de brincar porque envelhecemos, mas envelhecemos porque paramos de brincar!

> "A criança joga e brinca dentro da mais perfeita seriedade, que, a justo título, podemos considerar sagrada." (Johan Huizinga)

Esclarecimentos!

Sobre o uso do verbete play

É um verbo normalmente traduzido como brincar, jogar, tocar um instrumento musical ou representar um papel em uma peça de teatro.

Segundo o dicionário Michaelis (*on-line*), *play* tem "10 traduções como substantivo; 11 como verbo; e 66 versões quando usado em expressões idiomáticas".

São apenas 4 letras, mas carregam um oceano de possibilidades! Isso dá jogo!

Brincar e Jogar não são a mesma coisa? Sim e não!

Jogar é uma ação mais estruturada, com limites de tempo preestabelecidos, objetivos, regras, contagem de pontos e divisão em duplas, times ou grupos que alimentam expectativas de resultado, sendo a vitória o objetivo que somente um alcançará!

Os participantes vão competir e a atividade, que se inicia lúdica, pode ganhar outros contornos, cores e intensidades.

Brincar é um movimento livre, como o jazz. Ocorre individualmente, em dupla, grupo e conta com muita flexibilidade. As regras, quando existem, são menos rígidas e ganhar ou perder pode ser só mais um aspecto da brincadeira. Mais que um resultado, o importante é viver a experiência, se envolver e se divertir!

Play *como jogo teatral: improvisação*

Os jogos de improvisação teatral são uma ótima maneira de acessar e desenvolver a inteligência lúdica, porque têm um bom equilíbrio entre o brincar que desenvolve a imaginação e criar situações inesperadas que pedem soluções rápidas. Neles, os participantes aprendem navegar ou afundar e se divertem com isso!

Zygmunt Bauman (1925-2017), filósofo e sociólogo polonês, nos apresenta o Mundo Líquido em que vivemos a Modernidade Líquida. O corpo humano é 70% líquido e flui porque nele as moléculas brincam. Em tempos líquidos, brinque para fluir. Se o futuro é líquido e lúdico, "brinkapráfluí"!

Para ampliar olhares, traduções e significados, usaremos "brincar", "jogar", "improvisar" e "*play*". Em meio a tantas possibilidades, encontraremos a melhor maneira para nos ajudar a expressar, acessar e integrar o brincar como uma prática regular à vida adulta! Escolha a palavra! Não há contraindicação!

Inteligência lúdica: porque brincar é humano!

Segundo a Besteirologia[1], a alegria é o resultado de uma comunicação bem estabelecida, com base em entender a necessidade do outro e supri-la.

Levar o lúdico aos hospitais pela Arte do Palhaço revelou-se uma missão de vida e a materialização de um espaço de grandes descobertas. A primeira delas: meu conceito de criança vai de 0 a 120 anos, porque em três décadas como besteirologista, vi os adultos – pacientes e profissionais de saúde – também reagirem com muito entusiasmo aos tratamentos besteirológicos e confessarem, entre risos: "É tão bom para nós como para as crianças".

Poder sorrir em meio a dor me revelou o aspecto sagrado do ofício de brincar. Não é um privilégio, mas um direito.

A inteligência lúdica fomenta confiança, respeito, leveza, cooperação, empatia e se manifesta pela nossa capacidade de enxergar e preencher espaços com graça, revelando novas possibilidades. Portanto, tocou o sinal, agora é recreio e boa diversão.

Inteligência lúdica

Outro jeito de ver a vida e se relacionar com ela: o triunfo da alegria na adversidade pelo ato de brincar para enxergar saídas na vida real. Para realizar esse ato, também se usa a tecnologia do "Faz de Conta que..."

---

[1] Palavra que não sei se criei, mas escolhi ao brincar de "classificar uma categoria para definir o trabalho do palhaço nos hospitais".

Soft skills: competências essenciais para os novos tempos

Brincadeira #1:

Responda rápido: O que faz você rir? Principalmente, de si mesmo(a)? Onde está a graça?

Muito importante:

• Qualquer jogo ou brincadeira precisa do consentimento de todas as partes envolvidas; do "combinado", que deve sempre ser respeitado!

• Jamais rir do outro, mas com o outro.

• Não se levar tão a sério. Somos todos humanos e rir de nós mesmos é celebrar nossas imperfeições para levantar, sacudir a poeira e dar a volta por cima!

O ritual antes do jogo

Uma vez maquiados, vestidos e prontos para começar a visita ou o *show*, os dois *players*/jogadores/palhaços/artistas celebram um "microrritual" antes de começar a trabalhar. O objetivo é a conexão para a boa cumplicidade da dupla. Não existe um ritual específico. Cada artista tem o seu e, juntos, criam uma dinâmica comum e divertida. Alguns exemplos:

• Uma respiração profunda, atento à inspiração e expiração;
• Uma brincadeira de coordenação motora individual ou a dois.

Qual o seu ritual antes de "entrar em cena a cada dia da sua vida, ou participar de uma entrevista ou reunião importante?"
Se você não tem, crie um, para "ligar seus botões e sair para o jogo" pronto para descrever uma trajetória divertida, porque todo mundo merece!

O "modo play"

É a capacidade de ver, criar, compartilhar graça, jogo e brincadeira nas relações com a vida: tudo o que no modo "rotina" não percebemos ou acessamos por estar com a mente em qualquer outro lugar, menos no momento presente.

Cada dia de trabalho no hospital em Nova York começava às 10 horas, com uma pausa para almoço e, na sequência, das 13 às 15 horas. Tirávamos a maquiagem e íamos para casa, mas, mesmo sem maquiagem e figurino de palhaço, nossas mentes estavam em "modo *play*", ainda se relacionando com a vida pelo modelo mental de jogo e interação, estado natural do palhaço, que ele aprende com a criança!

15 horas: eu simplesmente não voltava para casa! Eu me abria para jornadas que me levavam de volta ao lar! Existe uma grande diferença! Só conhecia um caminho de ida, mas desvendei centenas de trajetos de volta! Trabalhava no Memorial Sloan Kettering Cancer Center, hospital de referência no tratamento de câncer, com uma boa parcela de pacientes brasileiros. Esses são os locais mais intensos para se trabalhar. A caminhada era uma bela forma de trocar a energia e me divertir, saboreando as diferenças marcantes de estações.

Saborear[2] é uma das características do famoso estudo sobre Felicidade, desenvolvido por Mihaly Csikszentmihalyi e Martin Seligman, psicólogos que "desvendaram" o estado de *flow*. Saborear nos traz para o momento presente e habitar o agora é fundamental para ser um bom jogador/player: no esporte, no teatro, na vida!

Brincadeira #2:

Para se surpreender, escolha uma prática e faça de maneira diferente. Saboreie a mudança, observando detalhes.

> "Os hábitos lúdicos mais importantes na vida adulta são: imaginação, sociabilidade, humor, espontaneidade e a capacidade de se surpreender e se encantar."
> (Dr. Anthony T. de Benedet, na revista Psichology Today)

Brincadeira #3:

Qual a primeira rotina que você vai quebrar e como fará?

Comece em um sábado ou domingo, com tempo para saborear e, gradualmente, passe para a semana seguinte. Depois de um tempo, escreva a respeito da experiência no final do dia. Congratule-se pelo feito!

Brincar de bagunçar as rotinas, além de ser divertido, é uma ótima forma de desenvolver a criatividade. Segundo o professor de psicologia comportamental Frank Barrett, em seu livro *Sim à desordem!*, o cérebro adora pegar atalhos para refazer os caminhos conhecidos. Isso nos leva ao piloto automático e, por consequência, a uma desconexão com o presente. Crianças vivem o agora e essa é também a característica do palhaço e do ator: habitar completamente a única certeza que temos, aqui e agora, e desfrutar a graça desse presente.

Um bom exemplo: os índios norte-americanos Cheyennes tinham a sociedade contrária, na qual faziam tudo ao contrário: em vez de se

---

[2] De acordo com Fred Bryant e Joseph Veroff (2007), saborear envolve perceber e apreciar os aspectos positivos da vida. É mais do que prazer, pois envolve *mindfulness*/atenção plena e atenção consciente à experiência de prazer.

sentarem, equilibravam-se sobre suas cabeças e conversavam; depois, saíam andando com as mãos! Cavalgavam, com maestria, pelo lado da cauda dos animais, e cumprimentavam as pessoas com "Adeus"! Tudo feito para cuidar do bem-estar e da saúde da tribo. Por isso, eram considerados palhaços sagrados.

Bônus: Brincadeira Cheyenne: Estabeleça o Momento dos Contrários com a família e os amigos. Gargalhadas garantidas!

Por que desenvolver a Inteligência Lúdica?

Trabalhar como palhaço no hospital me ensinou a ver que alegria era possível, apesar da dor e da doença. Na verdade, a presença e ação lúdica do palhaço revelou-se poderoso antídoto para todo esse sofrimento. Não o mandava embora, mas, em muitos casos, enfraquecia sua força. Ao mesmo tempo, o hospital se tornou cada vez mais uma metáfora para as aflições do mundo contemporâneo, que muda cada vez mais rápido, sem aviso prévio. Isso me confundiu a ponto de pensar: onde começa e termina o hospital? Tantas doenças são cultivadas em nossas relações com a vida. Mas, na dúvida, tenha sempre um besteirologista por perto! Essa é a equação que me move: se o hospital é metáfora para a atualidade, quem representa o palhaço nesse contexto?

A Inteligência Lúdica simbolizada pelo corajoso ato de brincar é acessível a todos: *play*! Corroborado por pesquisas e estudos científicos, como o da primatologista chilena Isabel Behncke Izquierdo que estuda nossos primos mais próximos na escala da evolução, os macacos bonobos, *play* é a chave para aprendermos a nos adaptar em um mundo em constante evolução.

Engrossando o delicioso caldo sobre a importância do brincar, temos o Dr. Stuart Brown, fundador do Play Institute de Nova York, assegurando que o oposto de *play* é a depressão. E, na Inglaterra, temos a NESTA, (*National Endowment for the Sciences*, *Technologies and the Arts*), uma agência pública que realiza o Play Fest. Seu curador, Pat Kane, afirma: "*Play* será para o Século XXI o que *Work* foi para a Era Industrial: nossa maneira dominante de aprender, fazer e criar valor!".

Em suma, o futuro é lúdico. Mas do que podermos brincar ou jogar? O professor James P. Carse nos ensina sobre os Jogos Finitos e Infinitos. O Finito tem regras, número de jogadores, tempo e, ao final do jogo, se ganha, perde ou empata. Ele forma Jogadores Finitos. O Jogo Infinito, não se joga para ganhar; joga-se para que o jogo continue acontecendo, portanto, quanto mais jogadores entrarem, mais o jogo vai se transformar para acolhê-los e as regras serão mudadas para que o jogo não pare. Esse é o jogo que forma Jogadores Infinitos. Qual deles você escolhe? Qual jogador quer ser? Mais do que trazer respostas, o convite é continuar brincando com as perguntas e seguir o jogo.

E aí vai a pista mais importante no desenvolvimento de sua inteligência lúdica: Viver sua humanidade a partir do acolhimento de suas imperfeições e erros. E, se absolver, genuinamente, rir com e de você mesmo e com os outros.

Brincar é humano!

Referência

HUIZINGA, Johan. *Homo Ludens - o jogo como elemento da cultura*. São Paulo: Coleção de Estudos Dirigida por J. Guinsburg. Tradução: João Paulo Monteiro; Editora Perspectiva, 2000.

Soft skills: competências essenciais para os novos tempos

Capítulo 20

Empatia

Neste capítulo abordarei a empatia, uma das competências essenciais para os novos tempos. Meu objetivo é apresentar um olhar mais prático sobre o tema, com base não só na minha experiência pessoal em mais de 20 anos de carreira, mas também nos processos e descobertas engrandecedoras dos meus clientes de *Coaching* que se empenharam em desenvolvê-lo. Espero, assim, facilitar a sua jornada empática.

Julianna Costa Lima

Soft skills: competências essenciais para os novos tempos

Julianna Costa Lima

Coach executiva e de carreira, credenciada como Associate Certified Coach (ACC) pela International Coach Federation (ICF) e certificada pelo Integrated Coaching Institute (ICI), além de pós-graduada em Business Administration pela Harvard Extension School. Sua metodologia de trabalho tem como premissa impactar positivamente o outro para que atinja seus objetivos e metas. Esse propósito começou com uma carreira executiva em Recursos Humanos e, em 2012, passou a ser exercido por meio do *Coaching*. Desde então, trabalha com profissionais liberais e pessoas físicas que buscam direcionamento ou suporte para enfrentar desafios corporativos, pessoais e de carreira. Atua, também, com empresas que queiram desenvolver habilidades e comportamentos que impactem positivamente o desempenho de seus executivos e colaboradores. O objetivo é provocar mudanças e transformações nas pessoas, seja no ambiente profissional, no comportamento, na atitude ou na forma de encarar os problemas.

Contatos
www.juliannalimacoach.com.br
juliannalimacoach@gmail.com
(11) 96339-5050

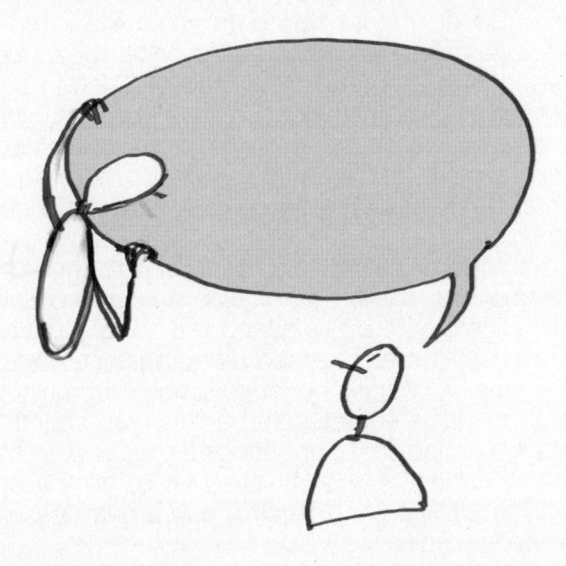

"Empatia é a capacidade de ver o outro não só com os olhos, mas também com o coração. É o sentimento que torna o mundo um lugar melhor para se viver." - **Julianna Costa Lima**

Escrever um capítulo sobre empatia foi um enorme presente. Essa competência se relaciona diretamente com minha própria história, pois foi uma importante aliada para que eu chegasse onde estou e me tornasse quem sou. Acredito fortemente que estamos todos aqui para nos ajudar e contribuir para um bem maior e a empatia é, sem dúvida alguma, fundamental para que isso aconteça.

A preocupação com o outro, a vontade de ajudar e o interesse pelas pessoas, pelas suas histórias, pelo que pensam e sentem sempre foi algo natural para mim. Esse sentimento de querer me conectar com o outro e entendê-lo esteve constantemente presente em minha vida, tanto no aspecto pessoal quanto profissional. Tenho essa curiosidade nata pelas pessoas e uma facilidade natural em conversar com elas, fazer perguntas e ouvi-las contar suas histórias.

E por que falo tanto das pessoas e das suas histórias? Porque a empatia tem a ver não só com autoconhecimento, mas também com o conhecimento do outro. Desenvolver sua empatia emocional depende, primeiramente, de entender seus próprios sentimentos.

Essa é, definitivamente, uma das competências mais relevantes do século XXI. Para mim, a melhor definição de empatia é a capacidade de se interessar verdadeiramente pelo outro, conhecê-lo, compreendê-lo, enxergar o mundo pelos seus olhos e colocar-se no seu lugar.

Quem desenvolve a empatia tem mais facilidade para estabelecer vínculos, comunicar-se com o outro e criar relacionamentos fortes e duradouros, seja na vida pessoal ou na profissional. Essa capacidade relacional é um alicerce fundamental para o sucesso, não só em termos de carreira, mas também de realização pessoal, independentemente da trajetória escolhida.

A neurociência tem um processo denominado "neurônios-espelho", que é responsável por facilitar a imitação do outro desde que somos pequenos. Um exemplo simples é quando vemos alguém bocejar e imediatamente fazemos o mesmo – são os nossos neurônios-espelho em ação. Com base nesse conceito, é muito simples estimular crianças desde pequenas a treinar a empatia com ações como contribuir em casa com as atividades do lar, doar brinquedos e roupas para os mais necessitados, ajudar os irmãos e os avós, etc. Mas como é possível treinar a empatia em adultos? Buscando sentir o que a outra pessoa sente, seja em situações boas ou difíceis.

Um estudo feito pelo Programa de Empatia e Ciências do Relacionamento do Hospital Geral de Boston, Massachussets/EUA, liderado pela diretora Helen Riess, afirma que é possível desenvolver a empatia. Temos, por exemplo, a oportunidade diária de treiná-la como pais, cônjuges, filhos, colegas de trabalho, ou seja, em todos os nossos papéis.

Fazemos a leitura correta das emoções do outro pelas nossas amígdalas cerebrais. Elas são conhecidas também como "sentinelas das emoções", pois são responsáveis pelas reações emocionais que temos e pela aprendizagem de conteúdos emocionalmente importantes. Elas são ativadas toda vez que vivenciamos estímulos relevantes. Após os históricos ataques do onze de setembro, o escritor Ian MacEwan disse: "imaginar o que é ser outra pessoa, que não você, está no centro da nossa humanidade. É a essência da compaixão e o início da moral".

Praticamente todos nós temos algum grau de empatia, mesmo que não a pratiquemos. Somente uma pequena parte da população – de, aproximadamente, 2% – não a possui, como psicopatas ou algumas pessoas que se encontram no espectro autista, como os diagnosticados como portadores da Síndrome de Asperger, que apresentam dificuldades para compreender as emoções e as experiências alheias.

A tríade da empatia segundo Daniel Goleman

Quando falamos de empatia, geralmente nos referimos a uma única habilidade. Mas existem três vertentes, todas igualmente importantes:

1. **Empatia cognitiva:** a capacidade de entender o ponto de vista do outro.
2. **Empatia emocional:** a habilidade de sentir o que o outro sente. Sabe aquela dor no coração quando você fica sabendo que uma pessoa querida está com uma doença muito grave? É esse sentimento.
3. **Preocupação empática:** a capacidade de sentir o que o outro precisa que você faça por ele, mesmo sem ele lhe contar. A preocupação empática diz respeito à antecipação. Ela vai além da empatia cognitiva e da emocional. Diz respeito à capacidade de antever o que o outro precisa. É aquilo que você quer que seu marido, esposa ou médico tenha: que antecipem o que você precisa, sem que você tenha que dizer. A origem da preocupação empática exige que administremos nossa angústia sem sofrer em excesso com a dor de alguém.

Como a comunicação clara se relaciona com a empatia?

Há alguns anos, atendi uma executiva de *marketing* de uma multinacional de grande porte, chamada Isabella, que era vista como arrogante pelos seus pares e pelos seus subordinados. A empresa em que ela trabalhava me contratou para um processo de *coaching* executivo, com o objetivo de desenvolver a sua empatia e melhorar o seu relacionamento no trabalho. Uma das primeiras ações que Isabella decidiu implementar foi checar com seus pares e seus colaboradores diretos se o que ela havia explicado e solicitado fazia sentido e qual era o entendimento que eles tinham do que havia sido pedido. Esse fato, por mais simples que pareça, provoca no outro uma conexão mais próxima uma vez que ele percebe que existe uma preocupação genuína e uma consideração pela sua opinião.

Uma das habilidades essenciais relacionadas à empatia é a nossa capacidade de escutar. A grande maioria das pessoas quando pergunta: "como você está?", não está verdadeiramente querendo saber isso. É quase como um protocolo automático. Esse é um primeiro e um simples exercício para começar a treinar sua capacidade empática – da próxima vez, reflita sobre o quanto realmente está interessado na resposta a essa pergunta.

Uma curiosidade: a maioria das pessoas considera que tem um grau alto de empatia. Elas acreditam que ficar em silêncio enquanto o outro diz algo, manter contato olho no olho e ser capaz de repetir o que o outro disse são evidências que demonstram um alto grau de empatia. O que você acha disso?

Para que a escuta seja verdadeiramente empática, alguns comportamentos adicionais são essenciais. Em vez de somente ouvir o outro, é preciso interagir, fazer perguntas, estimulá-lo com novos *insights* e novos aprendizados.

Um cliente de *coaching* que tive, dono de uma empresa de peças industriais (vou chamá-lo de Bernardo), estava buscando formas de treinar a sua empatia. Ele me relatou, em uma das nossas sessões, que seu *personal trainer* tinha um nome bem incomum e que decidiu perguntar qual era a sua origem. Dias depois, o *personal* contou que, por conta da curiosidade de Bernardo, ele foi pesquisar a origem do seu nome e descobriu diversas histórias interessantes sobre sua infância. Disse, também, que a busca pela informação havia aberto um canal de comunicação com seu pai, que fazia tempos estava deixado de lado, e, por fim, havia lhe proporcionado uma imensa felicidade.

Que tal, em uma próxima conversa, você treinar uma escuta mais ativa e uma interação mais engajada? Seguem algumas sugestões para facilitar esse processo:

1. Prestar real atenção no que o outro está dizendo em vez de se preocupar com qual pergunta fará na sequência.

2. Criar um ambiente seguro, sem julgamento ou crítica, de forma que diferenças de pensamentos e eventuais questões possam ser discutidas de forma aberta e construtiva.

3. Promover uma conversa com cooperação, que é quando nenhuma das partes se preocupa em identificar erros ou problemas. O bom ouvinte pode discordar, questionando suposições e estimulando o pensamento do outro. Isso é construção e cooperação, diferente de julgamento, que estimula um comportamento defensivo e atrapalha o diálogo.

Como aprimorar sua empatia?

Quase todas as atividades profissionais exigem que o indivíduo demonstre empatia. Para algumas ocupações, como médicos, enfermeiros, fisioterapeutas, professores, *coaches*, psicólogos, cuidadores e vendedores, por exemplo, essa competência é ainda mais relevante: é uma condição essencial para o exercício da atividade profissional com qualidade.

A empatia é algo natural para algumas pessoas, para outras, exige aprimoramento constante. Treiná-la é extremamente importante para termos melhores relações em todas as esferas de nossas vidas. Mas como fazer isso?

Para ajudá-lo nesse processo, quero apresentar algumas sugestões baseadas em minhas próprias vivências e nas experiências relatadas pelos meus clientes de *coaching*:

1. **Observe alguém por uns minutos.** Tente identificar as emoções dessa pessoa, sem qualquer julgamento. Agora, reflita: quais são as preocupações que ela pode ter nesse momento? Por quais problemas pode estar passando? Agora, tente imaginar que esses desafios são seus. Coloque-se genuinamente no lugar dessa pessoa. Tente sentir o que ela está sentindo. Quais emoções afloram ao observar o outro (exemplos: frustração, inveja, medo, amor, raiva etc.)?

2. **Outra forma de treinar sua empatia é ter curiosidade sobre as pessoas e fazer perguntas.** Bernardo, aquele cliente de *coaching* que comentei acima, começou esse treino testando novas atitudes aparentemente corriqueiras e simples. Certo dia, em um percurso de táxi de sua casa até a empresa, decidiu iniciar uma conversa com o motorista. Perguntou como ele estava e o que gostava de fazer. Bernardo me relatou que a pergunta rendeu uma longa e agradável conversa e que, ao final, sentiu-se feliz por ter provocado uma reação positiva no motorista, pois ficou claro que o papo havia sido alegre para ambos. O simples fato de perguntar como o outro está, quais são seus interesses, suas preferências e seus gostos é um excelente treino de escuta diretamente relacionado à empatia.
3. **Pratique a escuta ativa.** Quando estamos em uma conversa, o quanto do que ouvimos fica retido em nossos filtros, resultando em uma confusão de mal-entendidos ou interpretações equivocadas, e o quanto nós absorvemos corretamente, entendendo qual era a real intenção do outro? Por mais que nos esforcemos, inúmeras vezes o ato de ouvir acaba se concentrando muito mais naquilo em que acreditamos e em que pensamos do que realmente em entender a mensagem que estão nos tentando transmitir.

Se podemos treinar a empatia, é possível transformá-la em um hábito?

No livro *O Poder do Hábito*, Charles Duhigg (2012) se baseou em uma série de estudos para constatar que nós levamos, em média, 66 dias para criar um novo hábito. Após exercer uma atividade por muito tempo, o cérebro cria conexões que facilitarão a execução de determinada atividade. Quando repetida por anos, essas conexões são fortemente solidificadas e o resultado é um processo cada vez mais enraizado. Portanto, com empenho e frequência, é possível treinar a empatia para que se torne um hábito em nossas vidas.

Há uma expressão muito usada pelos americanos no mundo dos negócios: *"fake it until you make it"*, ou seja, "finja até você conseguir". Essa frase sugere que as pessoas devem simular um comportamento confiante até que consigam conquistá-lo de fato.

A repetição contínua poderá levá-lo aos seis hábitos das pessoas com elevada empatia:

Hábito 1: ligam seu cérebro empático

Mudam seus modelos mentais para reconhecer que a empatia está no centro da natureza humana e que pode ser desenvolvida e expandida por toda a sua vida.

Soft skills: competências essenciais para os novos tempos

Hábito 2: dão um salto imaginário

Fazem um esforço consciente de se colocar no lugar do outro – incluindo seus "não tão amigos" –, reconhecendo sua humanidade, individualidade e perspectiva.

Hábito 3: buscam vivenciar experiências diferentes

Exploram realidades e culturas diferentes das suas por meio de uma imersão direta nessas vivências, tais como trabalho social e voluntariado.

Hábito 4: praticam a arte de conversar

Ampliam sua curiosidade pelos outros, inclusive por pessoas desconhecidas; ouvem-lhes atentamente e tiram suas "máscaras" emocionais.

Hábito 5: viajam em suas poltronas

Transportam-se para dentro da mente de outras pessoas por meio da literatura, arte, filmes e mídias sociais.

Hábito 6: inspiram uma revolução

Geram empatia em grande escala a fim de promover uma mudança social e ampliar suas habilidades de empatia, fazendo um bem maior aos outros.

Desenvolver a empatia certamente fará com que suas relações sejam mais saudáveis, produtivas e baseadas em confiança. É um processo que auxilia na proximidade com o outro e na criação de vínculos mais fortes, e que promove crescimento e expansão para quem pratica e para quem recebe. Lembre-se de que o foco da empatia é sempre o outro, mas os benefícios são para todos, principalmente para você. Sucesso na sua jornada!

Referências

DUHIGG, C. *O poder do hábito*, 2012.
EMPATHY. *Harvard Business Review Emotional Intelligence Series*. HBR Press, 2017.
KRZNARIC, Roman. *Empathy: Why It Matters, and How to Get It*. Editora Penguin Group, 2014.

Soft skills: competências essenciais para os novos tempos

Capítulo 21

Escuta

Neste capítulo, vamos compartilhar pensamentos, experiências e propostas que permitam uma reflexão sobre a escuta, uma *soft skill* que tem o potencial de aprimorar nossas relações na vida pessoal e no ambiente profissional. Uma visão pragmática, baseada na inspiração de grandes psicólogos e pensadores que fizeram diferença em minha trajetória.

César Caminha

Soft skills: competências essenciais para os novos tempos

César Caminha

Designer de Estratégias Corporativas e Pessoais com experiência de mais de 25 anos nas áreas de Gestão e Consultoria Estratégica Pública e Privada (definição de direcionalidade de governo, empresarial, estrutura organizativa e de processos), Planejamento Estratégico Situacional, Gestão de Projetos e Desenvolvimento Humano (Treinamento, Capacitação e *Coaching* Executivo e de Vida), focados no aprimoramento do perfil de gestão de organizações e de pessoas. Diretor da Virtù Design de Estratégias, Economista com Especialização em Métodos Quantitativos (FUBRA/DF), Gestão da Qualidade em Serviços (FGV/DF) e Ciências e Técnicas de Governo (Fundación ALTADIR/Strategia Consultores). *Coaching* Executivo e de Vida pelo ICI (Integrated Coaching Institute – Brasília/DF) e Terapeuta e Especialista em Psicologia Transpessoal, em formação, pela UNIPAZ SP.

Contatos
cesar@cesarcaminha.com
Linkedin: Cesar Caminha
Instagram: cesarcaminha7

A escuta é uma ferramenta utilizada na compreensão da realidade que nos cerca e de nossa relação com o outro. Com esse olhar, ela é um instrumento que nos integra ao outro, nos retirando da ilusão da separatividade, definida pelo educador e psicólogo francês Pierre Weill (1924-2008) como a crença limitante de que somos independentes, apartados do próximo e do ambiente.

Essa ilusão é a porta de entrada para a normose, uma das mais frequentes patologias psíquicas da atualidade, segundo Crema, LeLoup e Weill (2010).

A normose se caracteriza por um conjunto de hábitos considerados normais pelo consenso social, mas que, na realidade, são patogênicos em graus distintos e nos conduzem à infelicidade, à doença e a perda de sentido na vida.

Uma das normoses mais presentes na sociedade atual é a hiperindividualização, que nos leva, como sociedade, a não escutar mais o outro.

A origem desse comportamento pode ser a crença de que cada um escuta apenas a partir de si mesmo, de suas percepções, de seu repertório, e a comunicação se completa pela devolução ao outro de suas expectativas e criações. Por isso, vivemos, com frequência, verdadeiras conversas de surdos.

Soft skills: competências essenciais para os novos tempos

Proponho, então, a elaboração de uma escuta que visa a conexão e a integração entre pessoas, caracterizada por um processo livre de acolhimento e de percepção integral do outro.

Nessa escuta, integramos o conjunto de trocas que ocorre entre nós em nossas interações, percepções de sentimentos, falas, movimentos, intuições, isto é, todos os elementos que integram o contato que realizamos conosco mesmos, com as pessoas e com o ambiente. Dessa forma, a escuta é compreendida em sua integralidade de dimensões.

Podemos começar nossa jornada pela compreensão de que a escuta começa em nossa autopercepção, pois os elementos traduzidos por meio dela são sempre filtrados pelo nosso "conjunto de mim mesmo", pelas nossas crenças, sentimentos e experiências.

Para termos maior clareza de como essa recepção se dá, podemos recorrer ao psiquiatra e psicoterapeuta Carl Jung (1875-1961), que afirmou empiricamente que a consciência tem quatro modos de se adaptar ao mundo (2005). Ele os chamou de funções psíquicas: sensação, pensamento, sentimento e intuição. Assim, podemos compreender a nossa escuta inicialmente por essas quatro funções com as seguintes perguntas:

- **Sensação:** quais as sensações que tenho acerca desta fala? O que capto com meus cinco sentidos: o que escuto, o que vejo, o que percebo em minha pele, que sabores sinto?
- **Pensamento:** que pensamentos me vêm à mente?
- **Sentimentos:** como me sinto?
- **Intuição:** que percepções inesperadas e explicadas se apresentam?

Esse exercício prático que proponho nos transforma em "observadores de nós mesmos", abrindo graus de liberdade de ação e nos tirando da armadilha da normose.

Sugiro esse como o ponto de partida de uma escuta mais consistente, profunda e integral, pois reconhecemos, em um primeiro momento, que nossos conteúdos são impactados pela recepção da mensagem. E, por isso, ao escutar, tiramos conclusões que revelam mais de mim que do ouvinte. Quando não temos essa clareza, corremos o risco de atribuir ao emissor intenções, pensamentos e motivações que são nossas.

Compreendo, portanto, a escuta como liberdade. Libertar o outro de mim mesmo. Percebê-lo no lugar em que ele se apresenta, com a compreensão de que há uma distinção muito grande entre aceitar e concordar. Posso aceitá-lo, sem, contudo, concordar com suas posições.

Nesse sentido, desenvolver a capacidade de escutar o outro, reconhecendo que ele tem a liberdade essencial de pensar e agir diferentemente de mim é crucial para uma escuta com características de integralidade, de conexão e de sustentabilidade das relações.

Muito podemos teorizar sobre a escuta, mas minha intenção é examinar esse fenômeno na prática. Para isso, trago exemplos de escuta em três ambientes, nos quais, ao seguir essa abordagem, obtive ótimos resultados.

A escuta no ambiente terapêutico

Um dos ambientes em que a escuta é a ferramenta mais básica é, sem dúvida, o ambiente terapêutico. Aqui preciso definir a quem me refiro como terapeuta. Para isso, resgato o conceito trazido pelo filósofo e psicólogo francês Jean Yves Leloup (2012), que nos relata a tradição dos terapeutas de Alexandria que viviam na Palestina há mais de 2.000 anos. Para eles, a aventura humana significava liberdade de interpretação e dar sentido ao sofrimento, mesmo o inevitável.

Segundo a visão deles, um terapeuta era um intérprete, um hermeneuta, aquele que dizia palavras que não geravam sofrimento, que não adicionavam mais dor àquele que já padecia. Assim, tratava-se de um cuidador. Nesse sentido, pode ser também um coordenador de equipe, advogado, médico, pai/mãe, líder religioso, amigo, psicólogo, psicanalista, enfim, alguém que cuide do outro. Assim, este lugar de cuidado pode se transformar em um ambiente terapêutico.

Para aplicar a escuta, uso a proposta de Carl Rogers (1902-1987) apresentado por James Fadiman (1939-) em Teorias da Personalidade (1986), como pai da terapia não diretiva e centrada no cliente. Ele nos propõe três condições que devem estar presentes na escuta:

- **Congruência:** o terapeuta deve ser ele mesmo, eliminando as barreiras entre si e o outro, isso implica ser transparente em suas percepções.

- **Consideração positiva incondicional:** é um ambiente de aceitação incondicional da fala e conteúdo do outro. Veja, aqui repito: aceitação não é o mesmo que concordância. Vamos nos lembrar do primeiro item: congruência. Não tenho que renunciar a meus princípios, mas posso aceitar que o outro tenha valores distintos.

- **Compreensão empática:** aqui a proposta é que se exercite um olhar profundo para os sentimentos e significados do outro, sua experiência no espaço que ocupa no momento da fala. Para a compreensão empática, não basta entender o que o outro comunica. É necessário avançar e compreender o "local" que ele ocupa.

Lembro-me de uma vez em que um companheiro evolutivo (como Roberto Crema nos ensina a chamar nossos pacientes de terapia, pois evoluímos com eles) trouxe uma questão: estava com seus resultados profissionais comprometidos e, por mais que se esforçasse, não atingia as metas, embora gostasse do que fazia.

Soft skills: competências essenciais para os novos tempos

Iniciamos o atendimento com o lado profissional, mas logo emergiram suas relações familiares que estavam bem complexas. Senti-me identificado com as questões de perda de resultados, por conta de uma crise profissional que vivi no passado. Respirei e aceitei minhas dificuldades. Exercitei minha congruência naquele momento.

Abri meus ouvidos e o escutei longamente. Ele me apresentou um quadro bem complicado, que incluía traição (de ambos), restrição orçamentária e conflitos com os filhos. Confesso que algumas atitudes narradas por ele me causaram desconforto e tendência ao julgamento crítico. Porém, novamente busquei meu centramento, respirei e acolhi sua realidade, exercitando a consideração positiva incondicional.

Ao final, confesso que, de fato, por ter escutado, de forma atenta, o ambiente e o momento que ele passava, reconhecia que se enfrentasse aquela situação, naquele contexto, igualmente estaria bem desestruturado. Foi minha maneira de exercitar a compreensão empática.

Assim, pude dar continuidade ao acompanhamento de meu companheiro evolutivo, trazendo maior consciência, não por meio de conselhos, sim com perguntas ampliadoras de consciência que só foram possíveis por eu ter seguido as recomendações de Rogers.

Seis meses depois, ele compartilhava comigo que houve uma comemoração na empresa por conta de seus resultados alcançados, em que pode levar os filhos e a esposa. Estava feliz, pois conseguiu assumir as rédeas da própria vida. Declarou que ter tido o apoio, a escuta e se escutado nas sessões foi decisivo para a retomada de seu caminho.

A escuta na empresa

Minha experiência no mundo corporativo tem demonstrado que a escuta é decisiva para o sucesso. Pessoas que param para ouvir de forma genuína, em geral apresentam bons resultados para suas carreiras e para a organização.

Mas como desenvolver a escuta no ambiente empresarial? Muitas metodologias se apresentam como possíveis e destaco aqui uma em particular: o *Thinking Environment*, criada pela pesquisadora inglesa Nancy Kline (2015).

O ambiente de pensamento é criado a partir de dez componentes: atenção, igualdade, leveza/tranquilidade, apreciação, encorajamento, sentimentos, informação, diversidade, perguntas incisivas e lugar. Recomendo a você, prezado leitor, o aprofundamento nessa metodologia.

Sugiro agora um exercício simples chamado Dupla de Pensamento, que foi revelador para mim e minhas equipes. A proposta é que a equipe seja dividida em duplas e que sejam realizados dois movimentos:

- Inicialmente um dos participantes fala livremente por cinco minutos. O papel do outro é apenas escutar, sem interromper em nenhum momento, até chegar ao fim do tempo.

- No segundo momento os papéis serão trocados, e o primeiro passa a escutar o segundo, também sem interrompê-lo.

O importante nas duas etapas é que quem escuta procure estar muito atento ao que fala e naturalmente se observe, sem julgamento. Apenas perceba como pensa, sente e age.

Após a experiência, as percepções são compartilhadas. Como foi escutar, como foi falar, são as perguntas iniciais da partilha. A aplicação da dinâmica tem sutilezas e sua execução deve ser realizada por um especialista formado na metodologia.

O que surpreende nessa dinâmica é a tomada de consciência de nossas muitas dificuldades, entre outras:

- Escutar sem intervir;
- Não pensar em outros assuntos;
- Não fazer julgamentos relevantes;
- Aceitar o acolhimento integral do receptor.

Enfim, esse exercício revela muito de cada um e traz muita consciência de como estou em minha competência de escuta. Quando realizei essa atividade pela primeira vez, me coloquei de frente, de verdade, com minhas limitações em escutar.

Hoje consigo me posicionar de forma tranquila diante de qualquer pessoa e de conscientemente criar um ambiente criativo e genuíno, em que estou atento verdadeiramente ao que o outro está compartilhando comigo. Sou grato a Nancy.

A escuta na vida pessoal

Talvez um de nossos maiores desafios seja mesmo a escuta de quem amamos. Ouvir os mais próximos, ao contrário do que poderia parecer, é com frequência mais desafiador que estranhos, pois aqui nossas tensões, sentimentos, crenças, projeções e transferências se manifestam com maior liberdade e intensidade.

Por isso, a escuta pode ser uma ferramenta muito útil para uma vida mais harmônica em nossas casas. E aqui acrescento, para além das sugestões apresentadas mais uma: a pergunta!

Muitas vezes nossas relações são minadas por nossas crenças e expectativas, como já observei, pois, no campo da escuta, esquecemos de buscar mais elementos usando perguntas esclarecedoras.

Assim, para além de se perceber pelas funções psíquicas, ser rogeriano, criar um ambiente de pensamento, é possível complementar a qualidade da escuta com perguntas esclarecedoras. Pois, na maioria das vezes, quem fala seleciona as informações que crê serem essenciais ao processo de comunicação. É evidente que ele não tem elementos para garantir que, para mim, que estou recebendo as informações, ele repassou todas necessárias. E, frequentemente, quando, depois de tudo, agimos, ainda assim podemos tomar decisões a partir de nossa realidade. Por isso, as perguntas são decisivas para fecharmos o ciclo da escuta nesse formato proposto.

Para deixar claro a que me refiro, vou compartilhar uma experiência que vivenciei com uma pessoa muito próxima, que amo demais. Minha filha, que, aos 13 anos de idade, veio até mim e tivemos a seguinte conversa:

— Pai, posso namorar?

Ao receber essa pergunta, naturalmente você pode imaginar como fiquei desconcertado. Até perceber que, na verdade, eu não sabia realmente do que ela estava falando. Então, resolvi questioná-la:

— Filha, o que é namorar aos 13 anos de idade?

Ela, que não esperava a devolutiva, pensou um pouco e disse:

— Ora, pai, é assim, ficar junto com meu amigo mais que com os outros, conversar no recreio, acho que é isso.

Como pai e não satisfeito, insisti:

— Quando se namora aos 13 anos tem beijo?

Logo, ela me respondeu:

— Lógico que não, pai, que nojo...

Então, meu posicionamento foi claro e rápido:

— Lógico que pode, querida.

É um diálogo bem simples, que me ensinou muito sobre escuta e o quanto ela merece um olhar socrático: "só sei que nada sei".

Referências

FADIMANN, James; FRAGER, Robert. *Teorias da personalidade*. Tradução de Camila Pedral Sampaio, Sybil Safdié. São Paulo-SP: Habra, 1986.
HALL, Calvin S. NERDBY, Vernon J. *Introdução à Psicologia Junguiana*. Tradução de Heloysa de Lima Dantas. 8. ed. São Paulo: Cultrix. 2005.
KLINE, Nancy. *More Time to Think: The power of independent Thinking*. London: Octopus Publishing Group Ltd, 2015.
LELOUP, Jean-Yves. *Uma arte de cuidar*. Tradução de Martha Gouveia da Cruz. 4. ed. Petrópolis-RJ: Vozes, 2012.
WEIL, Pierre. LELOUP, Jean-Yves; CREMA, Roberto. *Normose: a patologia da normalidade*. Edição digital. Petrópolis-RJ: Vozes, 2010.

Soft skills: competências essenciais para os novos tempos

Capítulo 22

A arte de servir

Segundo Robert K. Greenleaf (1904 – 1990), fundador do movimento da liderança servidora, *bons líderes devem se tornar primeiro bons servidores*. Este capítulo discute como a habilidade de servir é um excelente alicerce para desenvolver equipes e organizações fortes. Abordarei as principais características do líder que serve e sua essência, além de compartilhar ações práticas que reforçam esse tipo de liderança no ambiente profissional.

Carolina Foley

Soft skills: competências essenciais para os novos tempos

Carolina Foley

Arquiteta e urbanista formada pela Universidade Presbiteriana Mackenzie. Pós-graduada em Gerenciamento de Projetos pelo Instituto Mauá de Tecnologia. Certificada PMP (Project Management Professional), LEED GA (*Leadership in Energy and Environmental Design – Green Associate*) e PROSCI (*Change Management Certification*). Possui 15 anos de experiência em Gestão de Projetos e na Liderança de Operações no ramo Imobiliário, primordialmente no mercado de escritórios corporativos. Tem vasta experiência em trabalho colaborativo com equipes multidisciplinares em âmbito internacional.

Contatos
carolinafoley@gmail.com
Linkedin: Carolina Foley
(11) 99513-0505

Carolina Foley

Ao longo de minha carreira, trabalhei principalmente em empresas que prestam serviços e aprendi rapidamente a importante diferença entre aquelas que comercializam produtos físicos e as que vendem apenas serviços. As últimas exigem que a administração esteja focada ainda mais no conhecimento e habilidade das pessoas, em saber interagir e se comunicar verdadeiramente, gerando valor ao cliente. Lembro-me especialmente de uma reunião da qual tive a oportunidade de participar junto de um grande diretor da organização em que trabalhava. Ele disse a todos os presentes, de forma bem direta: "Se você não gosta genuinamente de servir a outro ser humano, se você não tem o coração de servir, você não deve trabalhar aqui". Aquelas palavras me marcaram bastante e passei a usar essa citação com muitas equipes posteriormente. Eu sabia intuitivamente que gostava de me sentir útil e sempre gostei de ajudar ao próximo, mas, depois daquele dia, comecei a refletir mais sobre o que significava servir, especialmente no ambiente profissional.

Servir ao outro, ao contrário de outras *soft skills*, é geralmente muito mais comum fora do ambiente profissional, ou seja, dentro de famílias, instituições de voluntariado, ONGs etc. Entretanto, na área profissional, muitas vezes é confundido com submissão ou falta de autoridade. Isso ocorre porque uma das características mais relevantes de servir é realmente querer ajudar e conseguir se colocar no lugar do outro, a famosa empatia, também analisada por outros autores neste livro. A empatia é percebida muito mais entre as famílias, nossos laços afetivos mais fortes, pois conhecemos melhor seus integrantes e, por isso, desejamos o bem deles. No trabalho, não temos a mesma relação afetiva. As interações são, muitas vezes, superficiais e impessoais, criando uma barreira para por esta habilidade em prática. Além disso, a hierarquia é geralmente muito presente, sendo mais fácil encontrar um ambiente autoritário do que aberto ao servir.

O caminho

Tendo em vista as dificuldades que o âmbito profissional apresenta para o ato de servir, é possível depreender que a primeira característica do líder que serve é algo bem simples: querer genuinamente conhecer os seus colaboradores. Saber quem são e não apenas o que fazem. Saber como estão e não apenas como está o trabalho. O líder que serve experiencia o ato de conhecer pessoas de forma mais profunda, o que pode ser um processo longo, mas que resulta na construção de uma relação mais próxima.

O segundo traço, ou passo importante, da liderança que serve é a confiança. A maioria de nós não acorda pela manhã querendo errar ou tomar uma decisão que causará um impacto negativo, entretanto, isso pode acontecer. Apesar de não podermos aceitar falhas constantes (discutiremos esta questão mais adiante), é primordial promover um ambiente seguro, onde todos se sintam responsáveis e sem medo de serem julgados, expostos ou criticados por qualquer erro.

Lembro-me de uma ocasião em que participei do gerenciamento de um projeto e estava solicitando insistentemente a uma empresa terceirizada a entrega de um relatório. Não entendia o porquê da demora. Havia uma forte pressão e a informação não era enviada. Quando tive a oportunidade de conhecer a equipe pessoalmente, almoçar com eles, criar um ambiente de confiança, explicaram, com bastante receio, que não tinham a ferramenta adequada para elaborar o relatório – algo tão básico que eu nunca suspeitaria ser o motivo. Com essa aproximação, pude compreender melhor a situação e apoiá-los para resolver o problema rapidamente. Provavelmente, receberia o documento usando apenas a minha autoridade e insistindo de forma cada vez mais incisiva, mas nesse caso teria gerado mais conflitos e perdido a chance de criar vínculos com a equipe, o que foi muito positivo nos meses seguintes do projeto.

O terceiro ponto relevante para a liderança que serve é ter conhecimento técnico ou experiência na área em que se atua, especialmente no ambiente profissional, pois há uma enorme diferença entre saber fazer e apenas demandar. Quando um líder investe tempo em trabalhar em conjunto com a equipe, transmitir seu conhecimento e, também, ter a humildade de reconhecer o que não sabe para aprender com os demais, ele reforça a confiança entre todos. Líderes servis normalmente mantêm um olhar próximo à operação e não se desconectam por completo dos que "carregam o piano".

A integração (liderança e operação)

Apesar do olhar próximo à operação, é indispensável ressaltar que o fato do líder sentir empatia, conhecer e confiar não significa que irá deixar de cobrar resultados, desafiar os colaboradores e ser exigente quando necessário. Ele irá sempre auxiliar e apoiar, mas não podemos associar a existência de um ambiente de confiança com a aceitação de falhas ou desculpas recorrentes quando não se entrega o combinado. Esse fato também está ligado à maturidade dos profissionais, por isso o líder que serve deve identificar aqueles que eventualmente se sintam protegidos demais por uma liderança deste tipo, em vez de motivados a trabalhar melhor, o que seria o esperado.

Outra curiosidade sobre a maior proximidade entre liderança e operação é que, se avaliarmos o cumprimento da estratégia geral de uma empresa, podemos afirmar que o líder que serve favorece a sua execução. Por quê? Porque quando a distância entre os líderes da empresa e a equipe de operação é muito grande ou se tem muitos vazios, a estratégia muitas vezes não é comunicada de forma clara, não é executada por meio de um plano factível e, como consequência, não se alcança o esperado (ou se atinge em porcentagens pequenas).

A essência

Retomando o exemplo simples sobre a cobrança do relatório e unificando os três pontos até aqui descritos, podemos visualizar a essência da arte de servir: o líder que serve não vê seu emprego apenas como uma forma de sustento, de crescer individualmente ou ter uma carreira de destaque (no caso do exemplo, obter um relatório a qualquer custo) e, sim, como uma oportunidade de ouvir as necessidades dos outros, auxiliá-los a se desenvolver e assim trilhar um caminho de sucesso para a organização. Ele entende que a abordagem centrada nas pessoas gerará impactos e avanços positivos para a empresa como um todo e, naturalmente, haverá um crescimento para si. Por conta dessa abordagem alguns podem achar que "a arte de servir" é um conceito demasiadamente altruísta ou de gestores com falta de ambição (a Liderança

Soft skills: competências essenciais para os novos tempos

Altruísta é tratada em outro capítulo deste livro). Eu diria que o líder que serve pode até ser mais ambicioso do que os demais, pois ele luta sim pelo seu crescimento, mas de modo secundário já que, antes de seu interesse próprio, ele coloca os interesses do grupo de colaboradores ao seu redor, garantindo que esse crescimento se reflita na organização – um desafio bem maior do que apenas a evolução individual.

Como então saber se você é um líder servil? Provavelmente só se dará conta quando ouvir outras pessoas comentando sobre seu estilo de trabalho. Algo parecido aconteceu comigo e foi, inclusive, esse momento que me levou a escrever este capítulo (não tenho a pretensão de afirmar que atingi o nível de liderança que serve, porém acredito estar trilhando o caminho correto). Ao comunicar que sairia de uma empresa onde atuei por nove anos, acabei recebendo *feedback*, tendo muitas conversas com colegas e amigos e isso me fez perceber o impacto que eu havia provocado nas pessoas. Senti uma imensa gratidão quando uma das cartas que recebi destacava um dos motivos pelos quais uma colega me admirava: "meu grande coração". Associei essa frase ao fato de procurar estar disponível para os colegas, ajudá-los nas atividades e naquilo que almejavam para si (e como efeito disso, gerar resultados positivos para a empresa). Essa mesma carta dizia: "foi uma das entrevistas mais duras que tive". E mais adiante: "Aprendi muito com você e sinto que muitas das coisas que faço foram graças à formação que tive ao seu lado". Avalio que esses trechos se referem ao fato de que sempre fui exigente e às vezes fui rotulada de rígida ao cobrar metas e resultados, mas é pela dedicação e pelo esforço que se evolui e suscitar essa busca é imprescindível. Refleti bastante sobre o *feedback* e sobre minha maneira de trabalhar e acredito que a combinação dos três pontos descritos neste capítulo e o fato de agir de forma genuína, tentando sempre equilibrar o coração e a razão, foi o motivo de ter recebido tal retorno.

Ações práticas

No intuito de ajudar a trilhar o caminho da liderança que serve, desenvolver equipes e procurar os resultados para a empresa, listo algumas ações que podem ser aplicadas no ambiente profissional para estimular essa *soft skill*:

• **Ter um organograma adequado**: é bem difícil praticar a arte de servir se o seu organograma for extremamente horizontal e se possuir muitos subordinados diretos. Já me deparei com organogramas em que uma pessoa possui doze colaboradores se reportando diretamente a ela. É impossível achar que esse profissional terá o tempo necessário para exercer a sua função e, ainda, ser um bom gestor para a equipe. Um organograma bem estruturado e com uma quantidade adequada de reportes é crucial para desenvolver o tipo de liderança que aqui descrevo.

- **Reforçar sempre o propósito**: líderes devem estabelecer um propósito para a equipe e reforçá-lo constantemente. Não são apenas objetivos semestrais ou anuais que motivam as pessoas. Todos somos capazes de estabelecer um propósito, até em escala pequena – devemos apenas ter em mente aonde queremos chegar e o que precisamos melhorar. Se você não consegue perceber nenhuma meta maior no seu trabalho é porque já chegou ao seu limite de excelência ou é hora de mudar. O líder que serve não apenas reforça constantemente o propósito, mas ajuda a construí-lo.

- **Ter um plano de comunicação claro**: como líder, é essencial estruturar qual será o plano de comunicação com a equipe e compartilhá-lo de forma transparente. Por exemplo: quais serão as reuniões recorrentes, seus objetivos, a pauta (imprescindível) e os participantes. É importante definir quais das reuniões exigirão a sua presença e não se ausentar. A comunicação adequada auxilia a criar um ambiente de confiança para a equipe. Entre as reuniões essenciais estão:

    - **1:1 com subordinados diretos**: já é comum o agendamento de reuniões semanais ou quinzenais para que o gestor tenha tempo de falar individualmente com cada reporte direto e acompanhar as suas atividades. Essa prática é crucial, principalmente agora, com a pandemia da Covid-19, em que muitos estão trabalhando remotamente. Além de discutir o andamento das tarefas, é uma boa oportunidade para conhecer melhor a outra pessoa. Cada um tem sua personalidade, mais comunicativa ou reservada, contudo, ter disponibilidade e verdadeiro interesse pelos colaboradores é muito importante.

    - **Reunião recorrente de andamento de atividades**: essa reunião é fundamental para poder apoiar e direcionar o trabalho da equipe com maior proximidade, garantir que todos estejam focados nas prioridades corretas e reforçar o propósito da equipe. Outro ponto determinante é verificar se há algum obstáculo impedindo a equipe de executar as atividades e, se houver, removê-lo.

    - **Reunião recorrente de apresentação de resultados**: é um encontro mais formal e uma oportunidade para a equipe apresentar os resultados alcançados. É um momento importante para o líder compartilhar o *feedback* positivo ou negativo da equipe, sempre pautado na razão e em exemplos reais. Caso algum resultado não esteja adequado é essencial ser muito transparente e preciso na avaliação para que as devidas providências sejam tomadas.

• **Cobrar resultados**: se você se descobrir controlando as horas trabalhadas ou de entrada e saída de sua equipe, reflita sobre o resultado esperado. Este colaborador está entregando o combinado? Foram estipulados objetivos no trabalho? As metas estão muito fáceis? É possível entregar mais? O líder que serve mede resultados. Cobrar a presença física ou horários de entrada e saída do escritório vai contra os princípios desse tipo de liderança: a confiança e o ambiente seguro.

• **Delegar de forma clara, mas executar se necessário**: comentei anteriormente que o conhecimento técnico ou a experiência na área em que se atua também é essencial para o bom gestor mostrar o caminho e obter a confiança da equipe. Saber delegar e monitorar os resultados é primordial, mas, eventualmente, "pôr a mão na massa" quando a equipe não estiver conseguindo finalizar algo marcará em todos o exemplo de líder e reforçará as habilidades aqui descritas.

O tempo

O processo de se tornar um líder que serve não é rápido nem mecânico e, por este motivo, é que seus resultados perante a equipe e a organização frequentemente começam a aparecer a médio e longo prazos. Não se gera empatia, confiança e credibilidade de uma hora para outra, mas a real vontade de servir já é um grande passo. Lembremos que apesar desse tipo de liderança possuir um lado muito focado no bem e no ajudar, ele deve, também, ser equilibrado pela razão e pelas decisões técnicas que façam sentido para a organização.

Espero que a descrição da liderança servidora e as ações práticas aqui descritas possam ser úteis na jornada profissional de cada um de vocês. Dedico-lhes uma mensagem de Mahatma Gandhi (1869-1948) que pode inspirá-los a aplicar cada vez mais essa habilidade tão importante em todos os aspectos de nossas vidas: "O melhor modo de encontrar a si mesmo é se perder servindo aos outros".

Referências

BRIDGING. *The Gap between Strategy Design and Delivery*. Brightline Initiative, 2020. Disponível em: <http://www.brightline.org/strategy-gap/>. Acesso em: 29 de fev. 2020.

GREENLEAF. *Center for Servant Leadership*, 2016. Página Inicial. Disponível em: <http://www.greenleaf.org>. Acesso em: 19 de abr. de 2020.

RAND, A. *Atlas Shrugged*. Londres: Ed. Penguin Group. Londres: 2007.

Soft skills: competências essenciais para os novos tempos

Capítulo 23

Liderança altruísta

O verdadeiro altruísta age pelo bem do outro sem esperar algo em troca. Veremos neste capítulo que essa essência nasce com o indivíduo, mas é possível desenvolvê-la. Uma pessoa altruísta é capaz de entender a situação, praticar a escuta ativa e manter uma comunicação empática, facilitando uma tomada de decisão que considere a si, ao outro e ao contexto.

Ricardo Ogawa

Soft skills: competências essenciais para os novos tempos

Ricardo Ogawa

Explorador incansável de atitudes altruístas por meio de sua liderança, formado em Comunicação Social pela Fundação Armando Álvares Penteado e pós-graduado em Marketing pela Escola Superior de Propaganda e Marketing. Possui 30 anos de experiência profissional na indústria farmacêutica em diferentes posições de liderança em países como Colômbia, Estados Unidos e Japão. Graças a curiosidade e apreço pelas relações interpessoais em ambientes multiculturais, aprimorou suas habilidades no campo da inteligência emocional e cultural. Foi um dos vencedores do programa CEO do Futuro, patrocinado e organizado pela revista *Você S/A* junto a Korn Ferry Internacional e a Universidade de São Paulo. Apaixonado e preocupado com o desenvolvimento e a jornada do ser humano, criou e coordena o grupo *Conexão Pro Bem*, formado por indivíduos que procuram a evolução, o autoconhecimento e que querem fazer a diferença e ser a diferença neste mundo.

Contatos
LinkedIn: www.linkedin.com/in/ricardo-ogawa
Instagram: @ricaogawa20

Ricardo Ogawa

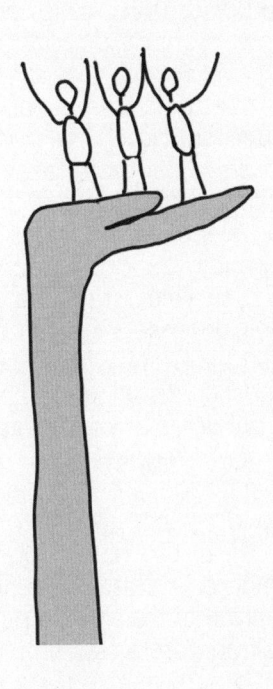

Essência altruísta

Meu primeiro contato com o altruísmo se deu na infância, em que tive a oportunidade e privilégio de presenciar as atitudes do meu pai. De maneira sempre muito espontânea e desprendida, sentia prazer em proporcionar o bem-estar de todos ao seu redor, principalmente da família, desinteressado em recompensas. Mesmo vindo de origem extremamente humilde, ele pensava no coletivo prestando qualquer tipo de ajuda à comunidade da qual fazia parte, pois segundo ele, isso lhe trazia muita satisfação pessoal e autorrealização.

Esta característica altruísta de meu pai sempre me marcou muito, mas pude realmente perceber a grandiosidade desse impacto positivo que ele cultivou a vida toda no momento do seu velório. Naquele dia, conheci algumas pessoas que foram homenageá-lo e compartilharam comigo o quanto eram gratas por toda ajuda e atenção que meu pai lhes tinha prestado enquanto vivo. Como um exemplo, sabíamos que ele ajudava a algumas pessoas, principalmente, com a distribuição de hortaliças que ele, carinhosa e pessoalmente, cultivava em nossa chácara, mas não tínhamos a dimensão do alcance desta ajuda. Ele era genuinamente altruísta e servidor. Não é por acaso que ele sempre será a minha grande referência. Esse foi, sem sombra de dúvidas, um dos principais legados que recebi de meu pai!

A espontaneidade faz parte da essência altruísta. O verdadeiro altruísta age pelo bem do outro simplesmente porque isso faz parte de sua rotina e do que acredita ser o correto a fazer sempre. É uma dedicação sem interesse e desprovida de vaidade ou necessidade de autopromoção.

Definitivamente, o ambiente em que você nasce e vive pode influenciar, potencializando ou minimizando, as atitudes altruístas de um indivíduo. Para mim, o verdadeiro altruísta nasce com essa essência. Porém, acho totalmente possível tornar-se altruísta ao longo da vida. Para isso, é fundamental rodear-se de pessoas que valorizem e expressem naturalmente essa característica, espelhar-se em referências externas, de preferência de pessoas próximas a você, e realizar uma reflexão interna para se libertar de sentimentos egoístas, gananciosos e mesquinhos. Por fim, abrir-se para a solidariedade, a generosidade e o amor ao próximo.

Neste capítulo, convido você, caro leitor, a ampliar o olhar para o coletivo e transpor o altruísmo para todos os ambientes nos quais convive, principalmente no corporativo, em que essa competência está em falta. Fazer o bem para o outro na vida pessoal ou profissional, sem dúvida lhe fará bem e alimentará a sua alma. É como participar de um ciclo constante do bem: o bem que se faz ao próximo reverbera positivamente de volta a você.

A prática altruísta

Assim como pensa e age pelo coletivo na vida pessoal, o líder altruísta atua da mesma forma no ambiente profissional. Vivencia o altruísmo em múltiplas dimensões: se preocupa verdadeiramente com os seus pares, líderes, equipe, instituição, clientes, indivíduos e fornecedores, tendo sempre em perspectiva empatia, confiança, respeito e transparência.

Um líder altruísta atua pensando na comunidade e no bem querer. Diferente do pseudoaltruísta que finge se importar com os problemas alheios e pode até ajudar a uma pessoa ou a um grupo, porém certamente irá cobrar pelo favor mais tarde, ou não irá se dispor de fato a realizar algo em prol do próximo. O altruísmo genuíno não faz distinção: a liderança age para o bem de todos, independente da afinidade ou da proximidade, pois coloca acima de tudo o bem-estar do ser humano.

Ao se colocar no lugar do outro, o líder altruísta consegue por meio da empatia se aproximar do indivíduo, desconstruindo pressupostos e julgamentos, sendo capaz de praticar a escuta ativa e demonstrando interesse real pelo interlocutor. Ao manter também uma comunicação empática, transparente e respeitosa, compreenderá melhor o contexto, a situação e assim determinará como poderá ajudar na tomada de decisão mais assertiva, ainda que em alguns momentos essa decisão seja apenas a de ouvir.

Um exemplo de prática altruísta aconteceu quando gerenciava uma unidade de negócio, aos 27 anos de idade. Naquela época, recebi um convite para assumir a maior unidade da empresa com o objetivo de unificá-la com a que estava liderando para conter a perda de participação no mercado e retomar o crescimento de vendas. O grande desafio, caro leitor, era melhorar o lucro operacional da companhia cortando mais de 40% da equipe. Ao receber essa determinação fiquei desconcertado. Ao mesmo tempo que estava radiante com a oportunidade e reconhecimento, me sentia angustiado com a imposição do meu gestor em cortar posições.

Após muita reflexão e colocando-me no lugar de cada integrante da minha nova equipe, resolvi expor a situação a todos. Expressei minha intenção de manter todas as posições de trabalho, enfatizando que para isso teríamos que nos comprometer em aumentar a produtividade e utilizar os nossos recursos de maneira inteligente (ou seja, fazer mais com menos), gerando vendas e lucro esperados pela companhia. Todos entenderam o desafio, inclusive o risco que eu estava disposto a correr pela manutenção da equipe. Os resultados não poderiam ter sido melhores. Superamos as metas e nos unimos ainda mais em um ciclo positivo, transparente e altruísta em que as pessoas agem sempre pensando no bem do outro.

Gerando engajamento

No ambiente corporativo, a liderança altruísta tem a capacidade de compartilhar e engajar o time em torno de um único propósito, prezando pelas relações baseadas no respeito ao próximo – trate o outro como gostaria de ser tratado, transparência – fale o que você pensa, no momento adequado e com o tom correto - e confiança – acredite que as pessoas são idôneas até que elas provem o contrário.

Ao estabelecer de forma clara esses valores para a equipe, o líder altruísta começa a atrair pessoas que pensam da mesma forma – que colocam o ser humano em primeiro lugar – e criar uma rede capaz de transformar e manter um ambiente saudável. O líder altruísta deve assumir também suas imperfeições – reconhecendo como todo ser humano que possui fortalezas e vulnerabilidades – e buscar ajuda do seu time para realizar um determinado projeto ou atividade. Ao demonstrar com humildade, transparência e respeito sua necessidade e o desejo genuíno de aprender e trabalhar em conjunto, você gera uma maior empatia com seus liderados e faz com que eles se sintam parte importante e integrante do todo.

Lembro-me de um momento na minha carreira profissional em que me deparei com um mercado e um negócio completamente diferente do que eu estava acostumado a gerenciar. Diante desse cenário, tive a humildade de reconhecer a minha inexperiência para a equipe e solicitar a ajuda de todos para que trabalhássemos juntos, associando o vasto conhecimento deles no negócio com o meu repertório gerencial construído ao longo de mais de 25 anos. No final, construímos uma grande história de sucesso comercial, além de uma sólida relação profissional.

Nesse sentido, o líder altruísta precisa trabalhar duas valorosas competências no mundo corporativo: inteligência emocional e a inteligência relacional, a primeira para lidar com as diferenças de forma empática evitando atitudes e comportamentos impulsivos; a segunda para gerenciar e apoiar profissionais egoístas ou individualistas que podem deteriorar o ambiente de trabalho. Por fim, utilizar a inteligência situacional, que auxilia na compreensão de tudo o que está ocorrendo ao seu redor e na avaliação de todos os fatos e pontos de vista do grupo, determinando quais desafios devem ou não ser enfrentados pela liderança e/ou companhia antes de uma tomada de decisão.

Entenda-se por desafios situações em que os liderados não possuem maturidade suficiente para buscar soluções que visem superar um problema operacional da instituição ou, na sua maioria, de relacionamentos interpessoais. O líder altruísta tem a propensão de querer ou, ao menos, tentar ajudar a todos com as suas dificuldades ou situações de conflito, mas isso, como sabemos, não é factível. Por isso, torna-se fundamental saber priorizar e escolher quais questões necessitam de seu envolvimento direto para não sobrecarregar a sua agenda de trabalho e, principalmente, gerar um esgotamento pessoal ou até mesmo um sentimento de frustração por não conseguir ajudar ou apoiar o liderado.

Para engajar pessoas individualistas, o líder altruísta deve utilizar sempre a mesma fórmula: encontrar um objetivo que seja comum entre ele e o liderado. A partir disso, a relação passa a ser um ganha-ganha e o liderado começa a se dedicar a algo que lhe faz sentido. A diferença é que, com o profissional que coloca os seus interesses, opiniões, desejos e necessidades em primeiro lugar, o líder precisa fazer com que ele acredite de verdade que a decisão final é dele em vez da liderança para mantê-lo comprometido com o objetivo comum.

Infelizmente, caro leitor, não há uma receita de bolo pronta. Se eu a tivesse, compartilharia com o maior prazer. A habilidade altruísta não se desenvolve de forma espontânea, principalmente se você não nasceu com essa essência ou em um ambiente que valorizasse e incentivasse esse comportamento. No entanto, a boa notícia é que essa habilidade, tão necessária nesse mundo egocêntrico que vivemos, pode ser desenvolvida ou lapidada desde que você esteja realmente disposto a fazer a diferença na vida do seu semelhante ou simplesmente deseje contribuir para a melhoria do convívio.

Para isso, você deve estar preparado para enfrentar a aversão de muitos que acreditam, erroneamente, que pessoas altruístas são ingênuas e permissivas demais. Não se abale diante de situações frustrantes e algumas vezes decepcionantes. Tenha consciência de que o caminho do aprendizado se faz entre erros e acertos. Na minha experiência pessoal aprendi não apenas com os meus próprios erros, mas observando os equívocos cometidos pelos líderes que passaram em minha trajetória profissional.

O que você deve ter em mente é buscar sempre um propósito em prol da comunidade, estabelecer relações genuínas que prezem pelo desenvolvimento contínuo do ser humano, manter ao máximo as pessoas ao seu redor na mesma sintonia, gerenciar os profissionais individualistas e dar espaço para que cada membro do seu time seja reconhecido e possa brilhar pelo próprio trabalho e resultado. O líder altruísta sabe quando deve sair de cena para que os verdadeiros protagonistas possam receber os devidos méritos, aplausos e elogios. Ele fica genuinamente feliz com as conquistas da equipe e reconhece o valor de cada um na execução de uma tarefa ou atividade.

A máscara de oxigênio

O equilíbrio é muito importante no dia a dia de um líder altruísta e na nossa vida como um todo. Por isso, o líder não pode se dedicar somente ao outro sem se preocupar com o seu próprio bem-estar.

O altruísta tem a capacidade de se colocar no lugar do outro, compreender sentimentos, emoções e a forma de pensar e agir de uma outra pessoa. Porém, na medida do possível, ele precisa manter certo distanciamento, ou seja, não pode assumir sempre as dores do próximo. O seu objetivo principal é entender o problema e se colocar à disposição do outro para apoiá-lo, contudo deixando claro os papéis e responsabilidades de cada um.

Ao se doar tanto ao próximo, o líder altruísta pode cair em uma armadilha perigosa: o esgotamento físico e mental. Focando-se apenas no coletivo, ele pode se esquecer de cuidar de si mesmo. Para mim, a melhor analogia para ilustrar esta situação, é a da máscara de oxigênio que é liberada em uma emergência dentro de um avião. A instrução que sempre recebemos dos comissários de bordo é que a máscara deve ser colocada antes de tudo em você para que depois possa ajudar outras pessoas que estiverem ao seu lado. Em outras palavras, você só consegue ajudar o próximo quando se certificar de que está pleno e mentalmente saudável. Cabe mais uma dica: permita-se ser ajudado ou até mesmo pedir ajuda quando for necessário. Não é porque você é ou gostaria de ser mais altruísta que não precisará também fazer parte dessa ou daquela rede de apoio, entretanto, assumindo outro papel.

Dedicar-se a si mesmo praticando atividades que te façam bem é a melhor forma para restabelecer sua energia vital. Só assim, buscando o seu equilíbrio físico e emocional, atendendo às suas necessidades e

Soft skills: competências essenciais para os novos tempos

conectando-se com a sua essência, você poderá ajudar ao próximo de maneira mais efetiva e segura.

É basicamente um ciclo de autocuidado para melhor cuidar do outro. Se estou bem, me dedico ao próximo com mais qualidade. Ao fazer o bem para o outro, isso me faz bem, e assim sucessivamente. Leia também os capítulos deste livro que falam sobre Inteligência Emocional, Relacional e Empatia. Fica aqui um convite, caro leitor, para apoiar pessoas com ideias positivas e atitudes coletivas e empáticas. Inicie esse ciclo, cuide-se e se dedique - sem interesse - ao próximo. Se cada um olhar para o coletivo e fizer o seu máximo, entregando-se de coração na ajuda ao próximo, o mundo será um lugar muito melhor para se viver.

Soft skills: competências essenciais para os novos tempos

Capítulo 24

Autoliderança

Ao caminhar pela vida, somos convidados, o tempo todo, a fazer escolhas. O objetivo deste capítulo é conscientizar os leitores sobre a importância dessas escolhas, refletindo como podemos nos conduzir de modo que elas sejam as melhores e mais sustentáveis, dentro do possível, para que nos tornemos bons condutores das nossas intenções e líderes de nossas jornadas.

Izabela Mioto

Soft skills: competências essenciais para os novos tempos

Izabela Mioto

Graduada e Mestre em Psicologia pela UNESP, Campus de Assis. Pós-graduada em Administração de Recursos Humanos pela FAAP, SP. MBA em Desenvolvimento do Potencial Humano pela Franklin Covey, SP. *Coach* pelo ICI (Integrated Coaching Institute), reconhecido pela ICF (Federação Internacional de Coaching). Cofundadora e Sócia da Arquitetura RH. Coordenadora da Pós-graduação em Gestão de Pessoas da FAAP. Professora dos cursos de Pós-graduação e MBA da Fundação Dom Cabral, FAAP, FIA, IPOG e Instituto Saint Paul. Professora do MBA em Gestão de Saúde do Hospital Israelita Albert Einstein. Coautora dos livros *Ser mais com coaching* e *Ser mais com T&D*, da Editora Ser Mais. Interventora no mapeamento T-Ser.

Contatos
www.arquiteturarh.com.br
izabela@arquiteturarh.com.br
LinkedIn: www.linkedin.com/in/izabelamioto/
Instagram: @izamioto
(11) 98315-8987

Izabela Mioto

O primeiro passo para a autoliderança: saia do piloto automático!

> "De vez em quando você tem de fazer
> uma pausa e visitar a si mesmo."
> (Audrey Giorgi)

Muitos de nós andamos pela vida sem ter a verdadeira compreensão para onde nossas atitudes poderão nos conduzir. É o que muitas pessoas chamariam de uma condução inconsciente de si. Gosto de dizer que seria um existir no "piloto automático". Viver nesse estado nos traz um enorme risco, pois estamos nos conduzindo para um "lugar" que, ao chegarmos, não nos sentiremos confortáveis.

Será que as nossas atitudes vão na direção do que realmente é bom para nós mesmos ou, muitas vezes, são condicionadas ao que é conveniente para o mundo externo? Penso que ainda não contamos, na maioria das escolas, com uma educação socioemocional - ou seja, com as inteligências emocional e relacional - que ajude a nos compreender, que privilegie o autoconhecimento e uma melhor gestão das nossas emoções. Esse é o tema da reflexão que convido você a fazer: quando nos encorajamos a olhar para o mundo interior, entramos em contato com os nossos aspectos luminosos e sombrios, e somos capazes de abraçar nossa essência integral, diminuindo os medos e trazendo mais amplo repertório para gerir atitudes. Passamos a liderar de dentro para fora e não o contrário. E o mais importante para o que irei tratar aqui: passamos a compreender nossos desejos mais genuínos e nos tornamos aptos a direcionar nossas ações com muito maior consciência.

Para saber mais sobre isso, não deixe de ler o capítulo que fala sobre autenticidade.

Na série de aulas sobre a história do autoconhecimento, ministradas por Luciano Meira, autoridade quando o assunto é desenvolvimento do potencial humano, ele afirma que todo conhecimento tem serventia, mas o autoconhecimento possui um valor incalculável, inestimável. Meira, que também assina a abertura deste livro, enfatiza que todo conhecimento — científico, técnico ou mesmo de negócio — pode perder validade, pois o mundo é instável nesses aspectos. Porém, o autoconhecimento não, pois quanto mais aprofundado, mais perene ele é e os níveis de consciência se ampliam, considerando que seja a única área do saber que é possível ter um encontro muito rico de perspectivas – tradições espirituais, filosofia, psicologia e neurociência. Por isso, investir no conhecimento de si próprio é o principal caminho para a autoliderança, pois ganhamos maior clareza das atitudes que nos condicionam.

O primeiro passo para a autoliderança é ir ao encontro de nosso Eu mais genuíno, essa dimensão que dispensa "disfarces", em que nossas ações são pautadas em verdades, aumentando os níveis de amorosidade e diminuindo nossos medos e raivas. Para chegarmos a esse "estágio", muitas vezes teremos que abandonar aquilo que é bom para o mundo de fora (me refiro aquilo que é bom para as pessoas que nos cercam e para os contextos em que estamos inseridos), assumindo e sustentando as nossas verdadeiras intenções e fazendo uma boa gestão dos nossos potenciais e nossas sombras. Nessa perspectiva, caminharemos em nossas vidas com a capacidade de oferecer o melhor de nós para os outros e para os contextos. Para se aprofundar no assunto, recomendo o capítulo sobre Liderança Altruísta que faz parte desta publicação.

Somente quando somos capazes de exercitar o autorrespeito, ficamos muito mais inteiros para uma conexão genuína com o outro e com os contextos em que habitamos, podendo desfrutar da potência que nos cabe e das estradas de evolução que somos convidados a trilhar! Caso você se perceba no piloto automático, pare, respire, visite as suas intenções e depois "revisite" seus pensamentos, emoções e ações. Verifique se elas fluem na direção do que deseja ou se têm sido sabotadores de si mesmo.

Izabela Mioto

Intenções e expectativas para sustentar escolhas

João teve uma infância em que o estudo sempre foi prioridade. Mesmo sendo de família humilde, seus pais fizeram questão que estudasse nas melhores escolas possíveis. O pai dele sempre foi muito rigoroso e repetidas vezes lhe dizia: "Meu filho, você precisa se preparar para o mundo. As coisas não são fáceis e as pessoas não facilitarão para você". João tinha muita admiração e respeito pelo seu pai, e essa frase acabou sendo assimilada por ele, influenciando suas escolhas, mesmo que inconscientemente.

João cresceu com o desejo genuíno de progredir na carreira. Queria dar orgulho aos pais que tanto haviam se empenhado em sua educação. A irmã mais velha acabou por se tornar uma renomada e bem-sucedida executiva. O rapaz percebia o brilho nos olhos de seus pais ao falarem dela e deseja ser alvo da mesma admiração. Com 26 anos, já era analista sênior de uma multinacional e tinha a expectativa que seu gestor o promovesse a coordenador. Ele esperava há mais de um ano pelo surgimento de uma nova oportunidade. De fato, ela surgiu. João nutriu uma expectativa muito grande, acreditando que tudo daria certo.

Ele participou do processo seletivo interno, juntamente com outras pessoas da empresa e, em uma manhã de segunda-feira, recebeu a notícia do seu próprio gestor de que não tinha passado. Naquela vez, quem havia sido escolhido fora um colega de trabalho que, nas palavras do seu administrador, estava mais bem preparado. Para o jovem, foi como perder o chão. Ele depositou todas as suas expectativas naquela conquista. Saiu da sala sem conseguir dizer quase nada, teve dificuldade em trabalhar durante o restante do dia. Foi tomado por uma frustração que lhe tirou toda a energia.

No dia seguinte, ao encontrar o colega de trabalho que tinha conseguido o cargo de coordenador, João não conseguiu parabenizá-lo. Estava tão sem energia que acabou se atrasando para uma reunião importante. Ele também perdeu o ânimo para dar o melhor de si em um dos projetos que estavam sob sua liderança, o que acarretou muito retrabalho. Em uma das reuniões, chegou a elevar o tom de voz, e o clima ficou tenso.

Vamos analisar essas circunstâncias em que João se envolveu, mas que poderiam ter ocorrido a qualquer um de nós. Qual era o verdadeiro desejo de João? Chamarei esse desejo de intenção – progredir na carreira. No dicionário Aurélio, intenção quer dizer "propósito, pensamento impulsionado pela vontade e que perdura conscientemente durante a ação". No livro da Malika Chopra *O que vale é a intenção – como transformar suas intenções em ações, vivendo com equilíbrio, paz e alegria*, traz-se a ideia de que o tempo em que as coisas acontecem não é necessariamente aquele que desejaríamos. Então, manter-se no caminho, gerenciar a ansiedade e não perder o foco serão atitudes essenciais para realizarmos aquilo que desejamos. Intenção é o que está no nosso espaço de governabilidade, tem a ver com aquilo que depende de nós para realizarmos. Mais à frente, exploraremos as outras possibilidades que João tinha para continuar no caminho da intenção.

Mas por que nos desviamos das nossas intenções? Sem dúvida, por causa de nossas tantas expectativas frustradas. Um bom ponto para termos consciência é o de que, para realizar intenções, precisaremos empreender todas as ações possíveis, gerenciando os prováveis obstáculos e emoções negativas que surgirem até que cheguemos lá! E, mesmo não realizando a intenção, ao agir dessa maneira, saímos tranquilos de que fizemos tudo o que estava ao nosso alcance.

Um dos maiores desafios para concretizarmos intenções repousa sobre nossas expectativas. Essas sim dependem do outro para realizarmos algo. No dicionário Aurélio, a definição de expectativa é "um estado interno de esperar algo que se deseja, cuja realização julgamos ser provável".

Vamos compreender, a partir da situação que apresentamos, sobre gestão de intenção e gestão de expectativa e como esse entendimento pode nos ajudar na autoliderança.

João esperava de que o seu gestor o promovesse – dessa forma, a realização do que desejava estava submetida à dependência de que um outro fizesse alguma coisa – e, quando isso não aconteceu, ele perdeu completamente o foco da sua intenção. É evidente que teremos sempre anseios, mas a grande questão é a maneira como lidamos com eles. Quantos de nós temos expectativas em relação às pessoas, mas nunca comunicamos a elas o que verdadeiramente aguardamos? Ao comunicar, estamos lhes dando uma oportunidade de conhecer o nosso desejo, mas também estamos nos concedendo a chance de fazer a gestão daquilo que esperamos do outro. Quantas das nossas frustrações poderiam ser minimizadas se tivéssemos o hábito de contar às pessoas o que almejamos?

Voltamos ao caso de João. Será que as escolhas que ele fez, logo após não ter sido promovido, foram as melhores para o que ele desejava? Há uma célebre frase de Viktor Frankl que nos desafia a fazer diferente. Frankl foi um neuropsiquiatria austríaco, fundador de uma escola de psicoterapia e mundialmente conhecido pelo *best-seller Em busca de sentido*, livro em que relatou a sua experiência em quatro campos de concentração nazistas. Esta é a frase dele a que me refiro:

> "Entre o estímulo e a reação há um espaço. Neste espaço está nosso poder de escolher nossa resposta. Na nossa resposta está nosso crescimento e a nossa liberdade."

O que quero enfatizar é que, nos momentos em que nossas expectativas são frustradas, é importante que façamos uso desse espaço sugerido por Frankl, pois assim nos damos o tempo de revisitarmos nossos propósitos. Após a tomada da consciência da intenção, devemos nos questionar: quais ações me conduzirão em direção ao que desejo?

João se deixou "sequestrar" pela emoção negativa gerada pela frustração da expectativa não atendida. Em vez de ir ao encontro de sua intenção, ele se valeu de atitudes que poderão levá-lo justamente para o caminho oposto ao desejado – a tão almejada progressão na carreira. O que ele poderia ter feito para permanecer na liderança do que desejava, honrando seu intuito? Primeiramente, poderia ter feito uma pausa para compreender melhor a situação e observar as próprias emoções. Mais tranquilo e sereno, o rapaz poderia ter tido uma conversa com o gestor, exposto as suas expectativas e buscado a compreensão de quais seriam os déficits que precisaria preencher para conquistar a promoção. Poderia ter sido cordial com o colega, cumprimentando-o pela promoção e continuar a fazer o seu trabalho com a máxima qualidade possível. E, se uma nova possibilidade surgisse, na mesma área, em outro departamento, ou até mesmo em outra empresa? Assim teria mantido sempre as melhores referências sobre seu perfil.

É possível que João estivesse mais conectado ao "mundo de fora", ou seja, ao desejo paterno de sentir por ele o mesmo orgulho que já revelava pela irmã dele. A crença vinda do pai — "meu filho, você precisa se preparar para o mundo. As coisas não são fáceis, e as pessoas não facilitarão para você" — também pode ter tido uma grande influência nas percepções e atitudes dele. Com experiência de vida e consciência, podemos revisitar algumas crenças que, por vezes, nos serviram bem, mas, depois de um tempo, acabam por pesar em nosso caminho.

No livro de Susan David, *Agilidade Emocional*, a autora nos convida a dançarmos mais do que lutarmos com a vida e com as circunstâncias. Ela nos faz compreender que, com autogentileza e presença, é possível transformar os nossos desafios diários em oportunidades sem perder o foco daquilo que realmente desejamos. Uma das perguntas que ela faz é: "quantas voltas no quarteirão você tem dado?" E ela mesma responde: "andamos (ou corremos) repetidamente em volta dos quarteirões das nossas vidas, obedecendo a regras que são escritas, implícitas ou simplesmente imaginárias, presos ao costume de ser e fazer coisas que não são úteis. Ela ainda afirma: "Por vezes, somos instrumentos de corda, indo repetidamente de encontro às mesmas paredes sem perceber que pode haver uma porta aberta à nossa esquerda ou à nossa direita".

O autoconhecimento é a chave para que possamos fazer boas escolhas, criando os melhores alicerces para a nossa vida. Meira, em seu livro *Ser ou não Ser: a nossa dramática encruzilhada evolutiva*, diz:

> (...) a espécie humana não pode se eximir da responsabilidade de carregar em si a capacidade de fazer escolhas conscientes. Após 13,8 bilhões de anos de evolução, o Cosmos vem cobrar, de nós, empenho e perseverança; e a cobrança chega na forma de um chamado para o crescimento e para a maturidade existencial: 'Quem pode deve. Quem pode, deve e não faz cria débito. Débito gera sofrimento'.

Que possamos entrar em contato com o nosso Eu mais genuíno, assumindo e conduzindo nossos desejos na direção daquilo que realmente nos trará mais plenitude, equilíbrio e leveza. Que possamos fazer escolhas com maior consciência e atenção, compreendendo que são elas que constroem os enredos de nossas vidas. Assumamos o controle!

Desejo que você se conduza para um lugar em que se sentirá orgulhoso quando lá chegar!

Referências

CHOPRA, Malika. *O que vale é a intenção – como transformar suas intenções em ações, vivendo com equilíbrio, paz e alegria*. São Paulo: Gente, 2015.

DAVID, Susan. *Agilidade Emocional: abra sua mente, aceite as mudanças e prospere no trabalho e na vida*. São Paulo, Cultrix, 2018.

FRANKL, Viktor. *Em busca de sentido: um psicólogo no campo de concentração*. Trad. Walter O. Schlupp e Carlos C. Aveline. 25 ed. Petrópolis: Vozes, 2008.

MEIRA, Luciano A. *Ser ou não Ser: a nossa dramática encruzilhada evolutiva*. 1ª ed. Goiânia: Vida Integral, 2019.

Soft skills: competências essenciais para os novos tempos

Capítulo 25

Pensamento empreendedor

Pensamento Empreendedor é sobre levar o estado inquieto, proativo, conectado e realizador de um empreendedor para o cotidiano profissional e pessoal. Ser ao mesmo tempo mestre e aprendiz. Dar espaço para oportunidades emergirem, sendo um eterno observador de si, dos outros e do mundo. É uma *soft skill* que privilegia o protagonismo, a capacidade de ser resiliente e influenciador.

Graziela Merlina

***Soft skills*: competências essenciais para os novos tempos**

Graziela Merlina

Inquieta, determinada e otimista. Como uma boa italiana é amorosa e impaciente na mesma medida. Ama livros, vinhos e café. Gosta de estar com a família e escrever poesias. Formada em Engenharia de Produção, empreende desde os 17 anos quando teve seu primeiro negócio. Com pós-graduação em Administração de Empresas e Mestrado em Comportamento Organizacional, após experiência executiva na área de Supply Chain, tem empreendido em negócios que tenham o propósito de expandir a atuação consciente de pessoas, organizações e sociedade. Fundou a Apoena e a operação brasileira do Freshbiz Game. É conselheira do Instituto Capitalismo Consciente Brasil e idealizadora da Casa Merlina. Atua como palestrante, *team coach*, facilitadora de jogos organizacionais e game *designer*. Patrocinadora da tradução dos livros *Empresas Humanizadas*, *Liderança Shakti* e *Os Novos EmpreendedoreZ*.

Contatos
graziela@casamerlina.com.br
(11) 96828-0005

Graziela Merlina

      alar sobre *soft skills* é sentir-se em um caminho criativo, amplo e, ao mesmo tempo, de muita responsabilidade dada a relevância do tema. O Fórum Econômico Mundial enfatiza o quanto as *soft skills* são e serão cruciais nos ambientes de trabalho, onde pessoas migram entre diferentes papéis e projetos e as habilidades sociais, tais como empatia, colaboração, relações interpessoais, entre outras, tornam-se protagonistas.

Assim, flagrei-me perguntando a mim mesma: por que escolhi Pensamento Empreendedor como a *soft skill* a tratar aqui? Empreender não é uma competência de negócios que exige *hard skills* tais como finanças, estratégia, operações, *marketing*, vendas e tecnologia?

Foi então que me deparei com uma retrospectiva de vida, uma deliciosa viagem no tempo que me fez lembrar do meu primeiro empreendimento aos 17 anos de idade: fundei uma escola preparatória para vestibular. Nessa época, eu me achava distante de qualquer conhecimento técnico, financeiro ou administrativo.

Mas, havia algo, que hoje dá-se o nome de Pensamento Empreendedor, que me fez enxergar oportunidade de um negócio consciente,

Soft skills: competências essenciais para os novos tempos

acreditar nos meus talentos, criar uma rede de apoio, assumir responsabilidade por fazer acontecer e tomar riscos.

Essa foi uma experiência que me fez viver na pele a *soft skill* do Pensamento Empreendedor. Desde então, passei por várias outras vivências empreendedoras dentro de grandes organizações, em parcerias, como investidora, conselheira, e assim vai. Uma das minhas frentes de atuação no mundo tem sido como consultora organizacional, o que me coloca frente a frente com o Pensamento Empreendedor dentro das organizações.

Seja no modelo que for, o Pensamento Empreendedor é um grande impulsionador para os negócios e para as pessoas.

A partir dessa reflexão, trouxe à realidade da Nova Economia todos aqueles comportamentos que a garota de 17 anos aprendeu empreendendo. A questão principal é: como eles servem às organizações e às sociedades atuais?

Enxergar oportunidades de negócios conscientes

Aos 17 anos eu fazia a travessia do ensino médio para a universidade. Havia sofrido todos os desafios associados ao vestibular, convivido com amigos e amigas que adoeceram ou tiveram autoestima abalada. Havia conhecido famílias que pressionavam os jovens e faziam tudo girar em torno do vestibular. Ao mesmo tempo, nem estudantes e nem seus pais sabiam como e com quem falar de suas angústias.

Se muitos jovens passam por essa situação, por que não pensar no preparo acadêmico e psicológico para o vestibular? Por que não incluir os pais nessa equação? Por que não uma escola preparatória para o vestibular que leve tudo isso em conta? Havia uma dor a ser curada e, portanto, uma oportunidade de negócio com consciência.

Na Nova Economia, o Pensamento Empreendedor se manifesta quando nos propomos a enxergar as dores do mundo na ótica de quem as sente. Deixamos o lugar de estrategista e nos permitimos estar onde as coisas acontecem, enxergando necessidades não atendidas, dores não acolhidas e mudanças pedindo para acontecer. É enxergar a oportunidade com consciência, o que é diferente de oportunismo.

Foi com essa visão que nasceu a YouGreen, uma cooperativa de gestão de resíduos. Seu fundador, Roger Koeppl, enxergou uma oportunidade consciente através do reconhecimento das dores na ótica tanto dos catadores de lixo, com baixa renda e falta de dignidade, quanto dos geradores de lixo sem conhecimento sobre o fluxo de resíduos com o máximo de compensação ambiental.

Reflita: que oportunidades de negócios conscientes moram nas dores vividas pelos seus clientes, fornecedores, colaboradores, acionistas ou qualquer outro *stakeholder* tocado pela sua organização?

Acreditar em seus talentos

"Quem sou eu para achar que posso abrir uma escola e dar conta desse negócio?" Essa foi uma das primeiras perguntas que passou pela minha cabeça e tive que dar conta de reconstruí-la. À medida que as pessoas me procuravam para fazer aulas particulares, mais eu me dava conta de que algum talento em mim estava sendo reconhecido. Então passei a perguntar: "Quem sou eu para iniciar esse negócio e ter ao meu lado quem possa me ajudar?".

Isso fez toda a diferença. Focar em nossos talentos e forças nos faz encontrar caminhos autênticos de desenvolvimento. Esse é um tema muito bem explorado no capítulo de pontos fortes, da Daniela Basile.

Foi com esse foco que reconheci minha paixão por aprender e ensinar bem como minhas habilidades de comunicação e conexão com as pessoas. Foram esses talentos que me ajudaram a superar tantas outras necessidades que não eram tão naturais em mim.

O Pensamento Empreendedor no mundo atual é sobre ser um observador de si, estar atento pelo que se é reconhecido, se experimentar. Isso implica em coragem de lidar com tudo aquilo que é possível ser quando não estamos presos a tudo aquilo que nos falta.

> "São as nossas escolhas que mostram o que realmente somos, muito mais do que as nossas habilidades." (J.K. Rowling)

A Nova Economia nos pede para não nos conformarmos com o óbvio. Impulsiona-nos a ir além e reconhecer talentos através da essência e da contribuição positiva para o mundo. Vejamos alguns exemplos:

- A *Amazon* poderia não ser hoje a empresa focada na experiência do consumidor e no empoderamento de negócios se tivesse restringido seu talento como distribuidora.

- Natura com seu talento para o bem-estar e a relação harmoniosa com a natureza vai além de vender cosméticos: ela contribui com a sustentabilidade do ecossistema brasileiro.

- Malala Yousafzai, paquistanesa ganhadora do Nobel da Paz, é um símbolo de luta pelos direitos humanos das mulheres e do acesso à educação, porque não se contentou com o lugar óbvio de estudante privilegiada e reconheceu a força da sua voz e da sua comunicação.

Reflita: como seus talentos estão sendo usados? Estão a serviço de potencializar resultados ou sua energia se direciona prioritariamente em querer ser bom em tudo?

***Soft skills*: competências essenciais para os novos tempos**

Criar uma rede de apoio

O Pensamento Empreendedor enxerga abundância onde muitos insistem em dizer que há escassez. É uma *soft skill* que nos faz ir além de nós mesmos e entender que aquilo que não temos ou não sabemos é uma questão de acesso. Coloca-nos disponíveis a acessar recursos e conhecimento de outros na mesma medida em que permitimos que os nossos sejam acessados.

Ao enxergar que tudo o que precisamos está no sistema em que vivemos (mas não necessariamente em nossas mãos), podemos fazer da nossa rede de apoio a própria abundância.

Foi assim que consegui do meu pai o espaço físico para o empreendimento; com os amigos, divulgar o trabalho em diversas escolas; dos pais dos alunos, o voto de confiança para realizar rodas de conversa entre pais, aliviando suas dores. Sim! Confiança também é um recurso.

Em tempos atuais, foi assim que Edu Lyra, idealizador do projeto Gerando Falcões, criou sua rede de apoio. Dos compradores do seu livro obteve recursos para suas palestras em escolas públicas, de onde conseguiu espaço físico para diversas oficinas para jovens. Dos resultados do polo de Qualificação Profissional abriu portas e conquistou apoio para suas práticas de gestão, através de empresas como *Ambev*, *KPMG*, *WiseUp* e outras.

Com a solidez de gestão conseguiu expandir polos de atendimento e criou parcerias com empresas para contratação dos jovens formados. Em pleno 2020, com a credibilidade construída, liderou a arrecadação de cestas básicas para 13,6 milhões de pessoas que moram nas favelas do Brasil e tem dificuldades para lidar com a crise que advém da pandemia global do vírus Covid-19.

> "A Terra fornece o suficiente para satisfazer cada necessidade do homem, mas não a cobiça de cada um." (Gandhi)

Reflita: você está disposto a pedir ajuda, mostrar-se vulnerável e criar relações de confiança mútua? Tem criado espaço para que outros peçam a sua ajuda?

Assumir responsabilidade por fazer acontecer

O Pensamento Empreendedor é uma *soft skill* que faz a ponte entre a intenção e a ação. É inevitável reconhecer nossa intenção, o propósito do nosso negócio e, ter coragem em torná-lo público e humildade em torná-lo coletivo.

Com 17 anos, muito me agradava a ideia de ter renda própria, mas não era só sobre isso. Havia uma grande intenção: aliviar a dor e sofrimento de pais e filhos em uma fase tão importante de escolhas e decisões de vida.

Não serve ficar na intenção, é necessário partir para a ação! Por isso, o Pensamento Empreendedor é, ao mesmo tempo, corajoso e humilde.
Corajoso por tornar pública nossas intenções: a serviço do que tomamos nossas decisões? Por vezes, é mais seguro nos comprometermos com aumento de receitas, vendas e expansão de negócios do que com impactos sociais, econômicos e ambientais prósperos. O que nos torna grande nem sempre nos faz responsáveis. É a coragem de dizer sim para fazer acontecer nossas intenções enquanto muitos poderão nos chamar de ridículo ou sonhador.

> "Sempre há um preço a ser pago. A questão é escolher entre pagar o preço de manter seus medos ou de buscar seus sonhos." (Ronen Gafni)

Humilde por tornar coletivas nossas intenções: não é sobre fazer pelos outros, mas sim nos responsabilizarmos por influenciar, unir talentos, engajar, fazer acontecer junto com os outros. A "minha escola" não teria sido uma experiência marcante sem que eu tivesse me responsabilizado, em primeiro lugar, em tornar minhas intenções comum às intenções de cada estudante, pai e mãe envolvidos naquele projeto.
Foi conectando intenção e ação que nasceu a Responsa, uma consultoria com o objetivo de inserir, manter e melhorar o processo de contratação de pessoas egressas do sistema prisional. Projeto que poderia não ter acontecido se houvesse faltado a fundadora dessa iniciativa, Karine Vieira, coragem e humildade. O que aconteceria com sua intenção se tivesse se rendido ao lugar de simples sonhadora?

Reflita: que decisões corajosas você tem tomado? Você escolhe protagonizá-las?

Tomar riscos

> "Tudo o que não está dito que não pode, pode." (Ronen Gafni)

A *soft skill* Pensamento Empreendedor conversa com nossa coragem de ser imperfeito, não saber, errar, arriscar, aprender, reaprender, começar de novo.
Entendemos as regras como algo que nos direciona, não que nos aprisiona. Quando elas impedem o progresso ou não fazem mais sentido, são questionadas e repensadas.
O Pensamento Empreendedor nos permite operar sobre o que está emergindo no mundo e não sobre o que está instalado. Por isso, o risco e a persistência fazem parte.
É um arriscar-se que também se vale do repertório já construído, das experiências vividas, da capacidade de aprendizado e de restauração que é inerente ao ser humano.

Soft skills: competências essenciais para os novos tempos

Quando as decisões precisam ser tomadas, há permissão para que a inteligência intuitiva também seja usada, praticando o desapego há um único caminho: o da razão.

> O instinto é algo que transcende o conhecimento. Temos sem dúvida, certas fibras mais finas que nos permitem perceber as verdades quando dedução lógica, ou qualquer outro esforço intencional do cérebro é inútil. (Nikola Tesla)

Reflita: como as inteligências emocional, sistêmica e espiritual se organizam em suas ações?

Conclusão

Quando estamos em sintonia com o Pensamento Empreendedor, todo o sistema é impactado positivamente. Foi assim com:

- Evelin que ingressou na Faculdade de Direito e teve conversas corajosas com sua mãe que a queria médica.
- Erika que superou suas dificuldades em Exatas porque encontrou propósito no esforço para ingressar no curso de Psicologia.
- D. Raquel e S. Marcos, pais do Rafael, que aprenderam a conversar sobre ansiedades e incômodos com seu filho que assumiu preferir um intercâmbio antes do ingresso na faculdade.
- Tantas outras pessoas, que foram meus grandes mestres do Pensamento Empreendedor.

Referências

BROWN, B. *A coragem de ser imperfeito*. Sextante, 2013.
BUCKINGHAM, M. & Clifton, D. *Descubra seus pontos fortes*. Sextante, 2017.
Future of Jobs Survey 2018, World Economic Forum. Disponível em: <https://www.weforum.org/reports/the-future-of-jobs-report-2018>. Acesso em: 14 de ago. de 2020.
GAFNI, R. & GLUCK, S. *Os Novos EmpreendedoreZ: mude a forma como você joga na vida*. Editora Voo, 2019.
SISODIA, R. & MACKEY, J. *Capitalismo Consciente: como liberar o espírito heroico dos negócios*. Alta Books, 2018.
YOUSAFZAI, M. *Eu sou Malala: a história da garota que defendeu o direito à educação e foi baleada pelo talibã*. Companhia das Letras, 2013.

Soft skills: competências essenciais para os novos tempos

Capítulo 26

Resolução de problemas

"Não se pode encontrar a solução de um problema, usando a mesma consciência que criou o problema. É preciso elevar sua consciência."
(Albert Einstein)

Juliano F. Antunes

Juliano F. Antunes

Empreendedor e fundador da Uliving, trouxe para o Brasil o conceito de *student housing*. Graduado em Engenharia Civil pelo Instituto Mauá de Tecnologia e pós-graduado em Gestão e Estratégia de Empresas, pelo Instituto de Economia da Unicamp. Apaixonado pelo aprendizado e pela leitura, é mentor da Learn To Fly, que ajuda as pessoas a encontrarem o seu propósito. É também conselheiro da Smartus, uma organização que promove conhecimento e inovação no mercado imobiliário.

Contatos
www.uliving.com.br
juliano@uliving.com.br
LinkedIn: www.linkedin.com/in/julianoantunes/

Juliano F. Antunes

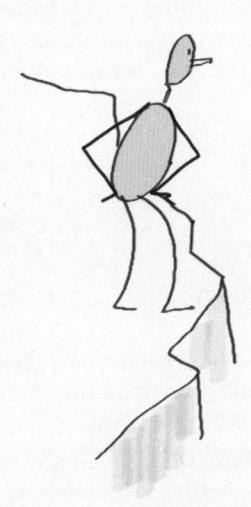

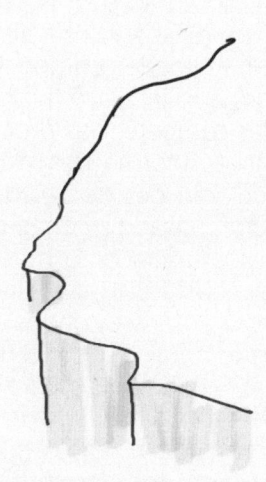

Em busca de soluções

Todos nós convivemos diariamente com problemas que precisam ser resolvidos. Eles surgem de todas as maneiras e começam desde uma simples questão até um enorme empecilho. Por exemplo, para uma criança de 2 anos, o desafio é pular o berço; para um adolescente, a solução de um exercício de matemática na escola ou como fazer funcionar um novo equipamento adquirido. Estamos em uma sociedade em que uma das frases mais ouvidas é "vivemos para resolver problemas", visão que pode tornar a nossa jornada ainda mais difícil. Como simplificar isso? Ou seja, o que é necessário considerar em um problema?

> Um problema surge quando alguém tem um objetivo e não sabe como ele pode ser atingido. Enquanto não se puder ir da situação atual para a desejada apenas pela ação, surge então a necessidade do pensamento... (Duncker, K. On Problem-Solving, 1945. Tradução Livre)

Soft skills: competências essenciais para os novos tempos

Na prática, essa pode ser uma boa explicação. Contudo, há uma definição diferente para cada um de nós e a proposta deste capítulo é justamente lhes trazer uma reflexão.

Existem diversas publicações sobre o tema ensinando técnicas para solução de todos os tipos de problemas. Porém, o que vou abordar aqui não são as estratégias (longe de mim ter um conhecimento sobre isso, minha história é a de uma pessoa comum), mas algumas habilidades comportamentais me ajudaram ao longo da vida e podem auxiliar você também.

Essas competências procuram identificar as questões difíceis, levam em conta as informações relacionadas, avaliam as opções e a implementação de soluções de acordo com contexto. Em um mundo cada vez mais automatizado e com o uso intenso de tecnologia, os dados podem indicar possibilidades com rapidez, mas quanto mais complexo ou inédito for o obstáculo para o indivíduo, mais importante será a capacidade de transformar esses dados em conhecimento.

Vale lembrar que o Fórum Econômico Mundial destacou 10 características fundamentais para qualquer profissional de alta *performance*. Uma delas é a habilidade de solucionar problemas, independentemente de seu nível ou função. Abordarei algumas dessas características neste capítulo, com foco na resolução de problemas. Nesse contexto, quero compartilhar com vocês uma parte da minha trajetória, apontando quais são as habilidades necessárias para suplantar reveses.

Em 2011, vivi um dilema que mudou minha trajetória. Eu estava cansado de trabalhar para os outros e queria realizar o sonho de tocar meu próprio negócio. Foi exatamente nessa ocasião que vislumbrei uma oportunidade de iniciar algo novo, inspirador, que mexeu comigo. Foi uma enxurrada de sentimentos e incertezas, mas estava decidido a seguir adiante e trilhar uma jornada como empreendedor. A partir dessa decisão, surgiu também um grande questionamento: como dar os primeiros passos e enfrentar esse desafio?

> "Cada sonho que você deixa pra trás é um pedaço do seu futuro que deixa de existir." (Steve Jobs)

A primeira providência foi aprender a lidar com as dúvidas, indecisões e meus medos mais profundos. Mas dei o primeiro passo, levando em conta os prós e contras em empreender. Não foi uma escolha fácil, porém correta. A partir daí me encontrei diversas e incontáveis vezes em uma posição de que deveria tomar outras decisões indispensáveis ao longo do caminho, resolvendo inúmeros problemas que nem imaginava no início. Por exemplo, se tornar um empreendedor em um momento de incertezas no país.

Posso afirmar que duas das características fundamentais que auxiliam no processo de resolução de problemas são, certamente, a capacidade de julgamento e a tomada de decisão e de entender o cenário de forma macro. Elas podem ser aprimoradas quando temos maior conhecimento sobre assuntos variados, tendo a capacidade de fazer uma análise do panorama como um todo. A leitura e a atualização constante fizeram com que formasse opiniões e definisse como avaliar se os riscos tomados durante o processo seriam aceitáveis para mim.

O processo de tomada de decisão para abrir o negócio de residências para estudantes (*student housing*) foi bastante complexo, pois eu tinha pouco capital e precisava atrair investidores para um *business* inédito no país, com alto volume de investimentos, sem nunca ter feito nada parecido antes. Minha decisão em seguir adiante foi baseada no conhecimento do setor fora do Brasil, na tendência mundial e na inexistência do modelo de negócio aqui, tendo também identificado o grande potencial de desenvolvimento no mercado brasileiro. Ou seja, foram vários conhecimentos adquiridos por meio de muito estudo e investigações que me auxiliaram nesse processo.

Aprendi muito com meus erros e acertos nessa empreitada, e conversar com muitas pessoas foi algo que contribuiu muito. Ouvi coisas boas e fui incentivado, recebi muito apoio. Mas, igualmente, houve pessoas que se posicionaram totalmente contra o negócio, tentando me desmotivar, enumerando apenas os pontos negativos, seja porque não tiveram a coragem de empreender ou simplesmente por não saberem tecer comentários construtivos. Percebi com isso outra habilidade primordial para favorecer a resolução de problemas, que é saber perguntar e, principalmente, saber escutar. Aprendi a ouvir com maior atenção e interesse genuíno. Para seguir adiante, com todos os "nãos" que tropecei em minha jornada, considerei cada reunião, apresentação e bate-papo como um aprendizado e oportunidade de crescimento, aproveitando todas essas situações para me aprimorar.

"Saber ouvir quase que é responder." (Pierre de Marivaux)

Mesmo com todas as negativas recebidas em mais de 4 anos, o controle emocional foi valioso. Portanto, essa é outra habilidade imprescindível para que possamos deslindar os problemas complexos. Não deixe de ler os capítulos sobre Inteligência Emocional e Atitude Positiva descritos nesse livro. Constantemente, a confiança no meu potencial e nas minhas ideias teve que ser reforçada para seguir adiante. Não me abalei com as decepções e com a minha própria insatisfação. Busquei forças dentro de mim até então desconhecidas. Tive que me manter sereno e otimista, mesmo nos momentos mais difíceis, lidando também com a ansiedade da família e as dúvidas que inevitavelmente acabaram surgindo após tanto tempo de persistência.

A cada dia eu me reinventava, criando argumentos e buscando novas ideias. Ou seja, a criatividade foi uma característica que aflorou e se mostrou incrivelmente importante na resolução dos obstáculos. Havia constantemente a necessidade do improviso, que somente é possível com uso dessa ferramenta. Quando eu esgotava todas as possibilidades, elaborava algo novo para enxergar novamente a luz no fim do túnel, descobrir outras oportunidades, renovar as esperanças e retomar o projeto.

No início de 2017, pensei que as coisas estavam começando a dar certo. Fizemos um acordo com uma empresa que seria nossa parceira para desenvolver empreendimentos, sendo eles os responsáveis pela captação dos investimentos. Trabalhamos juntos durante o ano inteiro, elaborando projetos e desenhando as estratégias futuras. Foi quando o maior problema de todos apareceu, pois fomos enganados por eles: essa empresa divulgou no mercado que iria entrar nesse setor e que havia feito uma parceria com uma companhia internacional, sem ao menos citar nosso nome.

Foi um momento de desespero e frustração. Tudo parecia sem saída, pois minha ideia, até então inédita, seria utilizada por outro *player*. Como resolver isso? Foi aí que o raciocínio lógico e estruturado entrou em ação. Tive que pensar de maneira mais clara e precisa, para dimensionar todas as possíveis soluções. Quando somos desafiados a enfrentar circunstâncias dessa magnitude, essa habilidade nos auxilia a colocar os pensamentos na ordem correta.

Foi um período extremamente crítico, no qual, mais uma vez, a criatividade foi imperativa, proporcionando outras oportunidades, as explorando da melhor maneira possível.

Tive que pensar fora da caixa, fazer mudanças rápidas e usar muitas estratégias simultâneas. Abri mão de algumas crenças e me tornei mais flexível e aberto, levando meus pensamentos para caminhos diversos e alternativos. Isso pode ser sintetizado em outra habilidade crucial, chamada de flexibilidade cognitiva. Sem ela, talvez eu tivesse desistido e jogado a toalha. Foi a capacidade de descobrir alternativas e torná-las possíveis, o que me ajudou a superar as dificuldades. Tive que manter o foco, buscando energia e esperança, enfrentando todos os meus medos. Naquele período, a meditação foi um exercício que me amparou muito e que fortemente lhes recomendo.

Uma vez ouvi algo que me marcou e que considero muito verdadeiro: "sorte é a soma de preparação e oportunidade". Enquanto procurava alternativas por todos os lados, ainda tentando resolver a difícil situação em que me encontrava, recebi a ligação de uma empresa que eu havia conhecido e apresentado o negócio 6 anos antes, me perguntando como estava o meu projeto e se queria retomar a conversa com eles. Não consigo descrever o que senti naquela hora, pois, ao mesmo tempo em que estava diante de uma grande oportunidade, não queria criar muita expectativa para não me frustrar novamente. Mais uma vez o controle emocional, que se demonstrou, ao longo desse tempo todo, um ponto de atenção constante, me fez manter a tranquilidade.

Juliano F. Antunes

Passei todo o ano seguinte, 2018, convencendo esse novo parceiro e negociando os termos do acordo. Felizmente, firmamos um relacionamento de confiança mútua. Foi também uma fase de muito aprendizado, em que calculava meticulosamente cada passo a ser dado. A cada reunião, tentava entender aonde eles queriam chegar, quais eram suas expectativas e necessidades e como eu poderia conduzir as negociações nesse sentido. Aprendi muito a me colocar no lugar dos outros, aprimorando a empatia como ferramenta essencial para vencer os obstáculos. Leia mais a respeito no capítulo sobre empatia.

A cada dia ficava mais curioso, com o intuito de entender o que levava as pessoas a tomarem suas decisões, criando vínculos mais fortes e profundos.

Consegui, então, fechar o negócio para receber os investimentos que tanto aguardava. Estava diante de mim a possibilidade concreta de realização do sonho. Mas o trabalho estava apenas no princípio. Os desafios encontrados e, consequentemente, os problemas a serem resolvidos se multiplicaram, pois, com os investimentos, vieram também a missão de estruturar toda a empresa, contratar pessoas, definir processos, sistemas e uma infinidade de outras demandas.

Desde então, todas as características que apontei anteriormente se mostraram necessárias, a fim de enfrentar as dificuldades e, com o passar do tempo, elas estão sendo sempre aperfeiçoadas e reforçadas. Eu me sinto a cada dia mais preparado e confiante nas minhas decisões, porque – além de ter me aperfeiçoado como profissional – elas também não são mais tomadas apenas por mim. Durante esse tempo, compreendi que me cercar de pessoas com experiências e visões distintas da minha facilitam o processo.

Nesse relacionamento com diferentes pessoas, habilidades, tais como empatia, saber ouvir e controle emocional, são ainda mais relevantes e precisam ser exercitadas a cada momento, pois somente assim conseguimos tirar o máximo de proveito dessas relações, sem criar outros impedimentos no meio do caminho.

O sucesso não acontece por acaso. Somos protagonistas da nossa jornada e não conseguimos terceirizar essa função. Precisamos enfrentar os obstáculos que aparecerem, aprender muito durante o processo, ter humildade suficiente para identificar nossas fraquezas, reforçar aquilo que acreditamos ser nossos pontos fortes e jamais desistir.

A vida é maravilhosa quando sabemos aproveitar cada instante. Quando olho para trás e vejo todas as dificuldades que já superei, meus erros e meus acertos, tenho cada vez mais certeza de que todos devem perseguir seus sonhos e lutar por eles. Os desafios surgirão, mas tudo que você precisa para solucioná-los está dentro de você. Acredite no seu potencial. Vale a pena cada segundo quando encontramos nosso propósito.

"Para realizar grandes conquistas, devemos não apenas agir, mas também sonhar; não apenas planejar, mas também acreditar." (Anatole France)

Referência

Future of Jobs Survey 2018, World Economic Forum. Disponível em: <https://www.weforum.org/reports/the-future-of-jobs-report-2018>. Acesso em: 14 de ago. de 2020.

Soft skills: competências essenciais para os novos tempos

Capítulo 27

Teamplay

Tão importante como desenvolver um bom trabalho, é com quem e como você o realiza. O objetivo deste capítulo é trazer um verdadeiro guia de como identificar, apoiar e desenvolver pessoas a trabalharem bem em equipe. *Teamplay* é saber jogar junto e esta é uma das habilidades mais valiosas do futuro. Portanto, vamos mergulhar nos problemas, princípios e técnicas de times de alta *performance*.

Guilherme Junqueira

***Soft skills*: competências essenciais para os novos tempos**

Guilherme Junqueira

Fundador e CEO da Gama Academy, escola que capacita profissionais para o mercado digital, premiada como melhor *startup* de Educação do Brasil e reconhecida pela Singularity University por sua inovadora metodologia de ensino. Junqueira foi *trainee* da Ambev, sócio de empresas de tecnologia e co-fundou a Associação Brasileira de Startups. Foi indicado pela Revista *Forbes* como um dos 30 empreendedores com menos de 30 anos mais influentes do mundo e eleito um dos 10 empreendedores que mais contribuíram com o ecossistema empreendedor brasileiro. Já realizou centenas de palestras e *workshops* no Brasil, Estados Unidos, Europa e África. É professor convidado de universidades renomadas, além de receber convites constantes para falar sobre o futuro da educação/trabalho e transformação digital para grandes corporações.

Contatos
www.gama.academy
guilherme@gama.academy
LinkedIn: www.linkedin.com/in/guijunqueira
Instagram: @guijunqueira

Guilherme Junqueira

Comunidade: Unidade Comum.
Um time de alta *performance*, é uma comunidade.
Pense comigo na última vez em que você se sentiu muito feliz pelo resultado de um trabalho que fez. É muito satisfatório mostrar para as pessoas algo que você realizou e se orgulha. Todo o tempo dedicado de aprendizado pode ser visto agora aplicado na prática.

O que mudaria no seu sentimento se esse mesmo trabalho fosse realizado em equipe? Você teria menos orgulho? Quais seriam os ganhos e perdas de fazer o mesmo trabalho, coletivamente?

Imagine os fatores: tempo, recursos e habilidades.

Ou seja, começar o trabalho em 3 pessoas com o mesmo objetivo: montar um móvel do zero em que um dos seus amigos sabe usar muito bem uma chave de fenda, o outro é bem forte fisicamente e você consegue ler atentamente o manual e organizar a sequência das montagens. Agora você tem o apoio de novos recursos e habilidades. Portanto, o fator tempo provavelmente será menor do que se fizesse sozinho.

É isso que eu chamo de Comunidade ou uma Unidade Comum: um conjunto que se torna sinérgico e integrado em busca de um mesmo objetivo. Um time de alta *performance* é uma comunidade.

Soft skills: competências essenciais para os novos tempos

Quanto juntamos pessoas com a mesma motivação, competências multidisciplinares que geram e mantêm a confiança e responsabilidade compartilhada, formamos uma equipe que gera resultados incríveis durante um tempo adequado.

Criando o ambiente: Os 5 pilares do *Teamplay*

Assim como em um jogo de vôlei ou futebol em que você precisa de uma quadra ou um campo para jogar, um bom time precisa de um bom ambiente para desenvolver seu trabalho com excelência.

Ao longo dos últimos 10 anos como empreendedor, tive 4 empresas com dezenas de colaboradores fantásticos e pude aprender, aplicar e aprimorar cada vez mais o que carinhosamente batizei de "5 pilares do *teamplay*", pontos chaves que hoje fazem parte do Código de Cultura da minha empresa.

1. Motivação intrínseca

Mais do que metas, bons times precisam de setas. Objetivos claros, mensuráveis e atingíveis já não são mais o suficiente, precisamos ir além.

É necessário entender os *drivers* das pessoas individualmente, aquilo que as move, para que exista um alinhamento eficaz, em que aconteça o crescimento da empresa, da equipe e do indivíduo. Não adianta querer 10% de crescimento por mês na organização se os indivíduos não crescerem profissionalmente 10% ao mês.

2. Competências multidisciplinares

Todos profissionais possuem seus "Red Bulls" (habilidades que gosto e sou bom em fazer) e suas "Kriptonitas" (temas que não gosto e que não sou bom em fazer). Já pensou se tivéssemos que ser bom em tudo que é preciso para um bom projeto ser realizado? É nesse momento que as competências técnicas e comportamentais multidisciplinares e complementares entram em ação.

O ideal é formar um pequeno time (como recomenda Jeff Bezos, o fundador da Amazon), que sejam *T-Shaped* (tenham na parte vertical do T sua especialidade técnica e na parte horizontal do T, suas habilidades adjacentes) e que possuam padrões comportamentais diversos, distribuídos entre perfis analistas, comunicadores, executores e planejadores.

3. Confiança e responsabilidade compartilhada

Sabia que o simples fato de você combinar de ir na academia com um(a) amigo(a), diminui suas faltas? Isso acontece porque gera em você um sentimento de responsabilidade com o outro, muito mais forte do que a sua própria disciplina de ir sempre sozinho(a).

Accountability, que significa "Prestação de Contas e/ou Responsabilidade", define bem o terceiro pilar. Trabalhe com pessoas, pois uma vai ajudar a outra quando for preciso, uma vai empolgar a outra quando necessário e uma vai ter a ambição de ser ou sentir pela outra. Quando essa pessoa fizer um bom trabalho, causa um sentimento inconsciente ou consciente de querer fazer bem feito também, para obter os resultados iguais ou maiores.

Confiar e ter a confiança da liderança também é essencial. Simon Sinek diz que a responsabilidade de um líder é proporcionar cobertura do alto da hierarquia. Um colaborador tem a probabilidade de ser 12 vezes mais engajado em um time se confiar no líder da equipe. Quando as pessoas sentem que têm controle para fazer o que é certo, mesmo que isso implique em uma quebra ocasional das regras, provavelmente elas farão o que é certo. A coragem vem de cima. A confiança para fazer o que é certo é determinada pela confiança que nossos líderes depositam em nós. Não confiamos em regras, confiamos em pessoas.

4. Timeframe

Tempo, assim como Dinheiro e Atenção, são os 3 recursos mais escassos do mundo. Acredito muito no poder do tempo como um fator condicionante, ou seja, com a escassez ou abundância do mesmo, milagres podem acontecer.

Quando criei a metodologia educacional da Gama Academy, que hoje é premiada e reconhecida por formar profissionais que aprendem rápido (*Fast Learners*), o elemento mais eficaz que utilizei em todo processo foi o tempo. Inspirei-me no modelo de gestão ágil e implementei um modelo imersivo de aprendizagem com *sprints* de entregas em grupos chamadas *1-week delivery*, ou seja, seu grupo recebe um projeto de aprendizagem e possui apenas uma semana para entregar os resultados estipulados, aumentando a intensidade do relacionamento em equipe e, consequentemente, os conflitos gerados ao longo das tratativas em conjunto. Então, as habilidades comportamentais (ou a falta delas) afloram durante a jornada de um time, fazendo com que cada indivíduo tenha que se desafiar ainda mais para que os resultados sejam obtidos, pois quando há desconforto, há crescimento.

Portanto, quebre suas metas em objetivos menores e recorrentes, diminua o espaçamento entre os planos e projetos e principalmente, defina um *timeframe*, ou seja, um prazo claro, com rituais diários, semanais e mensais que vão levar um time para outro nível de entrosamento, transformando potencial em potência. Ao final de cada *sprint* de trabalho, faça coletivamente uma retrospectiva das coisas boas e ruins que aconteceram durante esse período e circule uma avaliação em que cada membro do time avalia seus pares em relação às suas entregas técnicas e comportamentais, podendo fazer uma autoanálise do seu próprio desempenho.

5. Resultados conduzidos

Profissionais são lembrados pelos resultados que comprovadamente trouxeram. O currículo acaba ocupando o segundo lugar. Por isso é tão comum quando um gestor muda de empresa que ele traga também algumas peças chaves de equipes anteriores, porque ele já sabe como essa pessoa pensa, faz, e principalmente, que pode trazer resultados mais rápidos.

De todos os métodos de gestão de metas que utilizei, o mais eficiente foi o *framework* de OKRs (*Objectives and Key Results*), em que você define os objetivos e os resultados-chave que a empresa, a área e o indivíduo precisam alcançar, criando uma cadência na equipe. Consegui melhorar a performance dos times que lidero com essa metodologia, garantindo que todos andem na mesma direção com prioridades claras e em um ritmo constante.

Características individuais para um bom *Teamplay*

Podemos agora voltar os olhos para o indivíduo, para o profissional, para o ser humano que trabalha diariamente em uma companhia a fim de descobrirmos padrões de comportamento e desempenho que facilitem a criação do meu desejo que esse livro seja para você querido(a) leitor(a): um manual de sobrevivência corporativa sobre o futuro do trabalho. Criei uma forma simples de conhecer meus times, que leva em conta dois fatores imprescindíveis: *Performance* x Engajamento.

• **Performance**: profissional que entrega resultados acima da média. Tem um ótimo balanço entre habilidades técnicas e comportamentais. Está em uma posição aderente a sua capacidade de entrega e tem grande potencial de crescimento na empresa. Esse item tem relação com FAZER.

• **Engajamento:** não está na empresa apenas por salário. Transpira aspectos da nossa cultura e propósito. Muita dedicação, não faz corpo mole e tem proatividade. É *fast learner*, tem autoconhecimento e foca em aprender, ensinar e resolver. Esse item tem relação com QUERER.

Abaixo, a Matriz Individualizada do *Teamplay*, avaliando a *Performance* e o Engajamento de um profissional dentro de um time:

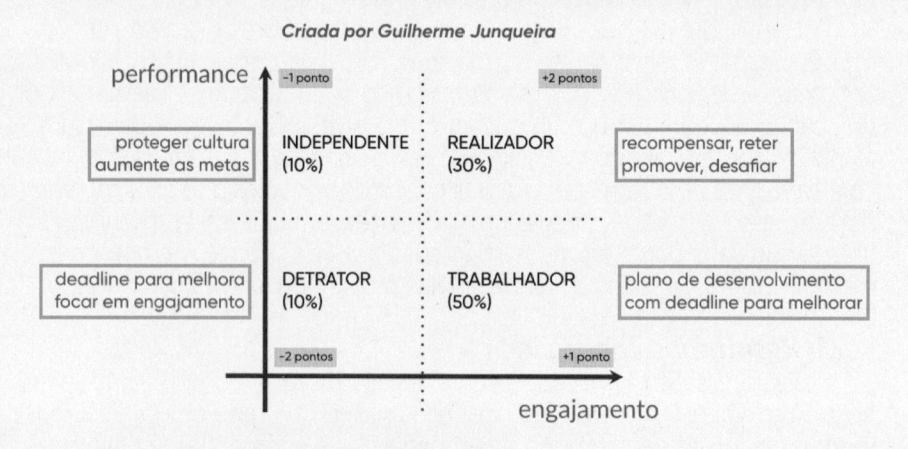

Criada por Guilherme Junqueira

	performance	−1 ponto	+2 pontos	
proteger cultura aumente as metas		INDEPENDENTE (10%)	REALIZADOR (30%)	recompensar, reter promover, desafiar
deadline para melhora focar em engajamento		DETRATOR (10%)	TRABALHADOR (50%)	plano de desenvolvimento com deadline para melhorar
		−2 pontos	+1 ponto engajamento	

Escolhendo se o colaborador tem Alta ou Baixa *performance* e se tem Alto ou Baixo engajamento, localizando o quadrante em que cada pessoa se encontra.

Após essa avaliação, um líder terá mais clareza de qual é o perfil atual desse membro no time (detrator, independente, trabalhador, realizador) para conseguir na sequência trabalhar no plano de desenvolvimento individual de cada colaborador.

Os 4 traços distintivos do engajamento em equipes

Visto que o elemento *performance* tende a ser mais mensurável e prático de se avaliar, quero trazer agora mais profundidade na análise dos 4 traços distintivos do engajamento em equipes.

Um estudo realizado pelo Instituto de Pesquisa ADP com profissionais de dezenove países, revelou que somente 16% dos colaboradores estão completamente engajados no trabalho, enquanto 84% simplesmente "vão trabalhar". O mais interessante é que o percentual de profissionais engajados mais que dobra se eles formarem equipes.

Entender o que pode influenciar no aumento do nível de engajamento, entusiasmo e produtividade que as pessoas sentem com seu trabalho é vital tanto para o profissional, que precisa de mais autoconhecimento para se motivar, quanto para os líderes, que podem agir para melhorar ou mudar algumas atitudes.

Uma pesquisa iniciada pela Gallup Organization mapeou os 4 traços distintivos fundamentais para o engajamento em equipes: 1) sentido de propósito, 2) clareza do que é valioso ou importante, 3) segurança psicológica e 4) confiança no futuro.

Esses quatro traços promovem uma altíssima taxa de engajamento, aumentando a produtividade, inovação e retenção dos profissionais da equipe. Se você quer descobrir o quão engajado(a) está, pegue uma folha em branco e responda até que ponto você concorda com as oito afirmações a seguir, em uma escala de cinco pontos, desde "discordo totalmente" até "concordo totalmente":

1. Estou realmente entusiasmado com a missão de minha empresa.
2. No trabalho, entendo perfeitamente o que é esperado de mim.
3. Na minha equipe, estou cercado por pessoas que compartilham meus valores.
4. Tenho a oportunidade de aplicar meus pontos fortes diariamente no trabalho.
5. Meus colegas de equipe têm meu apoio.
6. Sei que serei reconhecido pelo excelente trabalho.
7. Confio muito no futuro de minha empresa.
8. No trabalho, sempre sou estimulado a crescer.

Soft skills: competências essenciais para os novos tempos

E aí, como foram os resultados? Animadores ou Desesperadores? Lembre-se, o pior resultado é não saber que algo está indo errado. Portanto, considere essa autoanálise como um passo importante para saber onde é necessário ter mais atenção e ação.

Habilidades do profissional *Teamplay*

Tive a oportunidade de acompanhar de perto mais de 3.000 dos nossos alunos na Gama Academy no processo formação de grupos multidisciplinares entre programadores, *designers*, profissionais de *marketing* e vendas, e analisar as equipes que cumpriam os objetivos no prazo, atingiam as metas estipuladas e tinham avaliações individuais acima da média. Disso, identifiquei as 6 habilidades ou atitudes mais recorrentes entre esses profissionais. Recomendo que você se concentre no desenvolvimento dessas habilidades e para isso, leia os livros indicados abaixo:

1. **Comunicação assertiva** - *Os quatro compromissos*, Don Miguel Ruiz
2. **Escutatória** - *Empatia Assertiva*, Kim Scott
3. **Organização** - *Essencialismo*, Greg Mckeown
4. **Liderança situacional** - *O lado difícil das situações difíceis*, Ben Horowitz
5. **Autoconhecimento** - *IKIGAI: Os cinco passos para encontrar seu propósito de vida e ser mais feliz*, Francesc Miralles e Héctor García
6. **Aprendizagem contínua** - Faça um teste de estilo de aprendizagem e aplique métodos de aceleração de aprendizagem na sua rotina

Espero que esse capítulo sobre trabalho em equipe tenha te ajudado a entender e agir melhor quando o assunto for o coletivo, a comunidade, a equipe.

Referências

BUCKINGHAM, Marcus; GOODALL, Ashley. *The Power of Hidden Teams*. Harvard Business Review, Boston, 20 de mai. de 2019. Disponível em: <https://hbr.org/cover-story/2019/05/the-power-of-hidden-teams>. Acesso em: 15 de abr. de 2020.

CASTRO, Felipe. *O que é OKR*. Felipe Castro, 2020. Disponível em: <https://felipecastro.com/pt-br/okr/o-que-e-okr/>. Acesso em: 18 de abr. de 2020.

HAYES, Mary; CHUMNEY, Fran; WRIGHT Corinne; BUCKINGHAM, MARCUS. The Global Study of Engagement: Technical Report. ADP Research Institute, Newark, 1 de abr. de 2019. Disponível em: <https://www.adp.com/resources/articles-and-insights/articles/g/global-study-of-engagement-technical-report.aspx>. Acesso em: 16 de abr. de 2020.

SINEK, Simon. *Líderes se servem por último – como construir equipes seguras e confiantes*. 1ª edição. São Paulo, Editora Alta Books, 2019.

Soft skills: competências essenciais para os novos tempos

Capítulo 28

Persuasão

O ser humano evoluiu como o animal dominante no planeta por causa de sua capacidade de formar grupos, de cooperar e de construir em conjunto. Porém, para conseguirmos a cooperação de outros indivíduos, a persuasão é uma habilidade-chave. Este capítulo traz o que há de melhor na teoria e na prática, de maneira muito simples, para superarmos os desafios modernos e sermos muito mais persuasivos.

Lucas Silveira

Soft skills: competências essenciais para os novos tempos

Lucas Silveira

Tenho mais de 20 anos de experiência nos segmentos de varejo, consultoria e indústria. Tenho graduação em Administração de Empresas pela USP, pós-graduação em Marketing pela ESPM e especialização em negociação pela Wharton School, Philadelphia. Sou CEO e sócio da Pic-Me, fundador e CEO da Inception Training. Fui diretor de vendas na Red Bull por 8 anos e gerente nacional de vendas no Carrefour por 6 anos. Venho conduzindo treinamentos em renomadas empresas desde 2016. Mas isso são somente experiências. Não me defino como um executivo ou empreendedor. Assim, vou deixar aqui um título que me representa melhor: sou um explorador existencial. Um apaixonado pela multidisciplinariedade. Amo aprender sobre física, filosofia, negócios, amor, paternidade, neurociência. Acredito que todos estejam no caminho do despertar a fim de construir um mundo melhor e, assim, vivermos nossa existência da forma mais alinhada possível com nossa alma.

Contatos
www.inceptiontraining.com.br
lucassilveira@inceptiontraining.com.br
(11) 99311-5414

Lucas Silveira

Vanilla bullshit

Já perdi a conta de quantas vezes escutei essas palavras dentro do mundo corporativo sempre que o tópico em questão era algo ligado a sentimentos, desenvolvimento humano, *mindset*, percepções sutis, felicidade, enfim, *soft skills*. A expressão *Vanilla bullshit* (besteira de baunilha) é sempre utilizada com o intuito de diminuir a importância das habilidades interpessoais, afirmando que elas não servem para nada e que o resultado e as entregas tangíveis é que são importantes.

Por construir minha carreira majoritariamente no universo de vendas, sou uma prova viva de que estamos em um mundo muito focado em *hard skills*. Por mais de 20 anos presenciei e ainda venho observando uma valorização enorme por análises de excel, planos de ação detalhados, OKRs, ciclos PDCA e projetos com entregas minuciosamente descritas como ingredientes de bolo. Já recebi algumas vezes *feedbacks* como "primeiro entregue o resultado. Depois monte o plano de desenvolvimento das pessoas". Todos esses pontos dizem respeito ao que Sigmund Freud (1856-1939) já chamava de "ilusão da objetividade": Vivemos em uma sociedade que supervaloriza a objetividade em detrimento da subjetividade. Porém, isso não passa de uma ilusão, já que o cérebro humano funciona com o equilíbrio entre emoção e razão. Muitas vezes tomamos as decisões de forma emocional, mas tentamos justificá-las racionalmente. Alimentamos a ilusão de que somos seres 100% racionais e não há lugar em que isso seja mais verdade do que em um ambiente de negócios.

Pois bem, não estou aqui para dizer que *soft skills* são mais importantes do que *hard skills*, ou que a mudança de *mindset* seja mais relevante do que um bom planejamento estratégico feito no excel. Acredito que os dois tipos de habilidades sejam fundamentais e que nossa maestria como profissionais e seres humanos depende da compreensão de que ambos os mundos estão correlacionados. Aí está justamente o segredo da persuasão. O processo de persuadir, de influenciar outros a tomarem certas decisões ou pensarem de determinada forma passa por um balanço entre razão e emoção. Esse é apenas um dos tópicos acerca da persuasão. Nos próximos parágrafos, trarei 5 dicas de como estruturar um processo de criação de um modelo persuasivo. Obviamente um tema tão complexo não pode ser exaurido em um capítulo, mas tenho certeza de que podemos rapidamente elaborar as bases para que a forma de pensamento mude de imediato e, assim, você entre em uma jornada de excelência sobre o assunto.

Dica #1: Conte uma história

Aristóteles (385-323 a.C.) já dizia, há mais de 2 mil anos, que os contadores de histórias possuem o poder de influenciar as pessoas. Para Robert McKee, gênio da roteirização cinematográfica, as histórias têm o poder de significar a vida imediatamente, influenciando fortemente as nossas emoções. Pois bem, somos todos contadores de histórias e sempre que colocarmos nosso ponto de vista no formato de um relato, estaremos aumentando muito as chances de prendermos a atenção do público e, em um nível mais profundo, de modificar os valores associados ao tema.

Mas, como entrar na arte de *storytelling*? O jeito mais simples de começar é entendendo os arquétipos de Carl Jung (1875-1961) e, principalmente, a jornada do herói. Todos nós admiramos a jornada de despertar, as lutas e a transformação pela qual os heróis passam. Adequarmos nossa apresentação ou discurso no formato da jornada do herói é algo muito poderoso. A simples exposição de um plano de negócios pode avivar as emoções de todos como um chamado para a aventura. As dificuldades do projeto podem ser mostradas, de modo a unir a equipe em torno de um objetivo comum e os benefícios daquele plano, tidos como o grande prêmio e receber o reconhecimento após os desafios. Pessoas gostam de histórias e há infinitas maneiras de dispor uma apresentação institucional em um formato persuasivo de *storytelling* sem ser infantil ou amador. Grandes gênios dos negócios como Steve Jobs ou Warren Buffet, Simon Sinek e Charlie Munger sempre usaram essa técnica. Assistam a apresentações deles e comecem a ficar conscientes das técnicas utilizadas, da entonação, das emoções. Notem que eles estão sempre contando histórias.

Dica #2: Acredite no que você está falando

Como seres que dependem sempre da aceitação do grupo e assim garantir a própria sobrevivência, tivemos nosso cérebro projetado para detectar mentiras e desalinhamentos. É fácil nos lembrarmos de um momento em que estávamos ouvindo alguém falar e tivemos a sensação de que havia algo errado. Frases como "algo me diz para não confiar" ou "meu sexto sentido está apitando" trazem uma resposta não racional para as emoções que foram desencadeadas em nosso subconsciente. Noventa e cinco por cento do nosso processamento cerebral é feito de forma subconsciente, e processamos milhões de informações a cada segundo. A melhor maneira de contar uma história persuasiva e despertar a confiança da plateia é genuinamente acreditarmos no que estamos falando ou vendendo. Não tenha medo de expor seus valores e fazer as associações emocionais com o tema apresentado, pois isso irá gerar engajamento. Simon Sinek sabiamente afirma que "as pessoas compram o porquê fazemos as coisas, não o quê estamos vendendo". O modo mais fácil de acreditarmos no que estamos dizendo no ambiente corporativo é termos plena consciência dos benefícios do que estamos propondo. Quando cito benefícios, refiro-me ao que nossa ideia trará de positivo para o público que está "comprando" a ideia. Muitas vezes nos perdemos explicando as características do nosso projeto e como o implantaremos, mas as pessoas estão sempre mais interessadas na perspectiva delas, o que ganharão com aquilo. Não consigo calcular o número de vezes que presenciei vendedores investirem muito tempo explicando sobre o produto e não mencionando nem sequer uma vez o quanto o cliente lucraria vendendo aquele item, ou quanto *market share* iriam ganhar com a estratégia em questão. Tenha clareza e convicção dos benefícios do que está tentando persuadir e, assim, irá acreditar plenamente no que está propondo, fazendo com que o público também acredite.

Dica #3: Tenha um bom balanço entre emoção e razão

Acalentamos a ilusão de que as decisões são tomadas de forma 100% racional, mas Antônio Damásio, um dos principais neurocientistas do mundo já provou que o processo de tomada de decisões passa necessariamente pelas emoções. Após os primeiros trabalhos de Damásio, outros estudiosos também chegaram às mesmas conclusões e hoje podemos dizer com muita confiança que estimular as emoções é um aspecto-chave do processo de persuasão. Contar uma história acreditando no produto ou serviço já é uma excelente maneira de despertarmos as emoções corretas para a tomada de decisão, mas o diferencial aqui será um pleno entendimento do público receptor da mensagem. Cada pessoa é um ser humano com experiências de vida únicas e, portanto, com valores distintos, o que faz com que o modo de avivar emoções seja diferente caso a caso. Famosos oradores e apresentadores fazem questão de conhecer a fundo o público para o qual irá se dirigir e, assim, adaptar a mensagem, a fim de estimular corretamente as emoções. No mundo dos negócios, basicamente qualquer tema pode ser apresentado com o viés emocional. Excelentes possibilidades de lucro ou riscos de prejuízo são um exemplo de fatos simples atrelados a projetos e que emocionam muitas pessoas. Superação de desafios, reconhecimento e atingimento de sonhos são também ótimas alavancas emocionais. A simples tarefa de convencer o CEO de uma empresa a contratar uma pessoa a mais para a área pode ser, na verdade, a construção de uma narrativa com desafios, superação, exibição de *insights* numéricos sobre os benefícios da contratação e um passo decisivo na construção do futuro da empresa, tão almejado pelo CEO. Tudo isso é muito mais do que um funcionário que custará X reais por ano contra a receita que ele irá gerar. Fora isso podemos usar vídeos, músicas, com o intuito de alterar o ambiente em que estamos nos apresentando. Não podemos nos esquecer de que a racionalidade deve estar em equilíbrio com a emoção, portanto análises claras e cálculos numéricos precisos são igualmente importantes e devem estar presentes.

Dica #4: Use a criatividade e traga inovação

Abordar temas "batidos" não é o problema. Afinal de contas, vendas, margem, *headcounts*, projetos, investimentos em mídia, *e-commerce*, logística, entre outros, são pautas sempre existentes em nossa vida profissional e, com certeza, ainda falaremos muito sobre eles em nossas vidas. Sobre o aspecto pessoal igualmente existem temas recorrentes. Filhos, relacionamento, amor, a compra de um imóvel, organização de festas, etc. Todos eles, apesar de sua consistente existência, podem ser tratados de forma criativa e inovadora em uma abordagem persuasiva. Um dos segredos para a criatividade é, porém, o oposto do que aprendemos com Isaac Newton (1643-1727) e a maçã. A verdadeira criatividade não vem por intermédio de instantes mágicos ou grandes inspirações em horas de descanso. Os momentos de criatividade, ou combinatividade, são gerados após exaustivo trabalho de pesquisa e reflexão sobre determinado tópico. Portanto, se farei um *pitch* para conseguir investimento para nossa empresa, tomando como base o meu atual segmento de atuação, preciso entender o máximo possível sobre meu mercado, o público-alvo, o momento micro e macroeconômico, os desafios enfrentados por todos, enfim, os sonhos e valores dos principais envolvidos no processo. É preciso que eu me conecte genuinamente com os descobrimentos e reflita sobre eles para criar algo inovador. Essa não é somente minha opinião, mas também a de inúmeros expoentes no mercado mundial. Refiro-me a Adam Grant, em seu genial livro *Originais: Como os não conformistas mudam o mundo*; a Ian Leslie, em seu livro *Curious*; e a Robert McKee, detentor de centenas de roteiros bem-sucedidos de Hollywood.

Dica #5: Explore a certeza e o risco

Ganhador do Prêmio Nobel de Economia de 2002, Daniel Kahneman traz um simples, mas poderoso conceito. Nós, seres humanos, somos avessos ao risco. A dor de perder 50 reais é maior do que a satisfação de ganhar o mesmo valor. Em que isso muda nossa vida em persuasão? Em tudo. Toda ideia traz seus benefícios, mas também possui os riscos de sua não aceitação. Muitas vezes, lembrar a outra parte do que irá ser perdido é algo muito poderoso. Recordo-me de diversos momentos em que um plano de vendas para determinado produto foi aceito após mostrarmos ao cliente claramente o que aconteceria com as suas vendas e *market share* caso o plano fosse rejeitado. Isso ocorre graças ao nosso cérebro e seus mecanismos primitivos de sobrevivência. Há 50.000 anos saíamos de nossas casas para caçar e coletar em um ambiente hostil, perigoso, difícil de achar bons alimentos e onde todos queriam nos matar. Não havia hospitais, remédios ou médicos. Agora imagine se nos deparássemos com duas frutas pequenas e redondas, sendo uma delas vermelha e a outra amarela. Decidimos, um dia, experimentar a amarela e percebemos que ela era saborosa, nos gerava energia e, acima de tudo, não nos matou envenenados. Na manhã seguinte você pegaria novamente a amarela ou tentaria a sorte com a vermelha? Os indivíduos que apostaram na amarela tiveram mais chance de sobreviver e se multiplicar. Cá estamos, com um cérebro que nos diz para estacionar o carro sempre na mesma vaga ou dormir sempre do mesmo lado da cama. Somos avessos a riscos por uma questão antropológica e podemos muito bem explorar isso na persuasão. Com frequência, o simples fato de acenar com uma certeza gera uma nulidade de risco na cabeça de um cliente e isso pode ser muito mais poderoso do que oferecer dinheiro. Quanto vale uma solução que não irá deixar o cliente desamparado? Ou que irá garantir um determinado resultado, por mais que não seja o que ele esperava como a melhor alternativa? Vale muito!

Essas 5 dicas são simples, mas de complexa execução. É necessário refletir, entrar mais profundamente nos conceitos, ter maior consciên-

cia do próprio comportamento e começar a aplicá-las. Cada uma delas mudou a minha vida e irá transformar para melhor a de vocês também.
Um grande abraço.

Referências

CIALDINI. Robert. *As armas da persuasão*. Ed. Sextante, 2012.
DAMASIO. António. *O erro de Descartes: emoção, razão e o cérebro humano*. Companhia das Letras, 2005.
GRANT. Adam. *Originals: como os inconformistas mudam o mundo*. Editora Penguin, 2017.
KAHNEMAN, Daniel. *Rápido e Devagar*. Editora Objetiva, 2011.
LESLIE. Ian. *Curious: The desire to know and why your future depends on it*. Editora Quercus, 2014.
MCKEE, Robert. *Story: substância, estrutura, estilo e os princípios da escrita de roteiro*. Editora Arte & Letra, 1997.
SINEK. Simon. *Comece pelo porquê*. Editora Sextante, 2018.

Soft skills: competências essenciais para os novos tempos

Capítulo 29

Experimentação ou prototipação

"Acertar na primeira tentativa não é o objetivo. O objetivo é divulgar algo no mundo e usá-lo para continuar aprendendo, perguntando e testando. Quando designers centrados no ser humano acertam, é porque eles erraram primeiro." (Tim Brown). Experimentação é um ponto central nas formas de trabalho que adotam o pensamento sistêmico hoje, uma visão prática no campo organizacional e individual.

Aniela Quintanilha

Soft skills: competências essenciais para os novos tempos

Aniela Quintanilha

Empreendedora em transformação cultural, facilitadora de grupos e *coach*. Atua na construção de ambientes com intenção de possibilitar a expressão do potencial dos indivíduos e grupos. Especialista em cultura organizacional, metodologias ágeis e desenho de processos. Formada em Engenharia Elétrica pela PUC-RJ. Certificada em *Cultural Transformation Tools* pelo Barrett Value Centre, *Coaching* Ontológico e Maestria de Grupos pelo Território Appana, Comunicação Colaborativa pela Matriztica e cursando a formação de Psicossíntese. Fundadora da Blick Consultoria e sócia-fundadora da Daia Cooperação e Desenvolvimento. Também é Associada da LPS Inc. Atuou em diversas posições de liderança em grandes empresas multinacionais do setor de combustíveis, agronegócio e *commodities*. Focalizadora de Meditação Criativa e membro do grupo de Cultura de Paz da Casa Assagioli.

Contatos
www.blickconsultoria.com.br
aniela@blickconsultoria.com.br
LinkedIn: www.linkedin.com/in/aniela-quintanilha
Instagram: @anielaquintanilha
(11) 95750-4971

Aniela Quintanilha

Experimentação ou prototipação

Na primeira vez que ouvi os termos experimentação e prototipação em um curso de *design thinking*, não dei muita atenção. Estava mais atenta a outras qualidades, a exemplo da empatia e da colaboração. Pareceu-me algo simples como materializar uma ideia no papel e seguir adiante. Aos poucos, fui percebendo e ampliando minha visão sobre essa competência. Percebi que ela envolvia abrir mão de determinados padrões muito presentes na minha vida até então, entre eles o perfeccionismo, a intolerância a falhas e o excesso de idealização.

Naquela época, quando eu trabalhava em um projeto, individualmente ou em grupo, o resultado precisava ser perfeito, sem falhas. Logo, investia muito tempo na discussão de ideias, pois tinha uma única chance para "dar certo". O foco era investir longas horas no conceito e no planejamento para criar algo com chance quase zero de insucesso. E, se o projeto não atingisse o objetivo esperado, o sentimento era de fracasso e tempo perdido.

Soft skills: competências essenciais para os novos tempos

A experimentação me fez abrir um espaço interno para novos modelos mentais como "a construção à medida que o projeto ou o produto se desenvolve", "ver falhas como informação" e "tudo é um projeto beta e pode ser alterado ao longo do processo". Então, criar protótipos não quer dizer fazer "mal feito", sim testar a proposta em escala pequena de modo a obter informações relevantes o mais rápido possível e, assim, ir construindo um conceito gradativamente. Isso gera uma grande economia de energia e requer que a edificação do projeto seja feita aos poucos. O paradigma "primeiro idealizo o projeto e depois materializo" é quebrado. Nesse espaço, a construção é feita protótipo a protótipo. Então, uma vez que ocorre na prática, não precisamos investir tanto tempo em discussões sobre a melhor forma e aí vamos testar e observar os resultados. As falhas aqui são informações relevantes que vão alimentar o próximo desenvolvimento do protótipo, se houver.

Posso dizer que ver o mundo dessa maneira está me trazendo ganho de energia não só financeiro, mas também na diminuição daquelas discussões longas, conceituais e cansativas que nos desgastam e minam a nossa energia. Somado ao fato de que agora enxergo as falhas como informações valiosas que me auxiliam a que caminho tomar. As reuniões acabam ficando mais pragmáticas, objetivas e produtivas. A elaboração de protótipos ajuda a nos movimentar do "falar e pensar sobre um problema" para ir em direção à ação.

No campo individual, esse novo olhar sobre a vida igualmente tem surtido efeito. A partir do momento que passo a utilizar o mesmo conceito para "prototipar novos comportamentos", outras formas de ser surgem na vida. Só que sem uma "pressão" de ser algo definitivo e vendo pequenos "erros" como informação. Ver a vida por esse viés a torna muito mais fácil e leve.

Mas, afinal, o que é experimentação ou prototipação? O pesquisador e autor da Teoria U, Otto Scharmer, diz que "prototipar é criar um microcosmo vivo do futuro que você quer criar". Significa apresentar sua ideia antes de estar totalmente desenvolvida. O propósito é coletar *feedback* de todas as pessoas envolvidas sobre como ele se parece, como se percebe, se corresponde ou não às necessidades e aspirações, e, a partir daí, refinar as premissas sobre o projeto.

Para mim, a experimentação é a capacidade de colocar em prática ações por um determinado período de tempo movidas por uma intenção, observá-las e aprimorá-las no tempo e espaço.

Essa competência vem moldando o modo de trabalhar nas organizações a partir de diferentes abordagens, métodos e práticas, a exemplo do *design thinking*, o *Lean*, o *Agile*, a Teoria U, entre outras. O que elas têm em comum? Todas enxergam o mundo como uma rede interconectada, um todo integrado e não como partes separadas. Tudo está mudando de forma muito rápida, imprevisível, caótica e ambígua. O planeta não está estático, é um sistema vivo. Assim, o pensamento complexo substitui o linear e os métodos e abordagens têm como premissa essa visão de mundo que privilegia os relacionamentos e as conexões. Para navegar pela interconexão é fundamental considerar a cooperação entre as partes e não a competição, integrar as visões de todas as partes do sistema e atuar por meio de pequenos protótipos a fim de coletar informação do sistema e construção através do tempo e do espaço.

Dentro de minha área de atuação, que é a cultura organizacional, o que me chama a atenção é o *culture hacking* que também enxerga a cultura como um sistema vivo e empresta da ciência da computação a ideia de que qualquer sistema pode ser hackeado. Daí vem a analogia de que a cultura seja o sistema operacional da empresa. E, a partir dessa combinação, propõe-se que a cultura pode ser moldada a partir de pequenos protótipos de artefatos da cultura, os *culture hacks*. (TARNOWSKI, ANO, p. 2020)

O psicólogo social Edgar Shein (ano 2009) estabeleceu que a cultura organizacional possui três níveis: artefatos que são as estruturas, processos e práticas em vigor; os valores declarados (estratégias, objetivos, filosofias) e os pressupostos subjacentes (crenças, pensamentos, sentimentos, valores que geralmente são inconscientes para a organização). Os artefatos são a materialização dos pressupostos subjacentes.

Então, se os artefatos refletem os pressupostos subjacentes, ao "prototipar" novos objetos, estamos estimulando a organização a operar com novos comportamentos para, então, mudar os pressupostos subjacentes a partir desses pequenos protótipos que causam fortes impactos. Essa forma de agir dá conta de lidar com a desconexão que ocorre em muitas organizações entre os valores declarados e os artefatos e pressupostos subjacentes. Daí o termo "hackear a cultura". Por exemplo, se uma empresa gostaria de estimular o pressuposto "falhas como informações", além da utilização da experimentação na metodologia, poderia criar um novo experimento com a criação do artefato – "almoço para comemorar as falhas de projeto". Após a implantação, observa-se os resultados por um tempo e verifica-se se vale a pena continuar ou não.

Essa é uma nova proposta de trabalhar com a cultura organizacional. Segundo Coughlan, Suri e Canales (2007), a experimentação na mudança organizacional possui três objetivos principais:

- **Construir para pensar** – Os protótipos nos permitem desenvolver ideias de uma maneira diferente – pensando com as mãos. Podemos não ter uma ideia completamente desenvolvida, mas o ato de construí-la – colocando nossa ideia em um formato concreto – nos permite impulsionar nosso pensamento.

- **Aprender mais rapidamente falhando cedo (e frequentemente)** – Uma crença comum é que o fracasso é caro, embaraçoso e, portanto, é melhor evitá-lo. No entanto, sabemos que

Soft skills: competências essenciais para os novos tempos

ele costuma ser uma maneira poderosa de aprender. Os protótipos ajudam a criar um "espaço seguro" para falhas e, por isso, liberam as pessoas para fazer descobertas e assimilar conteúdos mais depressa.

• **Dar permissão para explorar novos comportamentos** – Os protótipos fornecem uma maneira de quebrar padrões estabelecidos. Ao introduzir um objeto "estranho" em um contexto habitual, criamos um nível de consciência sobre o nosso comportamento que concede às pessoas a opção de seguir ou não os padrões normais. Representações tangíveis e visíveis de novos comportamentos servem como incentivo ao comportamento de novas maneiras e como avisos ou lembretes contínuos dos outros comportamentos.

Diante desses três objetivos, o *culture hack* é uma ferramenta aparentemente simples de criação de pequenos protótipos com um viés emocional e que provoca grandes impactos na cultura da organização. Um *culture hack* bem executado cria algo novo. Esse processo ocorre com a junção de times autogeridos no modelo ágil que criam os *hacks*, testam e observam os resultados. É um processo que vai se adaptando às demandas organizacionais vivas.

Esse novo olhar para o mundo como algo vivo, interconectado e em constante mudança também impacta o nosso interior. Essa impermanência causa grandes reflexões.

Quando introduzimos uma nova competência em nossa vida, podemos nos deparar com padrões de comportamento, crenças, etc. que, um dia, já foram úteis e precisamos desaprender para começar a descobrir o novo. Neste livro, há um capítulo especialmente sobre essa competência. Trata-se da *Lifelong Learning*, ou seja, da aprendizagem contínua.

Ao adquirir novas competências, podemos utilizar a experimentação para nos auxiliar nessa jornada de aprendizado, incorporando os valores aprendidos. Por exemplo, agora, quando me deparo com algo novo que quero aprender, me jogo, utilizo uma mentalidade de *designer*-cientista.

Primeiro, penso que a novidade possui várias formas de se materializar. Escolho uma delas para pôr em prática e observá-la como um cientista. Sem pressão de errar, lembrando que equívocos são informações que me ajudarão a compor esse novo comportamento.

Vamos exemplificar: em um projeto de uma instituição que trabalho, decidimos experimentar uma nova metodologia que tinha como premissa o trabalho grupal em detrimento de ações individuais e pontuais. Então, em uma atitude de cientista, comecei a analisar o que acontecia comigo. Notei certa frustração com o ritmo do projeto ser mais lento do que a minha execução. Senti uma tensão interna, e essa é uma boa dica para olharmos quando temos um padrão antigo que se choca com o que estamos tentando experimentar. Para me livrar desse estresse, contei para o grupo, que imediatamente me lembrou da metodologia e do nosso propósito. Quando tomei essa atitude, me aquietei internamente. Foi uma excelente forma de lidar com a tensão.

Em resumo, durante o processo de experimentação ou prototipação de novos comportamentos no campo individual, aprendi que existem alguns aspectos que são chaves:

O primeiro é a intenção da experimentação. Identificar o que será "prototipado" e o que o leva a experimentar o novo comportamento: o que significa para você essa mudança. Saber o motivo torna clara a razão e isso vai alimentá-lo durante o processo de experimentação.

Um segundo aspecto é definir que o seu experimento é apenas um entre milhares de outras formas de atender o seu objetivo. Isso, particularmente, me faz lidar melhor com as possíveis falhas, que são informações durante o experimento.

Outro ponto importante é a observação. Assim como em experimentos científicos, esse enfoque é primordial. Observar o que acontece com o corpo físico (como o corpo reage, as sensações) e que emoções, sentimentos, pensamentos, crenças estão presentes. E, em seguida, lembrar-se da nossa postura científica, anotar o que acontece, pois nossa memória pode falhar. O registro nos possibilita avaliar a nossa evolução, nossos padrões e também a nos colocar nessa postura de observador-cientista.

Por fim, mas não menos importante, ao experimentar algo novo, um desconforto ou uma tensão pode estar presente. Aqui minha dica é acolher esse incômodo, observá-lo, anotar o que acontece e apenas respirar conscientemente.

Durante o processo individual, é imprescindível destacar que experimentar o novo não quer dizer que, a partir de amanhã, você estará atuando de forma diferente. Esse é um processo gradual e não linear, ou seja, às vezes atuará da maneira antiga ainda; em outras, de uma maneira mesclada; e, em determinadas ocasiões, agirá conforme a nova diretriz. O que vale é experimentar, observar e acolher as novas sensações que virão com este novo e descrevê-las.

Para aqueles que, assim como eu, estão nesta jornada para utilização de protótipos e de novos modelos mentais e comportamentos, a transição vem acompanhada de um olhar amoroso para nossos padrões automáticos antigos, para nós mesmos. Saibam que este caminho é gradual e que, frequentemente, os padrões antigos surgem quando menos esperamos, mas uma atitude compassiva, generosa conosco mesmos, deve ser cultivada. Porque, enfim, a experimentação é um caminho que pode trazer grande economia de energia no nosso dia a dia, abrir de forma rápida amplos caminhos e trazer novas informações com leveza e de forma divertida.

Referências

BROWN, Tim. *Learn From Failure. Design Kit.* Disponível em: <https://www.designkit.org/mindsets/1>. Acesso em: 15 de jun. de 2020.

COUGHLAN, Peter. SURI, Jane Fulton. CANALES, Katherine. *Prototypes as (Design) Tools for Behavioral and Organizational Change.* The Journal Of Applied Behavioral Science, 2007.

SCHARMER, Otto C. *The Essentials Of Theory U – Core Principles And Applications.* 1ª ed.. Editora Berrett-Koehler, 2018.

SCHEIN, Edgar H. *The Corporate Culture Survival Guide. New And Revised Edition*, Editora Jossey-Bass, 2009.

TARNOWSKI, T. *Culture Hacking — The Essentials. Plays In Business*, 2018. Disponível em: <https://www.plays-in-business.com/culture-hacking-the-essentials> Acesso em: 15 de jun. de 2020.

Soft skills: competências essenciais para os novos tempos

Capítulo 30

Lifelong learning

Neste capítulo veremos porquê aprender e reaprender de maneira continuada são as competências essenciais no contexto atual e futuro: o que difere de como sempre aprendemos nas escolas e como se manter engajado no processo de aprendizado consciente com o espírito do eterno aprendiz.

André Rocco

Soft skills: competências essenciais para os novos tempos

André Rocco

Consultor, Curador e *Designer* de Desenvolvimento Humano e Organizacional em competências como liderança, gestão e negócios em grandes empresas. Atuou como Gestor de Desenvolvimento em organizações construindo jornadas de aprendizado contínuo e significativo. Formado em Ciência da Computação com MBA em Gestão Empresarial, tem mais de 20 anos de experiência em desenvolvimento de pessoas por meio de atividades presenciais, *online* e facilitação de processos participativos. Tem especialização em *e-learning*, Certificação em *Coaching* executivo e carreira. É um *Lifelong learner* do tema. Idealizador da Looms Consulting, cujo nome significa tear, é uma rede de consultores, desenvolvedores e especialistas que têm o propósito de conectar a diversidade de novas experiências, aprendizados, visões e paixões. A Looms Consulting busca cocriar intervenções que provoquem mudanças significativas e sustentáveis.

Contatos
www.looms.com.br
andre.rocco@looms.com.br
LinkedIn: www.linkedin.com/in/andrerocco
(11) 99293-0678

Se você está lendo este livro com o desejo de aprender e se desenvolver nas *soft skills* aqui apresentadas, posso lhe dizer que já iniciou seu caminho como um *Lifelong Learner*.

Definimos *Lifelong Learning* como educação continuada ou aprendizagem ao longo da vida. É investir na formação profissional e pessoal de maneira proativa. Ter essa competência é se manter com mente de aprendiz e reaprender sempre.

O termo se tornou comum em organizações que geram diretrizes e recomendações para educação, instituições de ensino formal e empresas. Nessas últimas, promover o desenvolvimento dos colaboradores e das lideranças é essencial para se manter competitiva no mercado atual e futuro com ações complementares para além de escolas e universidades.

Neste capítulo falaremos principalmente de *Lifelong Learning* como uma *soft skill*, que permite você aproveitar o máximo de aprendizado das demais competências apresentadas nesse livro, aprofundando, praticando e utilizando em sua vida.

Soft skills: competências essenciais para os novos tempos

> "Devemos aprender durante toda a vida sem imaginar que a sabedoria vem com a velhice." (PLATÃO)

Convido a uma reflexão: Por que esta competência se tornou fundamental no contexto atual e futuro já que o aprendizado sempre esteve presente nas nossas vidas? O que difere daquilo que sempre aprendemos nas escolas?

Entre outros motivos para aprendermos sempre, destacamos outro termo popularizado nas organizações: o mundo V.U.C.A., sigla em inglês para Volátil, Incerto, Complexo e Ambíguo, utilizada para descrever o cenário em que há imprevisibilidade por excesso de variáveis, mudanças rápidas e constantes promovidas por avanços tecnológicos, transformação digital e a globalização.

A percepção de que tudo muda muito rápido e a todo momento gera incertezas e ansiedades, mas também possibilidades e oportunidades que dependem da nossa capacidade de aprendizado contínuo e novas respostas aos novos eventos. A mudança é tão dinâmica que os métodos tradicionais de treinar e educar são ineficientes.

O contexto da Covid-19 agiu como um catalisador do VUCA em 2020, pois um cenário que já mudava rapidamente e era imprevisível se acelerou exponencialmente. Tivemos que responder questões novas e complexas, por exemplo, a capacidade de lidar com a pandemia no âmbito da saúde e economia ou algo mais próximo como o *home office*. Questões como essas em diferentes culturas, condições socioeconômicas, com ou sem acesso à tecnologia, condições geográficas, etc. geram ambientes complexos.

Ambientes complexos são aqueles que têm como características a imprevisibilidade, em que causas e efeitos são desconhecidos e só percebemos os efeitos das ações após passarmos por elas, pois nunca as vivenciamos antes da maneira como esses eventos se apresentam no momento a exemplo, novamente, da Covid-19.

Precisamos levantar dados, lidar com grande fluxo de informações e variáveis, criar hipóteses e novas ações para então perceber o melhor caminho. Por isso, nesses contextos, priorizamos a aprendizagem contínua, inovadora e experimental.

Uma das competências mais relevantes à liderança atual e futura é a capacidade de gerar espaços de aprendizado e inovação colaborativos de forma constante, promovendo o *Lifelong Learning* nesses ambientes e, principalmente, incentivando as pessoas a se tornarem *Lifelong Learners*.

> "A habilidade de aprender mais rápido que seus concorrentes pode ser a única vantagem competitiva sustentável." (Arie De Geus)

Aprender é a capacidade de adquirir algum tipo de conhecimento e de utilizá-lo. Por toda nossa vida aprendemos: pela observação, escuta, conversando e experimentando em todas as interações com pessoas e ambientes. Participamos dos mais diversos métodos e conceitos de ensino, como Pedagogia, Andragogia, Escola Construtivista, Freiriana, Montessoriana, entre muitas outras. Fica aqui o convite para já exercitarem a busca pelo aprendizado conhecendo mais dessas e outras linhas.

Um conceito já difundido é a Heutogogia, nomenclatura criada por Hase e Kenyon na Universidade de Southern Cross, na Austrália. O termo vem do grego *heuta* (auto) + *agogus* (guiar) e é "estudo da aprendizagem", "autodirecionada" e "autodidata", ou seja, o mesmo que o nosso *Lifelong Learning*.

Até então vimos que o mundo VUCA gera contextos novos e complexos que exigem de nós novas respostas e ações. Para isso precisamos de novos aprendizados e, se a única constante é a mudança, a nossa ação protagonizada por nós, por nossos objetivos, é a ação de reaprender sempre.

Na minha vida o aprendizado constante esteve sempre presente. Tenho uma primeira formação em Ciências da Computação e hoje, se pretendesse atuar nesse ramo, o conhecimento técnico já seria quase obsoleto por todas as inovações na área. Trabalhei com marketing, o que me exigiu novos conhecimentos e comportamentos e a partir dessa área fui me aproximando de desenvolvimentos até participar de universidades corporativas.

Estas mudanças de início de carreira incluíram mudar de país, cidades e empresas, todas elas exigindo e contribuindo para novos aprendizados.

Atuo há muitos anos em consultoria de desenvolvimento humano e organizacional, em que mantenho o aprendizado constante no tema. Influenciar, criar espaços e promover o desenvolvimento contínuo é minha paixão e trabalho.

Em alguns clientes empreendemos o *Lifelong Learning* como programa de liderança. Buscamos promover uma cultura de auto aprendizado e percebemos, estando vários anos ao lado desses gestores, que além das mudanças significativas na cultura pelas intervenções e treinamentos, havia também uma busca individual dos líderes em se aprofundarem sobre os temas, praticarem e compartilharem estimulados pelos resultados que obtinham.

Vimos a liderança promover e incentivar esse comportamento nas suas equipes e, assim, a organização passou a ter competências para responder de maneira ágil ao mundo VUCA. Podemos dizer que, nessa situação, nossa *soft skill* se tornou cultura.

A aprendizagem é uma jornada, não um fim. *Lifelong Learning* é a competência de se manter sempre em movimento em busca do aprendizado. A procura por uma expansão de conhecimentos e habilidades é natural para o ser humano. Porém, nem todas as pessoas colocam isso em prática de forma consciente.

Buscamos o aprendizado por diversos motivos e saber por qual motivo você busca é uma parte importante nesse processo. É o que nos motiva.

Soft skills: competências essenciais para os novos tempos

Entre muitas razões para você aprender sempre, escolhi trazer essas como sínteses:

• **Realizar sonhos e objetivos profissionais:** sejam eles impulsionar sua carreira ou empreender. Em ambos, todo contexto trazido no início deste capítulo não pode ser ignorado. Em todas as áreas as mudanças são constantes. O *Lifelong Learning* se tornou fundamental para o sucesso dos empreendedores.

• **Se manter relevante:** tem a ver com não se tornar obsoleto, ter novas competências. Algumas empresas deixaram de exigir diplomas e buscam competências, pois mudam as tecnologias, os consumidores e a sociedade. Muitas atividades hoje estão suscetíveis à automação, principalmente pela Inteligência Artificial.

• **Ser mais criativo:** essencial para atender seus novos objetivos. Criar e inovar são capacidades de conectar conhecimento. Novas soluções vêm de novos aprendizados.

• **Por que gosta e lhe dá prazer:** o interesse em nos manter aprendendo um assunto é emocional e conectado ao que importa para nós, por isso queremos saber mais. Por exemplo, gostamos de uma música e buscamos saber mais daquele artista, suas inspirações, histórias e seguimos na jornada de aprendizado infinita. Divirta-se.

• **Melhora sua saúde:** mental, física e emocional. A busca pelo aprendizado ativa o cérebro constantemente, nos motivando a cuidar do corpo, de nossos sentimentos e relações.

• **Liberdade:** feliz consequência na jornada do *Lifelong Learner*. Aprender te dá confiança, autonomia e possibilidades de encontrar seu propósito a partir de cada nova habilidade e conhecimento. Digamos que tenha uma carreira organizacional e se encante lendo um livro sobre orquídeas percebendo que quer saber mais sobre isso até se tornar um estudioso e até empreendedor.

Há um direcionador da UNESCO na Comissão internacional sobre educação do século XXI que traz quatro pilares fundamentais associados ao *Lifelong Learning* e que trago como norteador no caminho dessa *soft skill*:

Aprender a conhecer

É sobre adquirir conhecimento. É o aprender a aprender. Está ligado ao conceito de aquisição de informação e de compreensão do que se adquire. É o saber com análise e reflexão sobre o assunto. Aprender a conhecer é aprender a pensar.

Aprender a fazer

Para que possamos influenciar em nosso caminho é preciso transformar o saber adquirido em ação. Não é um fazer só técnico. É saber se comunicar, analisar e criar, ou seja, aprender, por exemplo, a utilizar as competências apreendidas aqui nesse livro como resposta a um mundo VUCA.

Aprender a viver juntos

Criar cooperação entre pessoas e os desafios de lidar com conflitos e diversidade. É trabalhar junto e saber que coletivamente somos mais fortes, criativos e inteligentes. Aprender a conectar diversos aprendizados, experiências, emoções, visões e culturas permite que, por exemplo, uma resposta mais rápida a crises como da Covid-19 ou a criação de uma nova estratégia comercial.

> "O futuro das organizações – e nações – dependerá cada vez mais de sua capacidade de aprender coletivamente." (Peter Senge)

Aprender a ser

Esse caminho permite que você seja um *Lifelong Learner* em todo seu potencial aprendendo o caminho para o autoconhecimento, buscando o aprendizado que mais lhe faz sentido.

Peter Senge, autor de *A quinta disciplina*, descreve o aprendizado real como *metanoia*, palavra que significa ir além do pensamento. É a famosa mudança de *mindset* (mentalidade) e essa mudança acontece pelo autoconhecimento. O aprendizado tem como objetivo o desenvolvimento total do indivíduo, espírito e corpo, inteligência e sensibilidade e responsabilidade social, ética e espiritualidade.

A partir do *Lifelong Learning*, como você pode se tornar a melhor versão de si mesmo? Quais são os caminhos iniciais? Apresento aqui ideias iniciais e a partir delas encontrará novos caminhos:

• **Estabeleça metas e objetivos:** pode ser crescer na carreira, empreender ou mudar de trabalho. Foque naquelas que são mais significativas para você. Quais conhecimentos e habilidades você precisa adquirir? Reflita se suas metas não estão limitadas somente ao que você já sabe. Seja ousado.

• **Esteja consciente no aprendizado:** siga esses objetivos no caminho da reaprendizagem contínua. Estar consciente é fazer escolhas e agir nelas. Procure conhecer também a forma como melhor aprender, seus estilos de aprendizado.

Soft skills: competências essenciais para os novos tempos

- **Dê um primeiro passo possível:** comece com o que está a sua mão: um vídeo, um livro, um amigo experiente. À medida que caminha, novos caminhos surgirão. O aprendizado contínuo se constrói passo a passo. Novas respostas e perguntas só surgirão a partir de um conhecimento já aprendido.
- **Reflita e questione:** exercite sua capacidade crítica sobre a informação e o conhecimento tendo mais opções e mais visões.
- **Desafie sua própria visão:** o quanto você tem uma opinião fixa sobre algo? Esse é um dos maiores inimigos da aprendizagem. Rompa com suas crenças limitantes. Pensar é poder mudar de pensamento.
- **Amplie sua visão:** tenha uma visão panorâmica, viaje, conheça novas culturas, pessoas, locais diferentes na sua própria cidade, experimente o diferente. É a base para o aprendizado criativo.
- **Pratique e compartilhe:** aprendizagem prática é essencial. Experimente fazer, colocar em uso e compartilhar o que aprendeu. Ensine, colabore e receberá novos aprendizados.
- **Identifique suas barreiras:** supere as barreiras auto impostas como falta de tempo, dinheiro, acesso, localização, entre outras. Para todas estas barreiras há possibilidade de contorno com o próximo tópico:
- **Aprendizado está em todo lugar:** mantenha o olhar de aprendiz sempre, é disso que se trata o *Lifelong Learning*. Hoje o conhecimento é abundante, flexível, disponível e diverso em diferentes momentos e lugares.

Seja um curador de conhecimento, busque:

- Mentores, *Coaches* e Orientadores;
- Grupos de estudos e práticas presenciais e *online*;
- Treinamentos corporativos;
- Livros, vídeos, textos e *podcasts*;
- Cursos *online* e presenciais;
- MOOCs (inglês) - Cursos *Online* Abertos e Massivos.

Você pode fazer a diferença no mundo e à sua volta, impactando profundamente a vida das pessoas compartilhando e incentivando a aprendizagem.
Desejo uma ótima jornada a você, *Lifelong Learner*. Que o aprendizado esteja com você.

Referências

KENYON, Chris; HASE, Stewart. *Moving from andragogy to heutagogy in vocation education*, 2001. Disponível em: <https://eric.ed.gov/?id=ED456279>. Acesso em: 10 de Julho de 2020.
LIFELONG LEARNING COUNCIL QUEENSLAND. *Lifelong Learning Council Qld Inc*, 2020. Página Inicial. Disponível em: <http://www.llcq.org/>. Acesso em: 10 de Julho de 2020.
SENGE, Peter. *A Quinta Disciplina*. Rio de Janeiro/RJ: BestSeller, 2009.
TEAM ACADEMY. *Team academy*, 2020. Página inicial. Disponível em: <https://teamacademy.nl/>. Acesso em: 10 de Julho de 2020.
UNESCO. Unesco, 2019. Página Inicial. Disponível em: <https://en.unesco.org/>. Acesso em: 10 de Julho de 2020.

Soft skills: competências essenciais para os novos tempos

Capítulo 31

Desenvolvimento a partir de pontos fortes

Ao longo de minha carreira, observei que não é necessário ter todas as características e habilidades de *soft skills* para ser uma pessoa bem-sucedida e feliz, tanto no aspecto pessoal quanto no profissional. Este capítulo tem o objetivo de explorar o caminho pessoal para este equilíbrio e sucesso: a descoberta do seu potencial individual.

Daniela Cotrim Basile de Carvalho

Soft skills: competências essenciais para os novos tempos

**Daniela Cotrim
Basile de Carvalho**

Casada com o Ivan, mãe do Thomas e profissional da área de Desenvolvimento Humano e Organizacional. Psicóloga, Especialista em Administração e Consultoria de Carreira, Mestranda em Psicologia Experimental – Análise do Comportamento. Certificada em *Neurocoaching* pela Fellipelli e em *Coach* de Pontos Fortes pela Gallup. Após 20 anos dedicada ao trabalho em organizações, hoje atuo com a minha própria consultoria de tecnologia comportamental, a Essenza. Acredito na ciência como base para explicar o comportamento humano e considero fundamental tratar as pessoas a partir de um olhar atento e cuidadoso para a sua singularidade. O autoconhecimento é o meio para descobrirmos o nosso potencial, valorizá-lo e direcionar o que temos de melhor a serviço de nós mesmos, dos outros e da sociedade.

Contatos
www.essenzadh.com.br
daniela@essenzadh.com.br
LinkedIn: www.linkedin.com/in/daniela-basile
Instagram: @essenza_desenvolvimento_humano

Daniela Cotrim Basile de Carvalho

J á quase no final da leitura desse livro, você pôde conhecer diferentes características de *soft skills* e deve se perguntar como desenvolver todas elas. O primeiro passo nesta jornada é o autoconhecimento.

Os nossos padrões de comportamento são formados por três determinações: nossa herança genética, nossa história de vida (de interações com outras pessoas em diversas situações) e também nosso contexto cultural (as práticas e regras da sociedade em que estamos inseridos). Dessa combinação emerge um indivíduo único, que se relaciona e dá sentido ao mundo de modo singular.

O meio mais efetivo para conquistar a produtividade e a satisfação é conhecer e potencializar esse nosso jeito natural e único de ser, que nomearemos, daqui em diante, como os nossos talentos naturais. A Gallup estruturou esse conceito, com base em décadas de estudos, sobre o que leva as pessoas a alcançarem a excelência profissional. O resultado é uma metodologia consistente para o desenvolvimento de indivíduos, lideranças, equipes e organizações. O princípio básico é considerar que o mais efetivo desenvolvimento das pessoas está no investimento em seus pontos fortes em vez da correção de suas fraquezas.

Soft skills: competências essenciais para os novos tempos

Os talentos naturais são descritos como um padrão na maneira de pensar, sentir e agir, que pode ser aplicado produtivamente em um contexto. Quando usamos nossos talentos de forma regular e os direcionamos para obter resultados superiores, nós os transformamos em pontos fortes.

Vamos exemplificar esse conceito: ser capaz de estabelecer facilmente um relacionamento positivo com pessoas é um atributo natural de indivíduos carismáticos, mas mostrar-se apto a formar uma rede de relacionamentos ampla e mutuamente satisfatória que pode apoiá-lo quando precisar, aí já se começa a falar de carisma como ponto forte.

Como identificar os meus talentos?

Um caminho fácil e estruturado é utilizar ferramentas disponíveis no mercado, mas existe também a alternativa da reflexão pessoal para descobrir os seus talentos, que apresento a seguir.

As cinco principais pistas para identificarmos nossos talentos são:

1. **Desejos:** atividades que nos dão mais vontade de fazer, nas quais somos bem-sucedidos e queremos realizar mais;

2. **Aprendizado rápido:** o que temos facilidade e agilidade em aprender e que gera uma sensação de evolução gratificante;

3. **Fluxo (*Flow*):** o que elaboramos com muito envolvimento e, por isso, nem sentimos o tempo passar;

4. **Vislumbres de excelência:** aquilo que surpreende positivamente os outros (provoca admiração), mas que nem mesmo notamos, por ser tão natural para nós;

5. **Satisfação:** tarefas que nos proporcionam prazer, alegria e bem-estar que gostaríamos de repetir sempre.

Um importante ponto de partida para localizar seus talentos naturais é a auto-observação somada à percepção das pessoas que convivem com você. Refletir sobre a sua trajetória de vida, os fatos marcantes no passado e, sobretudo, o seu momento atual, podem ajudar nessa descoberta.

Estabeleça um período de 15 dias para fazer uma autorreflexão pessoal. Siga este roteiro e escreva, pelo menos, 5 ações para cada item:

- Atividades que mais atraíram sua atenção e interesse;
- Suas principais qualidades, o que você destacaria como a sua melhor contribuição e/ou traço;
- Tarefas concluídas com facilidade e sem perceber o tempo passar;
- Momentos nos quais se sentiu mais feliz e realizado.

Adicione agora a visão de outras pessoas sobre você. Nosso autoconhecimento também é construído a partir da contribuição do que observam de nossos comportamentos em interação, pois não prestamos atenção no que fazemos de maneira recorrente e automática. Nessa etapa, peça a 5 ou 6 pessoas que o conheçam bem e em quem confia que descrevam suas três principais qualidades.

A próxima etapa será você relacionar suas declarações de força. Reflita sobre seus registros e enumere até 10 afirmações que representam melhor as pistas de seus talentos. Procure descrever com verbos de ação, identificando a situação, o que você fez e qual foi a consequência.

• **Exemplo 1:** eu me sinto forte quando consigo ajudar alguém, usando meus conhecimentos técnicos e experiência a fim de solucionar um problema ou uma dúvida e a pessoa fique satisfeita.

• **Exemplo 2:** eu me sinto forte quando tenho tempo e tranquilidade para pensar sozinho em um obstáculo a ser removido ou em uma decisão que preciso tomar.

• **Exemplo 3:** eu me sinto forte quando planejo o meu dia, listando todas as tarefas a serem realizadas, e fico muito feliz se, ao final, percebo que concluí a maioria delas.

Boas pistas que revelam seu talento natural são estas: as suas frases lhe parecerem perfeitas, gerarem sensações positivas, além de descreverem ações que você tem intenção de repetir e aprender mais a respeito.

Relembre também as situações em que obteve sucesso no seu passado. Reflita quais foram os padrões de comportamento, o que pensou e sentiu na ocasião e se há semelhança com as suas frases de força. Reconhecer nosso jeito único e utilizá-lo de forma consistente é a melhor opção para construir uma carreira que possa aproveitar o melhor de nós.

Como usar os meus talentos na prática?

As pesquisas da Gallup apontaram que apenas 20% das pessoas relatam desempenhar um papel no qual têm oportunidade de utilizar o seu melhor todos os dias. Se somos mais criativos, curiosos e otimistas quando atuamos com os nossos pontos fortes, por que não conseguimos usar mais aquilo que temos de melhor?

A resposta é que não basta conhecer os nossos talentos. É necessário seguir dois passos adiante: valorizá-los e, depois, direcioná-los de forma intencional em tudo o que fazemos.

Para chegarmos à excelência, estarmos cientes dos talentos naturais é o ponto de partida, mas é essencial desenvolvê-los, lapidá-los para que se tornem pontos fortes. O caminho para isso é adquirir conhecimento específico, além do treino prático de habilidades de forma direcionada.

Soft skills: competências essenciais para os novos tempos

Um professor, por exemplo, pode ter um grande talento para a comunicação, traduzindo conceitos complexos em histórias emocionantes e envolventes. Entretanto, para atingir a excelência é fundamental que ele tenha conhecimentos profundos e atualizados do conteúdo que leciona, além do treino prático de habilidades docentes na sala de aula, seja ela presencial ou virtual.

O maior engano de alguns profissionais é achar que, ao concluir um curso, terá o suficiente para dominar uma atividade. Aprender técnicas é vital, mas o sucesso virá se essa técnica e os conhecimentos adquiridos estiverem apoiando o seu talento natural. Marcus Buckingham, pesquisador e consultor de pontos fortes, afirma que o sucesso é mais editar do que acumular. É indispensável, portanto, ter um foco claro para direcionar os investimentos em desenvolvimento.

Um exercício prático e imediato para lapidar um talento é escolher um desafio atual e significativo na sua vida. Reflita sobre como poderia agir usando suas principais qualidades. Revisite suas frases de força para apoiá-lo nessa reflexão.

Pode parecer difícil no início, mas, com treino e persistência, você conseguirá aos poucos valorizar e praticar o uso das suas forças. Os melhores profissionais em uma função não têm características semelhantes, mas são aqueles que obtiveram os resultados por comportamentos diferentes, porque souberam potencializar os seus talentos.

Eles moldaram as suas funções para utilizar mais os seus pontos fortes nos desafios diários. Um médico pode recomendar o paciente a seguir determinado tratamento por vertentes distintas. Se ele tiver talento analítico, pode detalhar as etapas percorridas, os resultados dos exames anteriores, as estatísticas de sucesso com o recurso terapêutico sugerido. Por outro lado, se tiver um talento de empatia e, assim, perceber que o paciente está com medo, pode conseguir a adesão dele, oferecendo, no lugar de dados estatísticos, uma escuta acolhedora e afetuosa, um olhar seguro, um sorriso ou até mesmo o silêncio no momento certo, seguido por um espaço propício para tirar as dúvidas do paciente.

O que fazer com os pontos fracos?

Fomos acostumados a achar que melhorar nossas fraquezas nos levaria ao sucesso, inclusive historicamente, nossa atenção para aumentar o desempenho sempre foi na direção de nossas dificuldades. Na escola, estudamos mais as matérias de pior resultado; no trabalho, o que não fazemos tão bem se transforma em plano de ação de desenvolvimento.

Os seres humanos têm uma capacidade imensa de adaptação e aprendizado de qualquer habilidade. Com treino intenso e esforço, é possível aprender uma nova tarefa e ter um bom desempenho nela. O princípio do desenvolvimento a partir dos pontos fortes demonstra que, quando investimos nas fraquezas, podemos certamente melhorar. Entretanto, não atingiremos a excelência que conseguiríamos se dedicássemos o mesmo tempo e esforço para aprimorar aquilo em que já somos naturalmente bons. E mais: com o adicional da motivação e da satisfação.

Quem não conhece alguém que é bem-sucedido em suas funções, mas é absolutamente infeliz, ou acaba por adoecer pelo nível de dedicação e esforço sem a contrapartida da satisfação?

Os pontos fracos relevantes para dedicarmos esforço e tempo são aqueles que atrapalham o nosso resultado. Precisamos gerenciar deficiências que impedem o nosso sucesso. Isso está mais ligado ao controle de danos e riscos do que nos aspectos pelos quais seremos lembrados e admirados.

O poder das parcerias

Como visto até aqui, a receita para uma vida produtiva e que gere maior satisfação é o investimento em nossos pontos fortes, minimizando o impacto dos fracos. Como não podemos dominar todas as *soft skills*, para sermos profissionais mais completos, temos um novo passo para dar: a construção de parcerias poderosas.

Conseguimos resultados extraordinários quando somamos os nossos pontos fortes com as forças de outras pessoas. Além da complementariedade de talentos, a interconexão proporciona maior motivação, felicidade e bem-estar. O pesquisador de Harvard Shawn Achor descreveu esse fenômeno como o "Grande Potencial", em que atribui o sucesso na carreira e na vida não apenas a um conjunto de atributos individuais excepcionais, como capacidade intelectual, formação distinta, criatividade, engajamento ou motivação. Para ele, o principal fator preditivo é a conexão social, ou seja, a capacidade de se conectar ao outro, colaborar e se beneficiar dessa relação.

Durante a nossa vida, temos a oportunidade de construir inúmeras parcerias, desde as mais pontuais até as mais duradouras. A Gallup realizou uma pesquisa e mapeou oito dimensões das grandes parcerias, que nos fornecem uma direção para o nosso desenvolvimento:

1. Pontos fortes complementares: o reconhecimento e a valorização mútua das forças complementares (o outro é forte naquilo que eu não sou e vice-versa) potencializam as entregas de uma equipe.

2. Uma missão comum: ter objetivos compartilhados aumenta a colaboração e o foco na parceria.

3. Senso de justiça: equilíbrio de carga de trabalho bem como medidas de reconhecimento e recompensa.

4. Confiança: poder contar com o que o outro diz e faz. A confiança fornece a segurança de poder trabalhar bem as responsabilidades individuais pelo todo.

5. Aceitação das diferenças: cada indivíduo atua pelo filtro dos próprios talentos, mas ao focar nas forças e contribuições positivas do outro, sem querer mudá-lo, cria-se um ambiente de respeito e harmonia.

6. Perdão: um ambiente que perdoa as imperfeições e erros (todos cometemos em algum momento) fortalece os vínculos.

7. Comunicação: uma boa comunicação previne mal-entendidos, garante a fluidez das informações, cria sintonia e fortalece as alianças.

8. Altruísmo: é quando cada um se dedica a fazer a sua melhor contribuição e fica feliz pelo sucesso do outro. Os resultados coletivos passam a ter um valor especial.

Quando todos os elementos são combinados, temos na prática uma parceria poderosa, a sensação de que, ao combinarmos nossa mais acertada versão com o melhor de nossos colegas, podemos produzir resultados excepcionais.

A jornada para conhecer a si mesmo é desafiadora. Temos que identificar, valorizar e aplicar, a todo momento, os nossos próprios pontos fortes. Entretanto, o desafio maior de nosso desenvolvimento e desempenho está na relação com o outro, em demonstrar interesse, valor e respeito pela sua individualidade. Somar as forças cria relações mutualmente satisfatórias, que resultam em frutos para a própria pessoa e para o coletivo. É um caminho virtuoso para trilharmos.

> "Os pontos fortes se desenvolvem melhor em resposta a outro ser humano." (Donald Clifton)

Referências

ACHOR, S. *Grande potencial: cinco estratégias para você chegar mais longe desenvolvendo as pessoas a seu redor.* Tradução de Cristina Yamagami pp.14-33. São Paulo: Benvirá, 2018.

BUCKINGHAM, M; CLIFTON, D. *Descubra seus pontos fortes.* Tradução de Mário Molina pp.30-82. Rio de Janeiro: Sextante, 2008.

WAGNER, R.; MULLER, G. Power of 2. *How to make the most of your partnerships at work and in life.* pp.1-10. New York: Gallup Press, 2009.

Soft skills: competências essenciais para os novos tempos

Capítulo 32

O valor do autoconhecimento

A busca pelo autoconhecimento é um projeto fundamental para se desenvolver uma variedade de *soft skills*. Por isso, neste capítulo, vou compartilhar com vocês como a psicoterapia é uma das poderosas ferramentas nesse processo. Trata-se de um trabalho profundo e personalizado que auxilia tanto a explorar e a valorizar talentos existentes quanto a descobrir aqueles que, por alguma razão, foram oprimidos.

Ana Cláudia Alvim Simão

Ana Cláudia Alvim Simão

Psicóloga Clínica e Psicoterapeuta Sexual e de Casal. Graduada em Psicologia pela Universidade Gama Filho (RJ). Diploma de Pós-Graduação em Psychosexual Therapy pela Middlesex University and Wittington Hospital – Londres (Reino Unido). *Masters in Sexuality* pela SouthBank University – Londres (Reino Unido). Atuou na Victoria Clinic (Londres) como *Psychosexual Therapist* e Westminster Hospital (Londres) como voluntária na ajuda de pessoas com Aids. Trabalha há 28 anos em consultório. É palestrante e comanda o programa *Libertas*, na TV Democracia no YouTube. Programa este que aborda temas como amor, sexo, relacionamento e saúde mental.

Contatos
aclaudiasimao@uol.com.br
Instagram: @alvimsimaoanaclaudia

Ana Cláudia Alvim Simão

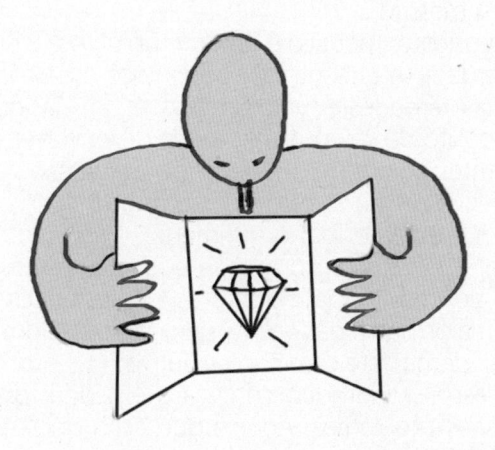

Como mencionei na abertura do capítulo, o primeiro passo para o desenvolvimento ou o enriquecimento de uma *soft skill* é o engajamento no processo de autoconhecimento.

Cada indivíduo, conforme sua personalidade, adapta-se a um tipo de ferramenta. Tanto a Psicoterapia quanto a Psicanálise, ou um trabalho personalizado e reflexivo de *coaching*, podem ser outras ferramentas valiosas nesse processo.

Neste capítulo, vou compartilhar experiências que vivencio no meu consultório, por meio de um estudo de caso, para que possam compreender como um trabalho de autorreflexão com o intuito de se autoconhecer é conduzido por intermédio do processo psicoterapêutico.

Acredito firmemente que a Psicoterapia seja uma ferramenta empolgante, que abra caminhos para que as *soft skills* possam ser abordadas, trabalhadas e até mesmo lapidadas.

Processo

Vejo que, a partir do momento em que se conhece e é entendedor de seus mais profundos sentimentos, tanto de suas habilidades quanto vulnerabilidades, eu diria que você tem grandes chances de se socializar, trabalhar em grupo, criar vínculos com maior facilidade e adquirir maior riqueza nos relacionamentos.

Suas motivações, seus dogmas, seu modo de encarar a vida e de enxergar o outro podem ser transformados positivamente quando você se disponibiliza a fazer um trabalho consigo mesmo. Infelizmente, o que ocorre é que a maioria das pessoas tende a fugir de suas próprias dificuldades emocionais e não consegue enxergar o ganho de um trabalho reflexivo sobre si mesmo.

O processo psicoterapêutico é longo e doloroso. É uma trajetória em que você se perde e se encontra, em que você é desafiado e desafia, se aventura em suas verdades e suas mentiras, sejam elas quais forem. Sempre com o propósito de se conhecer, de se desenvolver, de trazer à tona angústias presentes que podem ter nascido no passado e que ainda machucam. O objetivo de iniciar este tipo de trabalho, além do crescimento pessoal, é eliminar ou amenizar o sofrimento.

Na verdade, acredito que só evoluímos se passarmos por frustrações, por sensações de impotência perante as circunstâncias que a vida nos apresenta. Na maior parte das vezes, precisamos recorrer a especialistas para que nos ajudem neste caminho evolutivo.

Nesse processo, o indivíduo começa a entender que é responsável por vários de seus problemas. Aquele que acha que seu talento e suas qualidades são responsáveis por tudo que dá certo e que as outras pessoas, ou situações, são causadoras de tudo que dá errado, está limitado a qualquer benefício. De fato, estará destinado à estagnação.

A consciência e a mudança andam juntas. Estão essencialmente ligadas. Para que haja modificação de comportamento, o reconhecimento de atos destrutivos deve ser internalizado e elaborado. Recordar e trabalhar experiências, sentimentos que muitas vezes podem ter sido oprimidos é fundamental para que o paciente passe a vislumbrar um novo modo de se ver e entender o mundo com novas percepções, desvinculado daquelas que podem ter sido distorcidas. Para que isso ocorra com certo equilíbrio, a relação paciente/terapeuta é de extrema importância, deve ser sólida e inspirar confiança.

Reitero: é um processo sofrido e cheio de ansiedades, mas com propósitos. Com frequência, refere-se a um relacionamento único e específico entre duas pessoas, no qual o paciente se sente livre para que possa demonstrar seu esforço de ser ele ou ela mesma, lutando contra seus medos de se apresentar para si mesmo.

Acredito que a pessoa leve uma vida inteira para ser discutida e entendida na sala do consultório, com seus pontos cegos, sentimentos de impotência, com comportamentos de autossabotagens e repetições. Sozinho muitas vezes ele se sente só e se imagina sem saída.

Vivemos em uma sociedade cheia de demandas, geralmente irreais, com pessoas cada vez mais à procura de poder e exposição.

Segundo a Psicanálise, disciplina de tratamento de neuroses e transtornos mentais, criada por Sigmund Freud (1856-1939), existem vários mecanismos de defesa do ego; ou seja, manobras mentais que desenvolvemos para poder escapar de pensamentos e situações desagradáveis e difíceis de encarar. A negação é uma delas.

As características do transtorno narcisista de personalidade têm como exemplo uma disfuncionalidade na autopercepção. É o caso de alguém que se sente merecedor e acredita que as outras pessoas devam servi-lo por considerá-las inferiores.

O indivíduo com traços de vaidade se percebe tão grandioso que não tem uma visão positiva de ninguém, o que o faz ter um comportamento muitas vezes superior e arrogante. Com isso, suas relações podem se tornar facilmente abusivas. O sentimento de compaixão e de empatia é inexistente.

No ambiente de trabalho é alguém que pouco valoriza os colegas. Brilhar e alcançar o topo são seus objetivos e ele irá fazer absolutamente de tudo para que isso aconteça. É alguém que, apesar de sedutor, inteligente e articulado, é isento de autocrítica. Não tolera criticismo e pode até se relacionar com hostilidade.

O processo de autoconhecimento no caso de Ricardo

Um executivo de uma grande empresa multinacional da área de telefonia, com características de TNP (transtorno narcisista de personalidade), comportamento passivo-agressivo, chega ao consultório. A queixa atual era sobre relacionamentos no trabalho; estava com dificuldades de gestão e particularmente com o seu gerente direto.

Durante a consulta revelou a frustração por permanecer pouco tempo nos locais em que trabalhava. Apesar de ser competente e ter uma carreira brilhante, Ricardo não conseguia se estender por mais de dois anos em cada organização em que passava.

As questões difíceis que o faziam sair giravam em torno de dificuldades nos relacionamentos profissionais. Tinha acabado de ser desligado do último trabalho.

Terapeuta: Olá Ricardo! Você está novamente 35 minutos atrasado.
Ricardo: Pois é, eu peço desculpas, não achava meu celular.
T: Na semana passada, foi a chave do carro.
R: Verdade. Não entendo, sempre acontece. Na semana anterior, foi meu filho de 17 anos me pedindo dinheiro.
T: E você o ajudou?
R: Preciso falar de algo mais importante agora.
T: Ok, vamos lá.
R: Tenho um gerente que trabalha para mim chamado Denis, que nunca chega no horário e nunca nem me entrega em tempo o que eu peço para fazer. Fico louco de raiva. Vou demiti-lo.

Soft skills: competências essenciais para os novos tempos

T: Pode me explicar melhor?

R: Ele diz que tem dificuldades para dormir e que quando chega de manhã não consegue se levantar. Além do mais, durante o dia não consegue trabalhar adequadamente por estar cansado e com sono, se torna lento e negligente com os meus pedidos. Ninguém parece se importar. Só eu.

T: Ricardo, me parece que, além da questão que coloca que realmente parece ser um problema, ele precisa de ajuda. Você consegue ver que seu gerente tem esse estilo que o incomoda por talvez você se reconhecer nele?

R: O que está querendo dizer?

T: Parece que está bravo por achar que é uma crítica. Há uma semelhança de comportamento entre vocês. A diferença neste caso é que você é o chefe.

R: Eu não gosto de ser "acusado" de ser assim.

T: Ricardo, você não gosta de pagar a pensão de suas crianças em dia, sempre perde o número da conta bancária da sua ex-mulher para transferência. Em todos os casos de dificuldades de interação no trabalho você sempre é a vítima. Da última vez foi desligado por ter desacatado o diretor de RH e se justificou dizendo que ele teria provocado você. Quando está atrasado, o que é frequente, reage justificando. Não acha que existem semelhanças entre você e o Denis? Além do mais é recorrente você acreditar que suas ações nunca são agressivas, mas, sim, que são deturpadas pelas pessoas.

R: Estou ficando puto.

T: Que bom! Está em contato com sua raiva.

R: Oi? Que bom o quê?

T: É melhor estar em contato com sua raiva aqui, comigo, Ricardo, do que quando usa sua manipulação. Esquecer conta bancária, achar que está sendo perseguido e vítima das confusões, isso não irá ajudá-lo em nada. Pelo menos aqui é cara a cara, sem manipulação ou sedução. A raiva agora está diretamente ligada ao fato de você achar novamente que está sendo injustiçado.

R: Não sei, não sei. Não quero saber.

T: Temos tempo para processar o que acontece. Falo também da desorganização de sua vida pessoal. Reclama, mas não resolve. Quem o vê de fora o enxerga impecável, perfeito. Como você adora demonstrar. Será que é esta a imagem que você também tenta passar para si mesmo?

R: Não preciso de ninguém.

T: Pense sobre nisso, "você não precisa de ninguém". Nosso tempo acabou. Até semana que vem.

R: Ok!, Dra., vou pensar sim, até semana que vem e obrigado.

T: Ricardo, Carl Rogers escreveu que "o líder mais eficiente é aquele que cria as condições das quais ele próprio pode perder sua liderança". Até semana que vem.

Esse caso é um exemplo da dificuldade de se conhecer. Vaidoso, está sempre certo, merecedor de todos os aplausos e não de críticas. Ricardo reage a situações com uma agressividade disfarçada pela vitimização e terceirização de seus erros.

Como Ricardo foi criado em um ambiente de muita arrogância, com pais de comportamento semelhante e grande privação afetiva, ele repete uma dinâmica destrutiva sem perceber ainda as consequências desastrosas que o envolvem.

Durante o processo de autoconhecimento, ele conseguiu fazer algumas mudanças, porque percebeu seu comportamento destrutivo.

Por conta de um traço de personalidade rígido, tem limitações para se desenvolver em alguns aspectos, mas está aprendendo e tomou consciência de sua necessidade de querer ser sempre o protagonista das situações. Hoje, depois de mais de um ano, consegue se relacionar mais proativamente, faz vínculos com maior facilidade, percebe e recua quando tenta manipular usando a vitimização e continua trabalhando na mesma empresa há mais de dois anos.

Tenho a impressão de que atualmente como tudo tem mudado tão rápido, como maneiras de gestão, de comunicação, de habilidades e conhecimento, cada vez mais as pessoas procuram ajuda em ferramentas que as auxilia a acompanhar a velocidade das demandas diárias.

No passado se contratava pelas hard skills e se demitia pelas soft skills. Hoje as empresas estão reconhecendo que os problemas comportamentais afetam bastante os resultados. Portanto, desenvolver suas soft skills pode ser a chave de um caminho promissor e o mais relevante da sua realização tanto pessoal como profissional.

Conclusão

Questionar-se, reconhecer e aceitar seus sentimentos mais obscuros já é um grande começo. Estar aberto a fazer um trabalho com você mesmo é o passo inicial para o seu processo de mudança.

"A mudança é a única constante. O gênero humano está enfrentando revoluções sem precedentes, todas as nossas antigas narrativas estão ruindo e nenhuma narrativa nova surgiu até agora para substituí-las." (Harari, 2018 p.319)

Acredito que, para entendermos o que nos rodeia e o que nos acontece, é imprescindível desconstruir para construir. (Goleman 1995. p15)

A ferramenta Psicoterapia é para todos? Não. Cada indivíduo se encaixa naquela com a qual se identifica. Explorar as *soft skills* é um trabalho que requer perseverança.

O que podemos oferecer é a mudança. Aliás, na verdade, a única coisa que se pode oferecer é a oportunidade de efetivarem a mudança. O restante é com você!

Soft skills: competências essenciais para os novos tempos

Desejo muito sucesso na sua busca interior no desenvolvimento pessoal e profissional.

Referências

BECK, Aaron. FREEMAN, Arthur et al. *Terapia cognitiva dos transtornos de personalidade.* Tradução de Alceu Edir Fillman. Porto Alegre: Artes Médicas, 1993.
GOLEMAN, Daniel, ph.D. *Inteligência emocional: a teoria revolucionária que redefine o que é ser Inteligente.* Tradução de Marcos Santarrita. Rio de Janeiro: Editora Objetiva,1995.
HARARI, Yuval Noah. *21 Lições para o século 21.* Tradução de Paulo Geiger. São Paulo: Companhia das Letras, 2019.
LACHKAR, Joan. *How to talk to a Narcisisist.* London: Routledge, 2008.
ROGERS, Carl. *Client Centered Therapy.* London: Constable, 1996.

Soft skills: competências essenciais para os novos tempos

Capítulo 33

Gestão da ansiedade e sua importância para as *soft skills*

O aprendizado de uma gestão eficaz da ansiedade é importante para a otimização das diferentes competências, decorrentes de nossas funções cognitivas, assim como aquelas decorrentes do processamento das dimensões emocionais, motivacionais, comportamentais - e até mesmo físicas - razão pela qual é imprescindível a abordagem deste aspecto em relação às *soft skills*.

Geraldo Possendoro

Soft skills: **competências essenciais para os novos tempos**

Geraldo Possendoro

Médico Psiquiatra e Psicoterapeuta. Especialista em Ansiedade. Professor Palestrante e *Coach* embasado nos Modelos Cognitivos, Comportamentais e Terapia Focada na Emoção. Especialização em Medicina Comportamental pela UNIFESP. Mestre em Neurociências e Comportamento pela USP. Psicoterapeuta pelo AMBAN - Ambulatório de Ansiedade (FMUSP). Especialização em Psicologia Clínica - Psicanálise pela PUC. Formação Avançada em Terapia Racional Emotiva pela Albert Ellis Institute (NY). Atualização Profissional em Ansiedade e Depressão pela Harvard University. Professor Convidado da UNIFESP entre 2002 e 2019, abordando as temáticas: Neurociência do Comportamento, da Ansiedade, Ansiolíticos, Terapia e *Coach* e Transtornos de Ansiedade. Atualização Profissional em Medicina Comportamental pela UNIFESP. Palestrante em Eventos Acadêmicos, Empresas e Instituições como: Bovespa, Unilever, Palácio do Governo. Centenas de entrevistas na mídia.

Contatos
geraldpossendoro@gmail.com
(11) 95080-1002

Geraldo Possendoro

Este capítulo destaca a importância do autoconhecimento e do gerenciamento das emoções, sendo a ansiedade uma delas. Para tanto, compartilharei aspectos fundamentais para o desenvolvimento dessas capacidades, decorrentes de muitos anos de experiência profissional, estudando, atendendo, pesquisando e ensinando sobre comportamento e ansiedade, em particular.

Somos mamíferos, descendemos de reptomamíferos, animais de 200 milhões de anos atrás, sendo que nesta transição evolutiva, ganhamos características que contribuíram para a nossa sobrevivência. Por exemplo, o fato da mãe (fêmea) carregar a prole dentro de si até o nascimento e passar a reconhecer as vocalizações de seus filhotes e vice-versa.

O macho mamífero também herdou esta capacidade comunicativa, mas não como a da fêmea. Portanto, coube aos machos protegerem suas fêmeas, pois com elas estava a continuidade da espécie. Foi a parte anterior do giro do cíngulo, neste cérebro mamífero ancestral, que possibilitou o reconhecimento mútuo da comunicação entre mãe e filho.

Estabelece-se assim uma relação não só comunicativa, mas também afetiva. A fêmea mamífera passa a não mais "sentir" apenas a sua fome,

Soft skills: competências essenciais para os novos tempos

a sua sede, o seu frio e o seu medo, mas passa a "sentir" a fome, a sede, o frio e o medo "do outro", seu filhote. Eis a base para toda e qualquer *soft skill*, que deriva das consequências desse evento que, em nível humano, chamamos empatia, uma espécie de "diamante final", em termos de relacionamento humano.

Esse fato desembocaria em nossa gregariedade, semente das nossas diferentes formas de organização social: da família, passando pela comunidade, ruralidade, urbanidade, institucionalidade, até o estado moderno, como o conhecemos, entrando em desagregação, em alguns de seus aspectos fundamentais, em nosso momento atual, pós-moderno.

Sendo assim, esse cérebro mamífero arcaico foi sendo transferido, por 200 milhões de anos, "de crânio em crânio", até nós, *homo sapiens sapiens*, em um mundo perigoso, de presa e predador, pelas milhares de espécies mamíferas. Sua neuroplasticidade - capacidade do cérebro de formar ligações entre os neurônios, formando os circuitos cerebrais que representam tudo o que somos - ocorreu nesse mundo de medo e ansiedade, com a imediata "necessidade de controlar" para sobreviver.

Foram necessárias *hard skills* para adquirirmos este controle, para que não rumássemos para a extinção. Essas *hard skills* foram se desenvolvendo, por tentativa e erro, com resultados obtidos lentamente, já que, sem escrita e com a região (cerebral) pré-frontal pouco desenvolvida (responsável pelas chamadas "funções executivas"), seria a estratégia predominante. E lá estávamos nós, *homo sapiens sapiens*, há milhares de anos, com um cérebro programado para ser ansioso, temer o novo, o "outro" (desde que não fosse de nosso pequeno bando) e buscar, permanentemente, o controle, tendo sido as *soft skills* as habilidades que mantiveram nossa gregariedade, para a defesa das fêmeas e da prole, mas utilizando também *hard skills*, para construir o nosso mundo humano.

Postura ereta! Mãos começaram a moldar o mundo e propiciar a produção de ferramentas, armas de madeira, de pedra e de metais, planejamento e estratégias de caçada, capacidade de produzir fogo para afastar as feras, força bruta dos machos humanos, em grupos, nas caçadas com suas lanças, flechas, tecnologia para moradias improvisadas, para o estilo de vida nômade e caçadora, roupas com pele de animais para o frio. Enfim, estratégias "que são antitudo", contra tudo, ou seja: antiferas, antifrio, antifome, antioutros (*homo sapiens* de outros bandos), antichuva, antifalta de água (seguindo o curso dos rios), guiadas pela insegurança e buscando o máximo de controle, sempre "contra algo" da natureza que nos ameaça. De fato, *hard skills* foram necessárias para a fase inicial de nossa organização humana, na aquisição do controle necessário para lutar contra as agressões de um mundo de presa-predador, altamente instável.

Portanto, *hard skills* são cognições, emoções, motivações, comportamentos "antialgo", contra algo, contra outros, controlando o outro; *soft skills* são habilidades "com o outro", cooperando com o outro, auxiliando o outro para a construção de algo, em grupo, com bem-estar físico e mental, compartilhando o prazer das conquistas, em círculo virtuoso. Sendo assim, as *soft skills* nos mantiveram unidos, tal e qual fêmea e filhote, identificando as necessidades do outro e vice-versa.

No entanto, por muito tempo, predominaram as *hard skills* - não por necessidade - mas por nossa incapacidade de compreender a biosfera e dialogar com ela, o que predomina até hoje: trabalho duro, disciplinado, planejamento, metas, capacidade de controle, controle e...mais controle! Tudo necessário, mas não é a base da evolução.

O predomínio das *hard skills*, comparando nossa existência com uma maratona de 42 km, fez com que demorássemos 41 km e 850 metros para desenvolvermos a agricultura. Fez com que surgisse a industrialização nos últimos centímetros dos 42 mil metros. Nos últimos milímetros, surge a informatização e, apenas nos "últimos milímetros dos últimos milímetros", temos o mundo globalizado, *internet* e mídias sociais.

Trabalhamos tão *hard skillers* que não fomos capazes, por tanto tempo, de enxergarmos o trabalho delicado da natureza, capaz de produzir um *superávit* alimentar inimaginável: a agricultura. Foi necessário que alguém se desprendesse do "eu faço, eu controlo, eu domino" para notar que frágeis pássaros ou insetos dispersavam elementos que geravam a reprodução vegetal, por exemplo, ou ter notado bem menos que isso. Sair de si mesmo e prestar atenção no outro, prestar atenção à diferença, ao imprevisível e até mesmo ao inimaginável, que são os elementos que caracterizam as *soft skills*.

Não podemos apreender isso em uma palestra, aula ou treinamento. Devemos "debater" sobre como andam nossas *soft skills*. Meu trabalho como *coach* envolve isso. É a disponibilidade pessoal e coletiva, empática, cooperativa, aberta ao imprevisível, com a permissão de si mesmo, do outro e das corporações, no sentido de se dizer "não sei, talvez, vamos pensar juntos, quais as sugestões. Creio que me equivoquei, talvez você esteja certo. Quais os riscos de tentarmos? De não tentarmos?". Essas atitudes quebram mitos do capitalismo clássico, que são *hard skills* desnecessárias. Nossa necessidade em sermos *hard skillers* tem seu momento, mas na visão futura de um capitalismo cada vez mais humanizado, as *soft skills* se tornarão a regra e se diferenciarão de forma inimaginável.

Desse modo, retomando nossa trajetória como espécie, vilarejos se formaram, alimento em abundância foi produzido e, finalmente, um *homo sapiens*, após uma boa colheita, pôde sentar-se ao redor de uma fogueira e sentir-se menos ansioso, protegido das feras, pelo fogo e protegido da fome, pela agricultura, o que gerou a revolução cognitiva, pós-agricultura - a qual demorou mais de uma centena de milhares de anos para ocorrer - mas que acelerou nosso desenvolvimento a ponto

Soft skills: competências essenciais para os novos tempos

de colocarmos, 8 a 12 mil anos depois, uma sonda no planeta Marte. A vida em uma tribo agrícola exige o desenvolvimento de *soft skills*. Não foi gratuita esta aceleração.

No entanto, resta uma última questão: nossos cérebros mamíferos continuam programados, por milhões de anos, do ponto de vista do medo e da ansiedade, não para este tão novo mundo - cerebralmente falando - que é o mundo rural e urbano, como o conhecemos. Nossos cérebros mamíferos continuam programados, do ponto de vista da ansiedade, para a insegurança e estratégias compensatórias de controle. Por conta disso, a ansiedade leve, que potencializa nossa *performance*, ao se tornar de moderada a intensa, inversamente, nos coloca no processo de estresse (ansiedade crônica e elevada), o que traz não apenas reações físicas desagradáveis mas também aumenta a disponibilidade de cortisol (popularmente, o "hormônio do estresse"), que se liga ao hipocampo e provavelmente ao pré-frontal (regiões cerebrais) dificultando nossos processos de memória e de funções executivas, o que traz dificuldades na avaliação de cada situação nela mesma, nos predispondo à generalização, à necessidade imediata de controle e a tomar atitudes profissionais *hard skills* ou diminuindo a chance de agirmos como *soft skillers*. Evidentemente, isso vale para a vida e não apenas para o trabalho.

Para complicar, a ansiedade - que tem há milhões de anos a função de ser um alerta - "está sempre lá". Se estamos com raiva, estamos ansiosos; se estamos tristes, estamos ansiosos; se nos sentimos culpados, estamos ansiosos. É a emoção coringa! Enquanto alguns vão ao pronto-socorro, pelas reações físicas da ansiedade, que levam a "teorias" de mal súbito iminente, como a morte; outros, ao sentirem raiva ou culpa ou qualquer outra emoção intensa abandonam, sem perceber, o trânsito, elucidador e coletivamente construtivo, das *soft skills*, retrocedendo para uma espécie de *"safe mode"*, um *status* de emergência, personalidade dependente e daí, seja gestor ou subordinado ... "dá-lhe pau"...*very hard skills*! Daí tanto "burnout" nas empresas. É um panorama desnecessário para a eficiência corporativa e o bem-estar no trabalho.

No entanto, estilos de gerenciamento, empreendimentos, vendas, investimentos, de vida, guiados pela ansiedade excessiva e pela avidez de controle imediato e máximo, se mantêm vivos e ativos. Trata-se de momentos de regressão do ambiente corporativo, por exemplo, similares àquele de um *homo sapiens sapiens*, de talvez 80 mil anos atrás. Podemos ser pegos por isso, e de fato somos, no trabalho e na vida.

A boa e a má notícia é que *soft skills* tendem a gerar *soft skills*, em um ambiente *soft skill*. *Hard skills* tendem a gerar *hard skills* em um ambiente *hard skill*, que se não for necessário diminui a eficiência e tende a gerar *burnout*. Em geral, assumir um *"hard skill based management"* permanente é uma necessidade da ativação deste *"software* cerebral primitivo de ansiedade e controle" dos gestores e subordinados, o que os coloca em um círculo vicioso, desnecessário e destrutivo. Sendo assim, a gestão da ansiedade e da nossa necessidade de controle é vital para que não ocorra esta regressão para o *"safe mode"*, privilegiando o uso das *hard skills* e minimizando o das *soft skills*.

A Medicina Comportamental da Ansiedade, minha especialidade, traz estratégias para o aprendizado da gestão da ansiedade e da nossa necessidade de controle, que vão desde técnicas de respiração, meditação concentrativa, não concentrativa (*mindfulness*), técnicas operantes de relaxamento, *biofeedback*, além de centenas de técnicas, provenientes de diferentes linhas de trabalho, como as terapias cognitivas, comportamentais, focada na emoção, racional emotiva, analítico funcional, terapia positiva e outras - que são aquelas que têm publicado mais resultados nos últimos 15 a 30 anos, dependendo da linha que se considere. Não há como "ensinar" um universo tão amplo de conhecimentos e técnicas em um capítulo de livro. Cursos devem ser realizados para o aprendizado dessas técnicas e deve-se adquirir experiência para sua aplicação, o que depende de um período de supervisão, semanal, com terapeutas ou *coaches* experientes.

Finalmente, a necessidade de aprendermos o gerenciamento da ansiedade sempre foi necessária. No entanto, na história da Humanidade, ela nunca foi tão urgente como neste nosso pós-modernismo, tão frágil em seus vínculos afetivos, além do trágico surgimento da COVID 19. As *soft skills* são necessárias nestas situações para as famílias, as empresas, as instituições e os governos. Sem o predomínio absoluto das *soft skills*, em tais momentos, o caos se instala e o futuro pode, infelizmente, ser catastrófico.

Referências

GRAY, J.A., MacNaughton, N., *The Neuropsychology of Anxiety*. Oxford University Press, Second Edition, 2003.

NEENAN, M., *Cognitive Behavioral Coaching in Practice: an evidence based approach*. Editora Routledge, 2012.

Soft skills: competências essenciais para os novos tempos

Epílogo

*Nossa exploração será incessante,
E o final de todo o nosso explorar
Será chegar ao ponto de partida
E ver o lugar pela primeira vez.*

Four Quartets - T. S. Eliot

Márcia Lerinna

Soft skills: competências essenciais para os novos tempos

Márcia Lerinna

Mentora de executivos de primeiro nível, com foco na assessoria de decisões estratégicas, fundadora e atual CEO da Human Code, empresa que contribui para que as pessoas se conheçam e se entendam profundamente, saibam quem são, por que agem de determinada maneira e tenham informações que supram suas necessidades, utilizando as próprias potencialidades. Márcia dedicou anos de pesquisas para organizar a Plataforma TSer, um cabedal de conhecimentos que oferece uma visão ampla e precisa dos movimentos de desenvolvimento individuais e coletivos, na qual vem desempenhando há décadas a aplicação desse saber nos mais diversos tipos de segmentos e projetos. Nos últimos anos, formou centenas de especialistas para a difusão da importância das ferramentas de *self-understanding* como um caminho de desenvolvimento consciente e equilibrado. São profissionais atuantes nas mais diferentes áreas, oferecendo entendimentos de fluxos, tendências e suas repercussões nos cenários futuros.

Contatos
www.humancode.me
contato@humancode.com
(48) 99928-9396
(11) 99528-3539

Márcia Lerinna

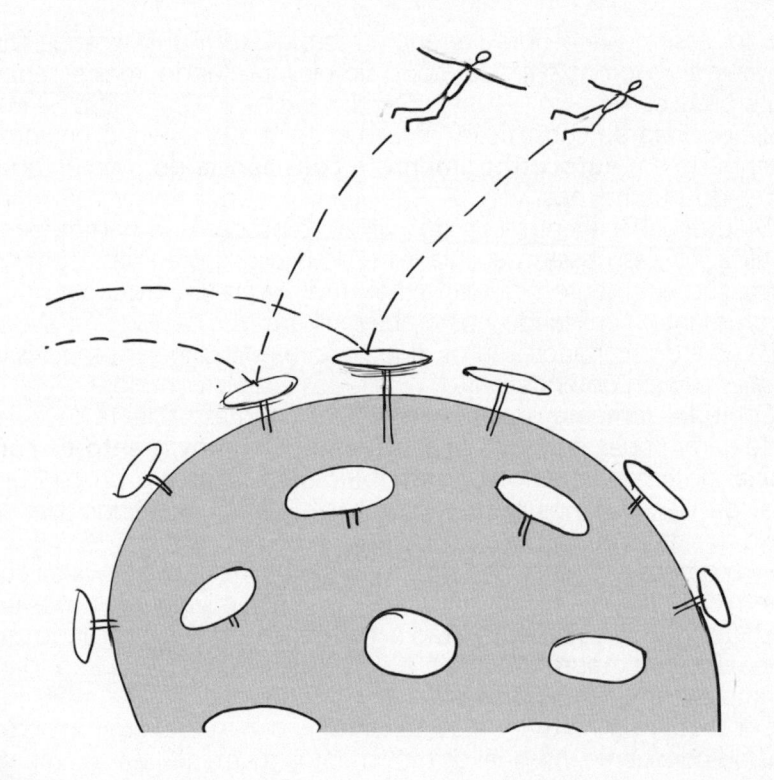

Foi uma alegria imensa, para todos nós que participamos da construção deste livro, atendermos ao convite da Lucedile Antunes para escrevermos sobre *soft skills*. Acreditamos na urgência da compreensão de que o conhecimento (*hard skills*) é importante, mas o nosso comportamento (*soft skills*) precisa evoluir ainda mais, se quisermos, de fato, usufruir de qualidade e harmonia em todas as áreas de desenvolvimento.

Estávamos todos energizados na produção de pesquisas, quando, em março de 2020, fomos apanhados de surpresa pela pandemia da Covid-19! E foi como se, de repente, um novo "tom" tivesse nos tocado. Sensibilizados e reflexivos, ampliamos muito nossas percepções sobre o mundo e a relevância do que estávamos fazendo. Qualquer ato, intenção, durante uma fase como esta na Terra, se potencializa muito, pois nossas atitudes brotam de outro "lugar", um ponto mais profundo de nós mesmos. Então, uma nova perspectiva para este livro havia surgido!

O compartilhamento surgiu de forma espontânea e foi orquestrado pela nossa anfitriã Lucedile, permitindo que nos conhecêssemos melhor, trocássemos ideias e nos reconhecêssemos, além do mais criativamente ficamos interligados pela colheita gráfica, realizada a cada encontro.

Soft skills: competências essenciais para os novos tempos

E foi assim que a obra literária "emergiu", com uma grande força de trazer a visão das *skills* de modo simples, profundo, mas essencialmente prático.

E, ao longo da construção, percebemos que o caminho percorrido foi centrado em **autoconhecimento** e **consciência** do momento presente e dos futuros possíveis.

O autoconhecimento, como já vimos, é o ponto de partida para a identificação das nossas habilidades e de nossos potenciais. Com essa informação em mente, fica então mais fácil traçar uma rota para o desenvolvimento, verificando nos ambientes em que se vive, na área na qual atua e dos cenários futuros, que estão sendo planejados, quais das *soft skills* podem potencializar os resultados a serem obtidos.

Contudo, somente o autoconhecimento não é suficiente para realmente gerar impacto nas ações. É necessário um **movimento de consciência**, de entendimento das **possibilidades futuras** e do constante pulsar da vida que nos desafia a evoluir e gerar um mundo que seja reflexo do nosso melhor eu.

Esse processo dinâmico e ativo, quando assimilado, renova as energias em cada etapa, nos deixando abertos e receptivos para novas possibilidades que naturalmente virão ao nosso encontro, permitindo a experimentação e o aprofundamento de conhecimentos, que irão formar os campos para nossa sabedoria.

Consequência natural desse caminho é o despertar de um protagonismo consciente, no qual os movimentos de mudanças se ampliam, e, com certeza, extrapolarão a nossa individualidade e energizarão os contornos para uma nova maneira de ser como coletividade.

E quem sabe perceberemos finalmente que o aprimoramento das competências mais sutis não é apenas uma necessidade para nosso desenvolvimento profissional, mas, sim, o emprego das habilidades e inteligências absolutamente fundamentais para este novo momento da história humana.

Porém, uma coisa é entendermos intelectualmente a importância das *soft skills* e outra bem diferente é conseguirmos, na prática, atuar a partir dessas habilidades. Tendemos, por conta de nossa mente, a manter os velhos e conhecidos padrões; contudo, se quisermos, de fato, transformar hábitos e comportamentos, precisaremos, em primeiro lugar, dizer sim para um dos principais sentidos da vida – evoluir!

A disciplina nada mais é do que o treino para que este processo possa ocorrer. E sustentar essa constante evolução é como cuidar de um jardim onde todos os dias há dedicação.

Esperamos que você, amigo leitor, tenha aproveitado esta jornada pelas *soft skills* e que este material siga com você como consulta e releitura, pois nossa jornada apenas começou, e, muitas vezes, devemos retornar e aprofundar um pouco mais nosso entendimento para, num fluxo natural, respondermos de um modo mais adequado às circunstâncias da vida.

Referência

JAWORSKI. Joseph. *Sincronicidade – O Caminho Interior para a Liderança*. Senac - São Paulo, 2015.